EUROPAVERLAG

MASOUD AQIL

MITTEN UNTER UNS

Wie ich der Folter
des IS entkam
und er mich in
Deutschland
einholte

Unter Mitarbeit von Peter Köpf

EUROPAVERLAG

Dieses Buch enthält Links zu externen Webseiten Dritter, auf deren Inhalte der Europa Verlag keinen Einfluss hat. Deshalb können wir für diese fremden Inhalte auch keine Haftung übernehmen. Für die Inhalte der verlinkten Seiten ist stets der jeweilige Anbieter oder Betreiber der Seiten verantwortlich.

© 2017 Europa Verlag GmbH & Co. KG,
Berlin · München · Zürich · Wien
Umschlaggestaltung: Hauptmann & Kompanie Werbeagentur, Zürich,
unter Verwendung eines Fotos von © Patrick Pleul/picture alliance/dpa
Lektorat: Heike Gronemeier
Layout & Satz: BuchHaus Robert Gigler, München
Druck und Bindung: Pustet, Regensburg
ISBN 978-3-95890-136-0
Alle Rechte vorbehalten.
www.europa-verlag.com

Dieses Buch ist all denen gewidmet, die gegen Unterdrückung und für Frieden kämpfen. Ich denke mit Hochachtung an die kurdischen Streitkräfte, die an der Front den Geist des Bösen bekämpfen, und an die Seele des jungen kurdischen Märtyrers Hagi Issa aus Kobane.

INHALT

VORWORT

Ich habe es mir nicht ausgesucht, dass der »Islamische Staat«
mein Leben bestimmt. Aber er tut es, bis heute. Auf eine Weise,
die ich mir nicht hätte vorstellen können.

Der Albtraum begann, als die Terroristen des IS mich im
Dezember 2014 kidnappten. 280 Tage und Nächte wurde ich in
ihren Gefängnissen bedroht und gefoltert. Als Journalist war ich
für sie ein wichtiger Fang, ein Objekt, mit dem man Geld, Waf-
fenlieferungen oder die Freilassung inhaftierter Gotteskrieger
erwirken konnte. Als Kurde war ich für sie Abschaum, kein richtiger Muslim, einer, an dem sie Willkür und Gewalt ausleben
konnten.

Nach dem Ende meiner Entführung entschied ich mich,
meiner Heimat den Rücken zu kehren. Eine wochenlange Irr-
fahrt führte mich schließlich in ein Land, in dem ich mich in
Sicherheit glaubte. Es war ein Schock, als ich erkennen musste,
dass mich die Anhänger des IS selbst in Deutschland einholten.
Es ist ein bisschen wie in dem Märchen der Gebrüder Grimm
vom Hasen und dem Igel: Egal wohin ich, der Hase, laufe, die
Igel, die Schergen des IS, sind schon da.

Im Sommer 2016 stieß ich im Internet auf ein Propagandavideo der Terroristen. Fünf gefesselte, kniende Männer in oran-

gen Overalls, dahinter Kinder in Tarnanzügen, Pistolen in der Hand. Sie recken die Waffen jubelnd gen Himmel, dann richten sie sie auf die Hinterköpfe der Gefangenen und drücken ab. Stolz feiern sie ihre Untat mit dem Ausruf »Allahu Akbar!«. Einer dieser Buben war ein blasser, blauäugiger Engländer, dem sie den Kampfnamen »Abu Abdullah al-Britani« verliehen hatten. Eine Reminiszenz an einen Kämpfer, der 2015 getötet worden war. Das Opfer des Jungen war mein Freund. Der Mann, mit dem ich mehrere Monate in denselben Zellen in Al-Bab und Manbidsch verbracht hatte. Er war mir vertraut gewesen, als gehörte er zu meiner Familie. Gemeinsam mit zwei Dutzend weiteren Kurden waren wir gefangen in Leid und Leiden. Der IS mordet nicht im Stillen, Verborgenen. Seine Propagandisten inszenieren grausame Hinrichtungen nicht nur, sie zelebrieren sie. Alle Welt soll sehen, aus welchem Holz selbst die jüngsten Gotteskrieger geschnitzt sind.

Das Video zeigte die Exekution von insgesamt 14 Männern, neun von ihnen kannte ich aus meiner Zeit in Gefangenschaft. Ich werde Ihnen von diesen verlorenen, ermordeten Freunden berichten, weil wir sie nicht vergessen dürfen. So, wie der blasse Junge aus England kein beliebiger Killer ist (das haben die Berichte in den Medien hinlänglich bewiesen), so sind meine Freunde keine beliebigen Toten. Sie waren Menschen, die ich liebte. Sie verdienen mehr als ein irregeleiteter Minderjähriger, nicht vergessen zu werden.

Ich werde Ihnen von Opfern und von Tätern in diesem Krieg in der Levante berichten. Und von Tätern, die den Weg aus den Territorien des IS nach Europa eingeschlagen haben. Denen ich nach meiner Flucht in Deutschland wiederbegegnet bin. Was viele Menschen hierzulande lange verdrängt haben, ist wahr: Terroristen des IS und anderer radikalislamischer Gruppierungen haben sich unter den großen Strom der Flüchtlinge gemischt und leben nun hier, mitten unter uns. Das belegen nicht zuletzt Twitter-Botschaften und Einträge in Internetforen wie Facebook. Während der Arbeit an diesem Buch stieß ich dort zum Beispiel auf einen Araber, der sich offenbar einer salafistischen Terrorgruppe zugehörig fühlt. Er sendet Botschaften, die den IS unterstützen und preisen, und hat mehrere Tausend Follower. Sein Profilbild weist unübersehbar darauf hin, dass er sich in Deutschland aufhält.

Aus dieser Tatsache, vor der wir nicht länger die Augen verschließen dürfen, ergibt sich eine Reihe von Fragen: Können wir davon ausgehen, dass ein Islamist sich an die hiesigen Gesetze hält, kaum dass er deutschen Boden betreten hat? Können wir darauf vertrauen, dass ein Islamist, der gerade noch von seinen »Heldentaten« gegen »Ungläubige« berichtete, der Ideologie des IS plötzlich abgeschworen hat? Können wir sicher sein, dass ein »Soldat« einer islamistischen Organisation keine Waffe mehr anfasst, nachdem er Europa erreicht hat? Und können wir davon ausgehen, dass ein Dschihadist, der inzwischen als Imam einer Moscheegemeinde mitten in Europa vorsteht – auch das ist Realität –, statt der kriegerischen nur noch die friedfertigen Suren des Korans predigt und der Gewalt abgeschworen hat?

Nein, von alldem können wir nicht ausgehen. Zu stark verwurzelt sind die dunklen Ideologien in den Gehirnen dieser Männer, zu tief verankert der Hass auf alle, die anders sind.

Ich war damals Gefangener dieser Terroristen, weil ich ihnen als kurdischer Journalist automatisch als Feind galt und zur falschen Zeit am falschen Ort gewesen war. In den verwanzten Gefängniszellen in Tal Hamis, Al-Shaddadi, Al-Raqqa, Al-Tabqa, Al-Bab und Manbidsch saßen aber auch Männer ein, die selbst glühende Anhänger von Daesh (ein Akronym, gebildet aus der arabischen Bezeichnung für den »Islamischen Staat«)

waren. Sie hockten neben mir auf dem Boden in irgendeinem feuchten Kerker, weil sie gegen eine banale Islamistenregel verstoßen, Musik gehört oder Alkohol getrunken hatten. Manchmal waren die Vergehen, die ihnen vorgeworfen wurden, aus Sicht des IS schwerwiegender: das Töten eines Bürgers ohne Befehl, das Töten eines IS-Mitglieds, das Missachten eines Befehls, der Besitz eines Schalldämpfers, Spionage für den Feind oder schlicht die Tatsache, dass sie Kontakt zu Menschen gehalten hatten, die außerhalb des IS-Gebiets lebten.

Ich teilte die wenigen Quadratmeter, auf denen sich mein Leben 280 Tage lang abspielte, also nicht nur mit Gegnern und Opfern des IS, sondern auch mit seinen Anhängern. Morgens und abends kauten wir bedächtig unsere kümmerlichen Rationen aus Reis, Kartoffeln, Suppe und Brot. Nachts roch ich ihre Ausdünstungen, spürte die Wärme ihrer Körper und hörte sie hin und wieder leise wimmern. Fünfmal am Tag ertrug ich ihre Gebete und ich hörte, wie sie Koransuren rezitierten, die auch ich bald auswendig vortragen konnte. Und ich musste es aushalten, wenn diese Männer mit ihren Taten prahlten, wenn sie erzählten, wie sie die Dörfer meiner Familie und meiner Freunde bombardiert,»Ungläubige« erschossen, Frauen entführt und sich an ihnen vergangen hatten.

Natürlich glaubten sie damals, so sehr wie ich fürchtete, dass ich ihre Erzählungen mit ins Grab nehmen würde – oder wo sonst sie mich verscharren würden, wenn sie mich erschossen oder geköpft hätten. Denn anders als in ihren Fällen schien klar zu sein, dass *ich* dieses Gefängnis nicht lebend verlassen würde. Noch kein kurdischer Journalist in IS-Haft war je nach Hause zurückgekehrt.

In den Gefängnissen konnte ich nichts gegen diese Barbaren unternehmen. Ich war dazu verdammt, ihnen Publikum zu sein und ihre Schikanen zu ertragen.

Aber nun, in Deutschland, kann ich mich widersetzen. Wenn sie, die inzwischen mitten in Europa leben, in sozialen Medien wie Facebook noch immer den Dschihad predigen und verlangen:»Wir müssen die Ungläubigen töten«, dann ist es meine Pflicht, ihnen entgegenzutreten.

Auf meinem Smartphone und auf einem USB-Stick habe ich Screenshots aktueller, aber auch bereits offline gegangener Seiten von Dschihadisten in Europa gespeichert. Ich hatte mich schon in Syrien mit Extremisten beschäftigt und Daten zusammengetragen, lange bevor ich wusste, was ich einmal damit tun würde. Erst hier, in dem Land, das mich aufgenommen hat, fügte sich alles zu einem Bild. Weil ich nicht will, dass diese Monster auch Deutschland zu einem Staat machen, in dem der Terror regiert und sich der Islam in seiner radikalsten Ausprägung entfalten kann, beschloss ich, die Ergebnisse meiner Recherchen, all mein Wissen, den deutschen Behörden anzuvertrauen.

Ich wünschte, meine Landsleute würden meinem Beispiel folgen – in den befreiten Gebieten in der Levante wie in Europa. Denn alle, Daheimgebliebene und Flüchtlinge, kennen die Gesichter der Mörder, sie kennen ihre Namen und sie wissen um ihre Untaten. Alle, denen hier in Europa, hier in Deutschland Asyl gewährt worden ist, haben eine Verpflichtung: Wir können, wir müssen dazu beitragen, das Land, das uns so mutig willkommen geheißen hat, im Kampf gegen die Dschihadisten zu unterstützen. Sich aus Angst vor den Terroristen zu verstecken und sein Wissen für sich zu behalten ist die falsche Strategie. Wir müssen aus der Deckung heraustreten und dabei helfen, falsche Identitäten zu entlarven. Auch wenn das bedeutet, dass wir uns unseren eigenen, schmerzlichen Erinnerungen stellen müssen.

TEIL I

Irgendwo westlich von Al-Raqqa wurde der Bus langsamer. Keiner der Mitfahrenden erwartete etwas Außergewöhnliches, wir hatten mehrmals an Checkpoints des Regimes angehalten, seit wir am frühen Abend in Aleppo aufgebrochen waren. Ich war müde und hatte versucht zu schlafen, aber meine Gedanken waren Karussell gefahren, während draußen das Dunkel der Nacht vorbeizog: die vergangenen Wochen in Aleppo, die vielen Toten, die Bomben, die mir zwar nicht mein Leben, aber meine Zukunft genommen hatten. Wie sollte es weitergehen? Ich blickte auf die Uhr. Es würde noch Stunden dauern, bis der Bus meine Heimatstadt Qamishlo erreichte.

Durch das Fenster sah ich in der Ferne ein Lichtsignal. Das musste der nächste Kontrollpunkt sein. Es war immer dieselbe Prozedur: Ein Soldat steigt ein, die Passagiere ziehen ihre Ausweise aus Taschen und Rucksäcken, drücken sie in eine fordernde Hand und hoffen, dass der Bewaffnete, zu dem sie gehört, nichts zu beanstanden hat.

Selbstverständlich bremste der Fahrer auch dieses Mal. Hielte er nicht, würden sie uns beschießen. Vor dem Bus baute sich ein Mann auf, den grellen Strahl einer Taschenlampe direkt auf das Gesicht des Fahrers gerichtet: die Aufforderung, die Tür zu öffnen. Ein dicker, großer Kerl mit Bart stieg ein und verlangte in barschem Ton unsere Ausweise. Sein Dialekt ließ auf eine Herkunft aus Al-Raqqa schließen wie auch die dunkle Haut, die in dieser Gegend typisch war. Er trug schwarze Jeans, ein schwarzes T-Shirt und eine Weste mit mehreren Reihen Patronen. In seinem Gürtel steckte eine Pistole, über Schulter und Rücken hing eine AK-47, eine Kalaschnikow. Er wirkte sehr nervös.

Während er sich Reihe für Reihe durch den Bus schob, konnte ich draußen zwei Pick-ups erkennen, auf denen Männer mit Gewehren standen. An einem der Wagen hing eine schwarze Fahne mit weißen Schriftzeichen: »Es gibt keinen Gott außer Allah, und Mohamed ist sein Prophet.« Darunter stand der Name der Gruppe: Al-Nusra-Front, damals der syrische Ableger von Al-Qaida. Das war kein normaler Kontrollpunkt. Zum ersten Mal in meinem Leben begegnete ich Dschihadisten von Angesicht zu Angesicht.

Als der Bärtige neben mir stand und meinen Ausweis studierte, roch ich Schweiß, Staub und Metall. Ich ahnte, dass es nicht lange dauern würde, bis er feststellte, woher ich stamme. Qamishlo liegt im Nordosten Syriens, im Gouvernement Al-Hasaka nahe der türkischen Grenze. Kurdengebiet. Dennoch erstarrte ich, als er wütend ausrief: »Ihr Ungläubigen! Al-Nusra wird eure Stadt angreifen und besetzen. Und dann werden wir euch alle töten.«

Zum ersten Mal in meinem Leben fühlte ich, wie sich Panik anfühlt. Wenn er sich weiter in Rage redet, wird er mich aus dem Bus zerren und mich erschießen, dachte ich. Und niemand im Bus wird einen Finger rühren, um ihn daran zu hindern.

14

1. Syrien zerfällt

Noch nie hatte in meiner Gegenwart ein Mensch lauthals verkündet, er werde mich und meinesgleichen enthaupten. Meinesgleichen: Kurden, die dieser große, schwitzende Dicke mit der Kalaschnikow als »Ungläubige« bezeichnete. Es stimmt, die meisten Kurden ziehen ihr Selbstverständnis nicht aus der Zugehörigkeit zu einer Religion, sondern eher aus ihrer Zugehörigkeit zu einer Ethnie. Viele legen gar keinen Wert auf Religion, weil sie in einer Atmosphäre des Religiösen leben müssen, die sie verabscheuen. Mein Vater ist Atheist, ich bin Atheist, viele Kurden sind Atheisten. Es gibt keine radikalen Dschihadisten unter uns, und wenn jemand gläubig ist, heißt das nicht, dass er den Fundamentalisten anhängt, die den einen, rechten Glauben predigen und daraus die Legitimation ziehen, alle anderen, alle »Fehlgeleiteten«, ermorden zu dürfen.

Was wir Kurden brauchen, ist nicht eine Religion, sondern ein Stück Land. Tausende Jahre haben die Kurden auf ihrem Land gelebt, zahlreichen Besatzern trotzig widerstanden. Heute leben wir als Minderheit in vier Staaten – in der Türkei, dem Irak, dem Iran und in Syrien. Wir Kurden, verbunden durch unsere Kultur und Sprache, sind die größte Nation der Welt ohne eigenen Staat. Wirklich einig sind wir uns deshalb noch lange nicht. Damit es irgendwann zu einem unabhängigen Staat Kurdistan kommen könnte, der alle Gebiete in Syrien, im Irak, im Iran und in der Türkei einschließt, müssten in erster Linie die türkische PKK und die irakische PDK und ihre Anführer ihre politischen Differenzen überwinden.

Nur dann könnte es gelingen, unser Recht auf Selbstbestimmung mittels eines Referendums für ein unabhängiges Kurdistan durchzusetzen. Wenn wir uns wirklich als eine Nation verstünden, könnten wir eines Tages die kurdisch besiedelten

Gebiete unabhängig und zu einem Staat vereint kontrollieren. Bei dieser Gelegenheit könnten wir an eine gute, alte Tradition anknüpfen: allen Ethnien ihren Platz einzuräumen und auf religiösen und politischen Pluralismus achten – anders als die Machthaber in Syrien, im Irak, in der Türkei und im Iran und anders als die radikalen islamistischen Truppen, die alles beseitigen wollen, was nicht ihresgleichen ist.

Derzeit sind wir von einem eigenen Staat weit entfernt. Zwar ist es uns gelungen, in Syrien und im Irak unsere Angelegenheiten in halb autonomen Regionen zu regeln. Doch vielerorts herrschen Unrecht und Unterdrückung. In Syrien hat das eine lange Tradition: 1962 wurden allein im Gouvernement Al-Hasaka rund 120 000 Kurden ausgebürgert und zum Teil enteignet. Sie verloren ihre Staatsbürgerschaft, ihre Rechte, ihren Besitz. Die Regierung verfolgte einen »Arabisierungskurs«, in dessen Zuge unter Assads Vater Hafiz ein »arabischer Gürtel« im Grenzgebiet geschaffen werden sollte. Vorgesehen war die Deportation von rund 140 000 Kurden, die auf einem etwa 15 Kilometer breiten und 375 Kilometer langen Streifen entlang der türkischen und irakischen Grenze lebten. Sie sollten durch arabische Siedler ersetzt werden. In die Provinz Al-Hasaka zogen in den Jahren 1975/76 rund 25 000 arabische Familien.[1] Zwar kam es letztlich nicht zur geplanten Deportation, doch die enteigneten Kurden waren ihrer Existenzgrundlage beraubt und als Staatenlose entrechtet. Sie hatten kein Wahlrecht, kein Recht, Land, Immobilien oder ein Geschäft zu besitzen. Kurdische Ortsnamen wurden durch arabische ersetzt, später wurde es Familien untersagt, ihren Kindern kurdische Namen zu geben. Der Besitz kurdischer Literatur war verboten, nicht einmal zu Hause durften wir unsere Sprache benutzen.

Die systematische Diskriminierung der Kurden in Syrien verstieß und verstößt gegen zahlreiche internationale Abkommen, allen voran gegen die allgemeine Erklärung der Menschenrechte. Zwei- bis dreihunderttausend Kurden lebten vor dem Krieg als Staatenlose in Syrien, ein Status, der automatisch auf ihre Kinder übergeht. Sie haben kein einklagbares Recht auf Krankenversorgung oder Sozialleistungen, als »Nichtregistrierte« haben sie noch nicht einmal einen Rechtsanspruch auf den Schulbesuch.

Um solche gravierenden Nachteile zu vermeiden, hat sich ein Großteil der vier Millionen Kurden in Syrien als dem muslimischen Glauben angehörend registrieren lassen. Aber deswegen waren und sind sie noch lange keine Muslime. Das beweist schon allein die Tatsache, dass die kurdischen Jesiden im Nordirak in den vom schiitischen Iran und der sunnitischen Türkei umgebenen Bergen seit tausend Jahren unzählige Male von muslimischen und osmanischen Armeen und seit 2014 vom IS angegriffen und viele von ihnen getötet worden sind, weil sie nicht als Muslime gelten. Die meisten der Kurden haben – trotz des arabischen Ausweises – ihre Geisteshaltung und ihre Weltsicht bewahrt. Das ist auch der Grund dafür, dass unter den Kurden keine radikalen islamistischen Gruppen entstanden sind. Die Muslime beten, wir nicht, sie gehen in Moscheen, wir nicht, sie lesen den Koran, wir nicht. Das ändert sich auch im Ausland nicht, der Gegensatz verschärft sich vielmehr. Muslimische Flüchtlinge, das habe ich in Deutschland beobachtet, kleben am Koran und am Islam und laufen scharenweise zur Moschee, wo sie unter sich bleiben können. Alles, was sie interessiert, ist die Frage: Glaubst du oder glaubst du nicht?

Ganz anders die Kurden: Selbst jene, die an Allah glauben, lassen nicht zu, dass die Religion ihr Leben bestimmt, und sie versuchen auch nicht, das Leben anderer mittels der Religion zu bestimmen. In vielen arabischen Ländern dagegen sind Glaube und Politik auf unselige Weise miteinander verbunden.

Der (falsche) Glaube oder die Zugehörigkeit zu einer bestimmten Ethnie liefert immer wieder die Grundlage für Gewalt und Unterdrückung. In Syrien zum Beispiel kujonierte das Regime auch Angehörige anderer Minderheiten. Begünstigt wurde das durch die 1963 in Kraft getretenen Notstandsgesetze. Sie erlaubten Einschränkungen der Versammlungsfreiheit, willkürliche Festnahmen, Zensur der Medien, sie verboten Parteien außer der sozialistischen Baath-Partei, die eine ungeteilte arabische Nation anstrebt. Dissidenten und Oppositionelle wurden festgenommen und in Haftanstalten wie dem berüchtigten Sednaya-Gefängnis gefoltert.[2]

Baschar al-Assad, den wir nur »Stû dirêjo« nennen, den »Mann mit dem langen Hals«, setzte die Politik seines Vaters konsequent fort. Die Hoffnungen, er würde einen reformorientierten Kurs einschlagen, zerstoben in dem Maße, in dem der Ruf der Bevölkerung nach ebensolchen Reformen lauter wurde. Seit dem »Damaszener Winter«, mit dem die kurze Phase der Liberalisierung 2002 endete und die bürgerlichen Freiheiten wieder massiv eingeschränkt wurden, verfolgte Assad einen harten Kurs. Sein diktatorisches Regime unterdrückte nicht nur die Kurden, sondern große Teile der in Syrien lebenden Bevölkerung. Was in den vergangenen Jahren in Syrien geschehen ist und auch mein Leben völlig auf den Kopf stellen sollte, geht in erster Linie auf sein Konto.

2004 kam es in meiner Heimatstadt Qamishlo zu einem folgenschweren Vorfall während eines Fußballspiels. Gewaltbereite Fans des Teams aus Deir ez-Zor attackierten einheimische Zuschauer mit Steinen und Flaschen, sie grölten antikurdische Parolen. Aber nicht sie wurden aus dem Stadion entfernt, sondern die Fans aus Qamishlo. Vor dem Stadion kam es deswegen zu Protesten, Sicherheitskräfte erschossen neun unbewaffnete

Kurden. An der Trauerfeier am nächsten Tag nahmen mehrere Zehntausend Menschen teil, darunter auch Christen und Araber. Als einige Teilnehmer Steine auf eine Assad-Statue warfen, griffen Sicherheitskräfte und Zivilbeamte hart durch, erneut gab es Tote.

In den folgenden zwei Tagen kam es in anderen Städten zu Solidaritätsprotesten, mehr als 30 Menschen wurden erschossen, rund 160 verletzt. Assads Armee rückte in Qamishlo ein, das Telefonnetz wurde gekappt, der Strom abgestellt. Wir lebten damals in Damaskus, wo das kurdische Viertel ebenfalls abgeriegelt worden war, und konnten niemanden erreichen. Im ganzen Land nahmen Assads »Sicherheitskräfte« 100 Menschen fest, 25 Kurden wurden getötet, zahllose kurdische Studenten exmatrikuliert.

Einige Jahre später zeigten uns die Menschen in Tunesien, Libyen und Ägypten, dass es möglich ist, einen Tyrannen zu stürzen. Und so fassten auch die Syrer Mut, auf die Straße zu gehen, um Freiheit einzufordern. Assad antwortete mit Gewalt, zuerst in Daraa im Südwesten, wo sein Cousin Atef Najib als Geheimdienstchef Kinder einsperren und foltern und auf Demonstranten schießen ließ. Als der Aufstand eskalierte und das Volk auch in anderen Städten demonstrierte, ließ Assad prügeln, verhaften und schießen – in Hama sogar auf Kinder.

Wo immer Assads Armee Zivilisten terrorisiert hatte, hinterließ sie an Mauern und Hauswänden Parolen in roter oder schwarzer Farbe:»Assad, oder wir werden das Land niederbrennen.« Das ist ihnen ja inzwischen gelungen. Offenbar glaubte Assad, so Angst verbreiten und den Aufstand mit Gewalt ersticken zu können. Stattdessen entwickelte sich ein Bürgerkrieg.

Der »syrische Frühling« 2011 war eine Revolution gegen all das, was die Assads, Vater und Sohn, der Bevölkerung in den vergangenen Jahrzehnten angetan hatten. Auch wenn ich mit vielem nicht einverstanden war, was die Aufständischen taten, war auch ich überzeugt davon, dass es notwendig war, der Welt zu zeigen, dass Syrien von einem Diktator regiert wird. Aber Assad, das sagte ich oft zu meinen Freunden, wird nicht verschwinden, nur weil wir rufen:»Assad, hau ab«, oder an eine Wand schreiben:»Jetzt bist du dran, Doktor.« Ein Gewaltregime weicht nicht freiwillig, nirgendwo auf der Welt. Um ihre Haut zu retten, ruinieren solche Herrscher eher das ganze Land. Deshalb mussten aus meiner Sicht die großen Nationen der Welt den Aufstand stützen und Assad dazu bewegen, die Menschenrechte zu achten – oder am besten gleich die Macht in andere Hände zu übergeben, in demokratische. Meine größten Hoffnungen ruhten dabei auf den Vereinigten Staaten von Amerika.

Ich beteiligte mich damals nur an einer Demonstration gegen das Regime, am 21. März 2012 in Qamishlo. An jenem Tag, dem kurdischen Neujahrsfest Newroz, verlangten junge Männer und Frauen Freiheit, forderten den Rücktritt von Assad und ein Ende der korrupten Dynastie, in der Baschar al-Assads Cousin Rami Machlouf (wir Studenten nannten ihn»Dieb«) große Geschäfte machte; in der sein jüngster Bruder Mahir, Leiter einer alawitischen Elitetruppe, der»Republikanischen Garde«, und der Vierten Division der Armee bald seine Schläger und Mörder auf die Protestierer hetzen sollte; und in der sein Schwager Asif Schaukat, lange Chef des Geheimdienstes, inzwischen dem Generalstab angehörte.[3]

Auf den Kundgebungen waren vereinzelt»*Allahu Akbar*«-Rufe zu hören. Der Ruf nach Freiheit und das Preisen von Gott passen aber nicht zusammen. Man kann sich entweder Freiheit wünschen oder sich einem Gott unterordnen. Beides zugleich geht nicht. Und so endete die Freiheit, auch unter den Aufständischen. Die Stimmen derer, die für wahre Freiheit und Demokratie warben, verstummten nach und nach. Die wahren Streiter für eine Öffnung verschwanden. Heute opponieren in Syrien längst nicht mehr unzufriedene Bürger und Studenten. Was in Europa und in den USA heute als »Opposition« bezeichnet wird, mit der man gemeinsam gegen Assad agiert, schließt auch mehr oder weniger radikale Islamisten ein.

Assads Krieg gegen das eigene Volk hat das ganze Land in Chaos gestürzt. Er ist die Ursache, die Dschihadisten sind nur das Symptom. Sie haben von diesem Chaos profitiert, sie konnten ihre Einflusssphäre vom Irak auf Syrien ausweiten. Der IS erlangte schnell die Kontrolle über das rebellierende Volk und die Gebiete im Osten Syriens, aus denen sich die Armee des Regimes weitgehend zurückgezogen hatte, um sich auf die alawitischen Gebiete und die fruchtbaren Landesteile zu konzentrieren.

Die Vereinigten Staaten von Amerika, in die nicht nur ich so große Hoffnungen gesetzt hatte, legten die Hände in den Schoß und sahen lange tatenlos zu. Es schien, als wünschten sie sich sogar, der Diktator bliebe an der Macht. Baschar al-Assad konnte seinen Terror gegen das Volk fortsetzen, leer gebombte Städte einnehmen und Araber, Kurden, Assyrier und Armenier, Christen und Muslime, die einst friedlich zusammenlebten, gegeneinander aufhetzen. Erst als der IS immer größere Teile des Landes unter seine Kontrolle brachte, wachte die Weltgemeinschaft langsam auf.

Dass die Ausweitung ihres Machtbereichs so schnell ging, liegt an weiteren Schuldigen für die Vernichtung ganzer Städte, den Tod Hunderttausender und die Flucht von mehr als fünf Millionen Syrern: Es liegt an Katar, Saudi-Arabien und der Türkei. Sie unterstützten direkt und indirekt Organisationen, die nicht die Freiheit wollten, sondern einen islamistischen Staat, in dem die Scharia Gesetz ist und Frauen ihren Körper unter Stoff verbergen müssen. Dass solche Terrororganisationen wie der IS oder Al-Qaida überhaupt entstehen konnten, daran sind die USA nicht unschuldig. Mit ihrer Invasion im März 2003 wurde im Irak ein über 1400 Jahre gewachsenes Gleichgewicht beseitigt. Natürlich war Saddam Husseins Staat eine Diktatur, natürlich hat Hussein ähnlich wie Assad vor allem gegen die Kurden agiert, 1988 selbst den Einsatz von Chemiewaffen im Nordirak befohlen. Trotzdem konnten damals die verschiedenen Ethnien und Religionen einigermaßen friedlich zusammenleben, sofern die Menschen das Regime grundsätzlich akzeptierten. Im Irak war das Miteinander sehr viel friedlicher als das, was wir seit 2003 erleben.

Dieser Krieg und die bis 2011 andauernde Besatzung durch die USA und ihre Verbündeten hat nicht nur mehrere Hunderttausend Menschenleben gekostet, die nachfolgende »Ordnung« hat auch die Machtverhältnisse im Irak auf den Kopf gestellt. Wie schon in anderen Staaten – beginnend in Korea und Vietnam, über Somalia und Afghanistan, schließlich in der Folge des »arabischen Frühlings« in Libyen und im Jemen – hat das Eingreifen der USA die Verhältnisse nicht verbessert.

Im Irak hat es die westliche Koalition versäumt, dafür zu sorgen, dass Minderheiten, insbesondere die bis dahin regierenden Sunniten, in die Politikgeschäfte eingebunden blieben. US-Zivilverwalter Paul Bremer verbot die arabisch-sozialistische Baath-Partei, die Mehrheitsbevölkerung der Schiiten übernahm die politische Macht, was die Balance in der Region zugunsten des Iran und des schiitischen Islam verschob. Der schiitische Ministerpräsident Nuri al-Maliki (im Amt von 2006 bis 2014) verfolgte sunnitische und säkulare Politiker sowie sonstige Gegner seiner Regierung mit aller Härte. Die Amerikaner lösten außerdem das Militär auf, wodurch vorwiegend Sunniten ihre Existenzgrundlage verloren, zahlreiche ehemalige

Generäle, Offiziere und Soldaten schlossen sich dem Widerstand gegen die Besatzer an. Auch die aus Afghanistan vertriebene Al-Qaida (»Die Basis«) fand im Irak ein neues Betätigungsfeld. Entstanden war sie einst unter Mithilfe der USA: Amerika hatte dschihadistische Kämpfer rekrutieren und gegen die sowjetischen Soldaten und die gewählte Regierung in Afghanistan in Stellung bringen wollen. Im Irak begann der Dschihad im August 2003 mit einem Anschlag auf die UN-Vertretung in Bagdad. Es folgten Sprengstoffattentate auf die Imam-Ali-Moschee, Menschen wurden entführt und verschleppt.

Im Mai 2004 wurde der Anführer des irakischen Al-Qaida-Ablegers, Abu Musab al-Zarqawi, schlagartig der gesamten Weltöffentlichkeit bekannt. Im Internet tauchte ein Video auf, das die Enthauptung des amerikanischen Geschäftsmanns Nicholas Berg zeigt. Berg trägt einen orangen Overall, der an die Häftlingskleidung von Guantánamo erinnert. Titel des Videos: »Abu Musab al-Zarqawi schlachtet einen Amerikaner«.

Gleichzeitig verschärfte Al-Qaida den Konflikt zwischen Sunniten und Schiiten. Die neuen Machtverhältnisse zwischen Besatzungsmacht, Zivilverwaltung und irakischem Regierungsrat waren noch nicht gefestigt, und als bei der Parlamentswahl 2005 das Wahlbündnis des Schiiten Ibrahim al-Dschafari die Mehrheit errang, rief al-Zarqawi zum »totalen Krieg« gegen die Schiiten auf. Im Februar 2006 eskalierte die Gewalt nach einem Anschlag auf die schiitische Askarya-Moschee in Samarra, 100 Kilometer nördlich von Bagdad. Wenige Monate später, am 15. Oktober 2006, rief Al-Qaida den »Islamischen Staat im Irak« aus.

Die Amerikaner und ihre Verbündeten hatten mit ihrem Eingreifen zwar erfolgreich Saddam Husseins Diktatur beseitigt, aber das entstandene Machtvakuum nicht mit einem besseren Regime gefüllt. Hinzu kam, dass die Misshandlungen von und die Willkür gegenüber Gefangenen in US-Gefängnissen wie Abu Ghuraib und Camp Cropper bei Bagdad den Widerstand gegen die Besatzer nährten. Camp Bucca, ein weiteres Gefängnis im Süden, geriet unbeabsichtigt zu einer Schule der Extremisten, viele spätere IS-Führer waren hier inhaftiert, unter ihnen der heutige »Kalif« Abu Bakr al-Baghdadi. Als die Amerikaner das nur scheinbar stabile Land schließlich verließen, brach die Anarchie sich Bahn. Unzählige Sunniten, darunter – wie bereits erwähnt – gut ausgebildete Soldaten und Offiziere, schlossen sich den radikalen Aufständischen an, die am besten organisiert und vor allem finanzkräftig waren. Diese Ausgebooteten hass(t)en den neuen irakischen Staat mehr als den »Islamischen Staat«, der ohne das Eingreifen der USA nie entstanden wäre.

Im Irak hat sich wieder einmal gezeigt: Solange die Gläubigen Angehörigen anderer Religionen mit Hass begegnen, wird es im Nahen Osten keinen Frieden geben. Diesen Krieg haben die USA im Irak noch befeuert. Nebenbei: Es war damals natürlich nicht nur um die Beseitigung einer Diktatur gegangen, sondern auch um das schwarze Gold.

Baschar al-Assad hat radikale islamistische Gruppen im Irak von Beginn an unterstützt. Hunderte Busse voller Dschihadisten fuhren nach dem amerikanischen Einmarsch 2003 von Damaskus und Aleppo in den Irak. Einer unserer Nachbarn in Damaskus gehörte zu den ersten Kämpfern, die tot zurückkehrten; seine Familie inszenierte für ihn ein großartiges Begräbnis. Nach der Ausrufung des »Islamischen Staats Irak« am 15. Oktober 2006 ließ Assad ehemalige Häftlinge in den Nachbarstaat ausreisen, die sich in seinen Gefängnissen, in diesen Akademien des Dschihadismus, weiter radikalisiert und das schmutzige Geschäft des Folterns und Mordens erlernt hatten.

Assad wollte die Radikalen keinesfalls einfach abschieben, nein, er hatte ihnen die Aufgabe zugedacht, die Islamisten im Irak zu unterstützen und damit die US-Armee zu beschäftigen. Von 2011 an kamen sie jedoch zurück. Unter ihnen war auch Abu Mohammed al-Dschaulani (eigentlich wohl Ahmad Husain asch-Sha'ra), der im Januar 2012 Emir der sunnitischen Dschabhat al-Nusra geworden war, des syrischen Ablegers von Al-Qaida im Irak.[4] Zu Beginn der Aufstände entließ Assad erneut Hunderte gefährliche Terroristen aus den Gefängnissen.

Jeder, auch Assad, wusste, was diese Männer tun würden: Sie würden militante Gruppen gründen, sich in die Aufstände einmischen, sie würden das Chaos in Syrien und auch im Irak vergrößern bzw. aufrechterhalten. Und sie würden die Menschen terrorisieren. Die Islamisten würden ihre Gegner mit denselben Methoden misshandeln, wie sie zuvor von Assads Folterern misshandelt worden waren.

Diesen Männern lieferte nicht nur Saudi-Arabien Waffen, auch Assad hoffte auf diese Weise, die Opposition spalten und das Chaos vergrößern zu können. Und wenn es so weit wäre, könnte er sich zum Retter Syriens aufschwingen, zum Friedensbringer, und auch seine Gegner im Westen davon überzeugen, dass er unverzichtbar sei. Sein Kalkül war, unter dem Deckmantel der Terrorismusbekämpfung jegliche Maßnahme rechtfertigen zu können, auch sein hartes Durchgreifen gegen die Demonstranten. Dabei bekämpfte er nicht Terroristen, sondern wollte einen Aufstand niederschlagen gegen seine totalitäre Diktatur, gegen das Regime seines Clans. Das Erstarken der Terroristen hat er nicht nur billigend in Kauf genommen, er hat es gefördert.

Inzwischen ist aus dem syrischen Bürgerkrieg ein internationaler Stellvertreterkrieg geworden: Der Iran will seinen Einfluss in der Region nach dem Irak auf einen weiteren Staat ausdehnen; das mehrheitlich sunnitische Saudi-Arabien will genau das verhindern; die Türkei verfolgt auch in Syrien ihre Großmachtträume. Und weil die USA sich zunächst weitgehend herausgehalten hatten, konnte Russland sich ebenfalls als Regionalmacht positionieren.

Als die Vereinigten Staaten schließlich aufwachten, konnten sie sich zunächst nicht entscheiden, wen sie unterstützen sollten; und dann statteten sie »gemäßigte Islamisten« mit Waffen aus, was sich schon im Irak als inadäquat erwiesen hatte. Diese Waffen gelangten häufig in die Hände von Kämpfern der Al-Nusra-Front, des IS oder anderer Islamisten. Diese profitierten 2014 auch von dem vermeintlich unkoordinierten Rückzug der irakischen Armee aus Mossul. Deren 30 000 Soldaten überließen einem kleinen Häuflein von ein paar Hundert Dschihadisten alle ihre Waffen – als hätten sie einer übermenschlichen Kriegsmaschinerie gegenübergestanden. Die Gotteskrieger mochten damals Sure 8:65 bestätigt sehen, in der es heißt:»O Prophet, sporne die Gläubigen zum Kampf an! Wenn es unter euch zwanzig Standhafte gibt, werden sie zweihundert besiegen. Und wenn es unter euch hundert gibt, werden sie tausend von denen, die ungläubig sind, besiegen, weil sie Leute sind, die nicht verstehen.«[5]

Nein, Allah hat den Dschihadisten den Sieg keineswegs geschenkt. Und die Bevölkerung hätte sich in Mossul nicht gefügt, hätte die irakische Armee nur etwas Widerstand geleistet. Doch sie ließ alles zurück, unzerstört. Hat ihnen das jemand befohlen? Wir alle wissen, von wem die irakische Armee Befehle erhält. Ministerpräsident Nuri al-Maliki hat den Rückzug angeordnet, um dem IS Mossul zu überlassen – mitsamt den intakten Waffen und Panzern der irakischen Armee. Sein Ziel aus meiner Sicht: Der IS sollte schnell wachsen und die Kurden angreifen.

Ein Jahr später »vertrieben« auch in Ramadi angeblich ein paar Hundert IS-Kämpfer 6000 irakische Soldaten, die den Gotteskriegern ihre Waffen und Munition auf dem Silbertablett hinterließen. Zwar eroberten sie die Stadt später zurück, aber fürs Erste hatten die Islamisten Waffen und Munition erhalten – von denen, die angeblich ihre Feinde sind.

Und Europa? Europa hat nicht auf Assads Gewaltexzesse geantwortet und nicht auf die Besetzung von Land durch den IS seit 2013. Assad nimmt Europa deshalb nicht ernst. Aus den Kreisen des Regimes war bei jeder Gelegenheit zu hören, dass Europa keine machtvolle Kraft sei, dass es sich als schwach erwiesen habe, ja dass es auf der politischen Landkarte nicht existiere. Deshalb überraschte es auch nicht, dass ein rüdes Regime wie das von Assad Europa mit keinem Wort dafür dankte, dass es Hunderttausende seiner geflüchteten Landsleute aufnahm. Stattdessen machte Assad Europa dafür verantwortlich, dass sich in seinem Land eine Dschihadistenorganisation wie der IS breitmachen konnte. Dabei war es Assad gewesen, der dessen Krieger gewähren ließ, in der Hoffnung, angesichts dieser rücksichtslosen Terrororganisation würden sich alle Syrer und die ganze Welt hinter ihm scharen, um jene zu eliminieren.

Assad ist ein Trickser und Betrüger. Vielleicht glaubte Barack Obama wirklich, Assad habe alle seine Chemiewaffen vernichten lassen, mit denen er Tausende seiner Landsleute umbrachte wie Saddam Hussein 1988, als er Giftgas – das übrigens zu einem erheblichen Teil mithilfe deutscher Firmen hergestellt wurde – gegen Kurden in Halabdscha einsetzte. Wie damals gegenüber Hussein, so blieb es nach den Giftgasangriffen auf Ghuta im August 2013 auch gegenüber Assad bei Lippenbekenntnissen. Und von Assads Seite bei falschen Versprechungen. Von den Chemiewaffen, die doch angeblich danach alle vernichtet worden seien, sind noch genügend da, versteckt an Orten unweit der Küste im Westen, die Assad noch kontrolliert. Und so starrte im April 2017 die an der Nase herumgeführte Welt ungläubig auf die Bilder des Giftgasangriffs auf Chan Scheichun. Das syrische Regime ist eine listige Schlange, ihr ist kein Wort zu glauben.

Hätte Europa sich frühzeitig eingemischt, so wie es später Russland tat, dann hätte das möglicherweise eine Wirkung auf Assad gehabt. Aber nun haben wir den Diktator immer noch und die Terroristenbanden dazu. Deren Hass gilt auch dem Westen, und dass sie in der Lage sind, auch jenseits des von ihnen beherrschten Gebiets zuzuschlagen, haben sie hinlänglich bewiesen.

Weil das alle wissen und fürchten, könnte Assads Taktik aufgehen. Nachdem die USA die ganze Region in Unordnung gebracht haben, gab es 2014 erste Stimmen in Amerika und in Europa, es sei an der Zeit, mit Assad zu reden, weil nur mit ihm wieder Ruhe in Syrien geschaffen werden könne. »Nun wissen wir mit Sicherheit, dass wir Diktatoren nicht gewaltsam beseitigen können«, schrieb der CIA-Mann Graham E. Fuller damals. »Das führt selten zu Frieden und einer nachweislich besseren Regierung.« Er hielt es für eine bessere Strategie, Assad zu umarmen. Kein Geheimdienst eines westlichen Staates könne all das Wissen und Fühlen zusammentragen, das nötig sei, »um den Konflikt erfolgreich in die Richtung zu manipulieren, die wir wünschen«.[6]

Woran lag dieser Meinungsumschwung? Inzwischen hatte Abu Bakr al-Baghdadi den Machtkampf gegen die Al-Nusra-Front gewonnen. Viele ihrer Mitglieder waren übergelaufen, nachdem er im April 2013 den »Islamischen Staat im Irak und in Syrien« ausgerufen hatte, am 29. Juni 2014 den »Islamischen Staat im Irak und der Levante (ISIL)«. Eine Woche später sprach al-Baghdadi beim Freitagsgebet in der Al-Nuri-Moschee im nordirakischen Mossul öffentlich als »Kalif«, als ranghöchster Muslim, als Erbe Osama bin Ladens, als Nachfolger Mohammeds. Alle wahren Muslime forderte er auf, in sein Land zu kommen, um gegen die Ungläubigen zu kämpfen. Die Auswanderung in das »Haus des Islam« sei Pflicht. Muslime aus aller Welt folgten dem Aufruf. Und wir, die Kurden im Norden Syriens und des Irak, gehörten zu denen, die al-Baghdadi zuerst von dem Land vertreiben wollte, das er nun für sich reklamierte.

Aleppo ist heute das Symbol für Syrien, einen »failed state«. In dieser Stadt, die sich zunehmend zu einer Todeszone entwickelte, verbrachte ich einige der schönsten Stunden meines Lebens. Vier Jahre später, 2016, saß ich in Deutschland vor dem Fernseher und starrte entsetzt auf die Bilder von verstörten Menschen, die wie Geister durch die Trümmerhaufen von Aleppo schlichen. Damals fragte ich mich, wie lange dieser Albtraum noch andauern würde, wie viele Zivilisten noch durch Bomben zerfetzt würden. Und ob ich meine kurdische Heimat je wiedersehen würde.

Wir hatten ein gutes Leben in Qamishlo im Nordosten Syriens an der Grenze zur Türkei, wo ich 1993 zur Welt kam. 1999 zogen wir nach Damaskus, wo ich die Grund- und später die Oberschule besuchte. Meine Eltern achteten sehr darauf, ihre fünf Söhne und zwei Töchter zu anständigen Menschen zu erziehen und sie in eine gute Schule und auf die Universität zu schicken. Nachdem meine Geschwister nach Abschluss ihres Studiums ins Ausland gegangen waren, zwei davon nach Deutschland, waren wir, nun nur noch zu dritt, 2010 nach Qamishlo zurückgekehrt. Mein Vater leitete ein Transportunternehmen, und wir besaßen außerhalb der Stadt etwas Land.

Nach meinem Schulabschluss überlegte ich, welchen Weg ich nun einschlagen sollte. Als Kind hatte ich davon geträumt, Feuerwehrmann zu werden, ich mochte die Vorstellung, Menschen in Not zu helfen. Schließlich entschied ich mich aber doch für ein Studium; allerdings nicht in Damaskus – ich wollte etwas Neues kennenlernen –, sondern in Aleppo. 2011 schrieb ich mich dort an der Fakultät für Kunst und Geisteswissenschaften ein, mein Schwerpunkt war englische Literatur. Damals war Aleppo eine Stadt voller Touristen. Tagsüber las ich Shakespeare und Faulkner, abends ging ich mit meinen beiden besten Freunden in den Park, wo wir uns ins Gras setzten und klassische Musik hörten, in beliebten Restaurants syrische Gerichte aßen, gute Noten feierten und schließlich die Altstadt durchstreiften. Meine Welt war in Ordnung, alles fühlte sich gut an.

Ich war nicht lange in Aleppo, da begannen die Proteste gegen das Assad-Regime. Vom Frühjahr 2012 an demonstrierten auch die Studenten von Aleppo – im Hochschulgebäude. Ich hielt das für falsch. Demonstrationen gehörten auf die Hauptstraßen, ins Zentrum der Städte, nicht an eine Universität. Die Hochschule würde in Mitleidenschaft gezogen, dessen war ich mir sicher, es war nur eine Frage der Zeit.

In dieser Zeit kontrollierte die syrische Armee den größten Teil der Stadt, darunter den westlichen Teil der Altstadt mit der Universität, sowie den Flughafen im Osten. Rebellen verschiedenster Herkunft beherrschten einige Bezirke im Süden und Nordosten. Von Juli 2012 an kam es in Aleppo zu heftigen Kampfhandlungen, welche die nächsten Jahre andauern sollten.

Gegen die demonstrierenden Studenten schickte Assad seine Soldaten, sie warfen mit Tränengas und schossen um sich. Sie stürmten auch auf den Campus, schlugen Studenten, räumten deren Unterkünfte und verhafteten Dutzende, auch solche, die nicht an den Demonstrationen teilgenommen hatten. Das passiert im Chaos, der Krieg kennt keine Regeln mehr. Ich hatte Glück, ich wohnte fünf Kilometer östlich der Universität und fuhr nach Ende des Semesters nach Qamishlo.

Als ich zu Beginn des Wintersemesters im November zurückkehrte, hatte sich die Lage verschlechtert. Nicht alle Studenten hatten sich wieder immatrikuliert, einige hatten Aleppo gar nicht mehr erreichen können, weil Straßen gesperrt waren. Etliche Professoren waren in ihren Heimatorten geblieben, sie fürchteten, auf der Fahrt entführt zu werden – ein beliebtes Mittel, um Lösegeld zu erpressen.

Immer mehr Soldaten patrouillierten in den Straßen und kontrollierten willkürlich die Identität der Passanten, es kam zu Verhaftungen. Bomben fielen. Menschen verließen ihre Häuser, um sich in vermeintlich oder tatsächlich sichere Gegenden zurückzuziehen. Umgekehrt flüchteten sich viele Bewohner der Außenbezirke, wo Assads Armee Rebellen bombardierte, in die Stadt. Die Folge waren steigende Mieten, weshalb eine wachsende Zahl gerade dieser Flüchtlingsfamilien auf dem Campus »wohnte«.

Am Morgen des 15. Januar 2013 war ich auf dem Weg zur Universität, als ich in der Ferne drei gedämpfte Laute hörte: »Plop, plop, plop«. Wenige Sekunden später durchbrachen drei Raketen die Wolken und schlugen an einem zentralen Platz der Universität ein. Internationale Zeitungen und TV-Stationen berichteten von 80 bis 100 Toten. Syrische Medien nannten die Zahl 300. Wir sagen immer: Die syrischen Medien sind stets zehn Kilometer von der Wahrheit entfernt. In diesem Fall schien die von einheimischen Medien und der Regierung verbreitete hohe Opferzahl einem konkreten Zweck zu dienen: Assad behauptete nämlich, den Angriff hätten Terroristen zu verantworten.

Wir hatten bis dahin von terroristischen Gruppen nichts gehört, es gab sie noch nicht. Die Freie Syrische Armee besaß nur Kalaschnikows, kein TNT und keine Raketen. Katar, Saudi-Arabien und die Türkei lieferten damals auch noch nichts dergleichen. Doch Hunderte Menschen hatten die Wahrheit erkannt, sie hatten in den Himmel geblickt wie ich und die Raketen gesehen. Es war klar, von wem sie stammten. Assad hatte einen Platz zerstört, der unter seiner Kontrolle stand, um die Weltöffentlichkeit zu täuschen.

Erst nach diesem Propagandacoup betraten in Aleppo tatsächlich radikale Dschihadistengruppen die Kriegsbühne. Die Al-Nusra-Front erkämpfte weitere Stadtteile zwischen Flughafen und Stadtzentrum, wodurch die Gefahr bestand, dass die Altstadt eingekesselt würde. Die Angst der Menschen war überall zu spüren, geschürt auch von arabischen Medien wie *Al Jazeera* und *Al Arabiya*. Wir gingen nachts nicht mehr aus, das öffentliche Leben erlahmte. An der Universität fand kein geregelter Studienalltag mehr statt, zudem hatte ich Mühe, mich auf das Lernen zu konzentrieren. Deshalb entschied auch ich mich, wie viele meiner Kommilitonen, mein Studium auf Eis zu legen und nach Qamishlo zurückzugehen. Ich fuhr mit dem Bus. Es war jene Fahrt, auf der ich zum ersten Mal einem Dschihadisten begegnete. Als ich zu Hause ankam, ahnte ich nicht, dass die nächste Begegnung weit weniger glimpflich ablaufen würde.

2. Die Entführung

Es war acht Uhr morgens, als mich mein Smartphone weckte. Ich stapfte noch etwas schlaftrunken ins Bad, zog mich an und trat anschließend mit einem Glas Wasser in der Hand hinaus auf den Balkon. Dicke, schwarze Wolken hingen über Qamishlo. Ich blickte den vorbeifahrenden Autos nach und fragte mich, ob mein Kollege Farhad Hamo pünktlich sein würde.

Farhad besaß einen Wagen, mit dem auch lange Strecken zuverlässig zu bewältigen waren – und wir hatten an jenem Montag, den 15. Dezember 2014, einen längeren Weg vor uns. Wir arbeiteten beide bei Rûdaw Media Network, einem privaten kurdischen Medienhaus mit Sitz in Erbil, das Fernseh- und Radioprogramme ausstrahlt und eine Webseite anbietet. Mein Schwager hatte mir dort nach meiner Rückkehr einen Job verschafft. Ich war Fernsehreporter, mit allem, was dazugehörte. Ich interviewte, drehte und schnitt Filmbeiträge eigenverantwortlich und fühlte mich frei, mitten im Krieg.

»Was hast du heute geplant?« Mein Vater war zu mir auf den Balkon getreten.

»Ich will mit Farhad zum Palast nach Tal Alo, um Scheich Mehdi Daham al-Hadi zu interviewen.«[7]

»Wollt ihr das nicht lieber verschieben? Es ist eine weite Fahrt, und es sieht nach schwerem Regen aus.« Was er nicht offen aussprach: Die Fahrt war gefährlich. Der Treffpunkt war kaum 15 Kilometer entfernt von dem Gebiet, das Daesh kontrollierte. Mein Vater machte sich Sorgen.

»Bitte vergiss nicht, zur Werkstatt zu fahren, um die Reifen meines Wagens aufzupumpen«, bat ich ihn, um vom Thema abzulenken.

»Ich will's versuchen«, antwortete er.

Von der Straße hörte ich die Hupe eines Autos. Farhad war pünktlich. Ich packte meine Ausrüstung – Kamera, Laptop, Stativ – neben seine Utensilien auf den Rücksitz, stieg ein und schaltete das Radio an. Wir hörten klassische kurdische Songs. Ein paar Jahre zuvor war das noch verboten gewesen, aber inzwischen sendeten mehrere kurdische Radiostationen aus Qamishlo.

Am Stadtrand passierten wir den Checkpoint der *Asayish*, der Polizei des Ortes, und fuhren auf der M4 ostwärts in Richtung Tal Kocher. Nur wenige Autos begegneten uns, der Wagen schnurrte gleichmäßig dahin, im Radio schlug Bahaa Shexo seine Buzuq und klagte:»*Ji mir gotin li Qamişlo dîlbera te mest û gêje, li ser êşa vê dîlberê, yek şîretê kes nabêje.*« –»In Qamishlo sagten sie mir, deine Geliebte sei krank und niemand kennt ein Mittel, sie zu heilen.« Irgendwann schlief ich ein.

Als Farhad mir seinen Ellbogen in die Seite stieß, schreckte ich hoch. Wenige Meter vor uns auf der Straße standen zwei bewaffnete Männer in schwarzgrüner Tarnfleckuniform und mit schwarzen Masken über dem Kopf. Sie geboten uns anzuhalten. Am rechten Straßenrand sah ich einen Toyota Pick-up mit zwei weiteren Maskierten in Militäruniform, einer saß hinter dem Steuer, der andere stand auf der Ladefläche hinter einer Lafette, auf der ein russisches PKM montiert war, ein leichtes Maschinengewehr, das auch die Peschmerga am liebsten benutzten. Ein neben dem Toyota stehender Mann beobachtete durch ein Fernglas die Straße.

Als wir angehalten hatten, näherte sich ein sechster Mann unserem Auto. Ich sah, dass er ein amerikanisches M16-Gewehr in Händen hielt. An seinem Körper trug er einen Sprengstoffgürtel, an dem eine Handgranate befestigt war. Eine lebende Bombe. Ich hatte keinen Zweifel, dass dieser Mann und seine Kumpane jederzeit sämtliche ihrer verfügbaren Waffen benutzen würden – und kostete es sie das Leben.

Farhad kurbelte das Fenster herunter. Der Maskierte musterte uns, das M16 im Anschlag.

»Wohin fahrt ihr?«, fragte er barsch.

»Zu den Raffinerien«, antwortete ich.

»Ihr seht nicht aus wie Ölarbeiter«, entgegnete er mit einem Blick auf unsere Kleidung.

»Wir fahren zu den Raffinerien«, beharrte ich.

Er trat einen Schritt näher und scannte den Wagen. Auf dem Rücksitz entdeckte er unser Equipment, das Logo unseres Senders war nicht zu übersehen.

»Was ist das für Zeug?«, hakte er nach.

Es wäre aussichtslos gewesen, den wahren Zweck unserer Fahrt weiter verheimlichen zu wollen. »Wir sind Journalisten«, räumten Farhad und ich gleichzeitig ein.

Wir hatten den Satz kam ausgesprochen, da riss der Maskierte die hintere Tür auf und setzte sich in den Wagen. Über Funk sprach er mit den anderen. Seinem Dialekt nach musste er aus der Provinz Hasaka stammen. Schließlich befahl er unmissverständlich: »Los. Wir fahren. Du folgst dem Pick-up. Wenn ihr Mist baut, sprenge ich uns alle in die Luft.«

Farhad gehorchte. Uns war beiden klar, dass wir in großen Schwierigkeiten steckten. Wir beschäftigten uns mit Kurdenfragen, mit sozialen Themen, mit Politik und natürlich auch mit dem »Islamischen Staat« und dem Islam. Wie oft hatten uns in Qamishlo Leute, die wussten, was wir taten, gewarnt. Wir sollten das lassen, wir sollten nicht über Religion sprechen und schon gar nicht über den IS. Nun war ich geneigt zu sagen: Sie hatten möglicherweise recht.

Die fünf Männer in ihrem Pick-up vor uns schienen bester Laune über ihren Fang. Sie drehten ihre Dschihadistenmusik auf volle Laustärke und rasten in Richtung Tal Hamis.

Aus den Augenwinkeln sah ich, wie es in Farhad arbeitete. Hin und wieder blickte er in den Rückspiegel. Vom Gesicht unseres ungebetenen Mitfahrers war nichts zu erkennen außer seinen Augen, die ich nicht vergessen werde, solange ich lebe. Augen, aus denen Hass und wilde Entschlossenheit sprachen.

Farhad holte tief Luft, dann hörte ich ihn fragen: »Wer seid ihr?«

»Wir sind Soldaten des Kalifats«, antwortete er.

Ich war einen Moment wie erstarrt. Wir waren tatsächlich in die Hände von Daesh gefallen. Was würden sie mit uns tun? Mein Smartphone fiel mir ein. Was darauf gespeichert war, durften sie nicht sehen: Fotos, Videos, Tweets. Vorsichtig versuchte ich, es einzuschalten, um das kompromittierende Material zu löschen. Aber er bemerkte es und befahl uns, ihm die Geräte zu geben. Während er darauf herumfingerte, fragte mich Farhad auf Kurdisch:»Wo werden sie uns hinbringen? Werden sie uns umbringen?«

»Bleib ruhig, bleib ruhig, wir dürfen jetzt nicht die Nerven …« Von hinten traf mich ein Schlag am Kopf.»Sprecht nicht kurdisch«, brüllte er.»Haltet den Mund. Sonst werde ich euch die Zunge herausschneiden.« Farhads Finger umklammerten das Lenkrad, bis die Knöchel weiß hervortraten. Ich versuchte, mich zu konzentrieren. Wir waren zu zweit, er war allein. Er hatte einen Sprenggürtel, eine Handgranate, ein Gewehr, wir hatten nur unsere Hände. Ich habe mein Leben lang Waffen gehasst, aber nun wünschte ich mir nichts sehnlicher als irgendeines dieser Mordwerkzeuge. Eine Pistole mit nur einer Patrone würde genügen. Vielleicht hätten wir Glück und die Dschihadisten im Pick-up würden nicht sofort merken, dass wir ihnen nicht mehr folgten. Vielleicht … Ein Dröhnen riss mich aus meinen Gedanken. Durch den Außenspiegel sah ich hinter uns zwei Motorräder, gelenkt von weiteren maskierten IS-Leuten, die ihre Augen mit verspiegelten Sonnenbrillen bedeckt hatten. Wie naiv meine Überlegungen doch gewesen waren.

Wir waren kaum 15 Kilometer gefahren und hatten mehrere Dörfer passiert, als wir einen IS-Checkpoint erreichten, eine ehemalige Schule. 25 Militante standen herum, sie trugen AK 47 (Kalaschnikows) und amerikanische M16, einige waren vermummt, andere zeigten ihre langen Bärte, nicht alle waren Syrer. Sie zerrten uns aus dem Wagen und brachten uns eilig in ein Haus. Zwei Maskierte wurden zu unserer Bewachung abgestellt. Nach einer Weile kam ein Mann herein, offenbar ihr Boss, denn sie nannten ihn »Emir«, Befehlshaber. Er war etwa dreißig Jahre alt, trug eine Sonnenbrille, langes Haar und einen Bart ohne Schnauzer.

Während wir gefesselt auf dem Boden knieten, setzte er sich rittlings direkt vor uns auf einen Stuhl und ließ sich von den anderen unsere Mobiltelefone und Laptops geben. Er sagte dabei nicht viel, nur hin und wieder ließ er ein »Ahaa!« und »Mmh« hören. Es war klar, dass er etwas gefunden hatte, Bilder mit kurdischen Politikern und Offizieren an Frontlinien oder meine Tweets. Ich war mir sicher, er würde uns sofort töten. Unser Schicksal lag in seiner Hand. Es machte mich wütend, uns so wehrlos zu wissen.

Schließlich kam ein vierter Mann herein, richtete zwei Gewehre auf unsere Köpfe und schrie: »Ihr seid ungläubige Journalisten. Ich werde euch eigenhändig töten.«

Abu Al-Waleed, so lautete der Kampfname des Emirs, schwieg eine Weile, bevor er den Wütenden mit einer Handbewegung zur Ruhe brachte. Die IS-Leute warteten auf weitere Befehle, aber Abu Al-Waleed ließ sich Zeit. Schließlich ordnete er mit knappen Worten an, uns ins Gefängnis von Tal Hamis zu bringen. Unsere Hände wurden gefesselt, eine stinkende, dunkle Stoffbinde mit Gummizug über unsere Augen gelegt, wir wurden nach draußen gebracht und auf den Rücksitz von Farhads Auto geschoben. Vorne saßen zwei Dschihadisten. Der Geruch, den sie verströmten, war ekelhaft, eine Mischung aus Schweiß, dem Staub der Straße und dem Metall ihrer Waffen.

3. Tal Hamis (15. bis 17. Dezember 2014)

Als der Fahrer den Wagen stoppte, umgab uns eine unheimliche Stille. Kein Wort war zu hören, kein Vogel, kein Motorengeräusch, nichts. Irgendwann vernahm ich ein Knirschen, Schritte, jemand näherte sich. Eine Stimme befahl uns auszusteigen. Draußen ergriff jemand meinen rechten Ellbogen und dirigierte mich vorwärts. Nach etwa zehn Metern blieben wir stehen, dann hörte ich, dass jemand an ein eisernes Tor klopfte.

Nach einer kurzen Zeit des Wartens wurden wir in ein Haus gebracht, durch einige Zimmer oder Flure geleitet, dann wurde eine weitere Tür geöffnet. Sie stießen uns in einen Raum und befahlen uns, an einer Wand niederzusitzen. Bevor sie gingen, nahmen sie uns die Fesseln ab. Die Augenbinden dürften wir abnehmen, wenn sie draußen seien und die Tür hinter sich geschlossen hätten. Nachdrücklich verboten sie uns, miteinander zu sprechen.

Nachdem sich meine Augen an das diffuse Licht gewöhnt hatten, konnte ich die Umrisse eines Küchenschranks erkennen. Den Wänden nach zu urteilen, hatten sie uns in ein einfaches, altes Haus gebracht. Es roch muffig, irgendwo schien etwas zu verfaulen. Am anderen Ende des Raums, auf dem nackten, kalten Boden, lag reglos ein Mann, vermutlich ebenfalls ein Gefangener. Im ersten Moment dachte ich, er wäre tot. Doch nach einer Weile sprach er mich mit leiser Stimme an: »Du musst deine Armbanduhr verstecken. Sie werden sie dir abnehmen, wenn sie sie sehen.«

Ich nahm die Uhr ab, entfernte das Armband und behielt nur das Gehäuse, das ich in meiner Unterhose verbarg. Welchen Wert dieser Rat des Mannes für mich haben sollte, konnte ich damals nicht ahnen. Eine Uhr ist im Gefängnis – zumal in einem des IS – mehr als nur ein Instrument, das anzeigt, wie quälend langsam die Zeit vergehen kann. Ich wusste immer, wann Freitag war, der Tag, an dem sie ihre Gefangenen bevorzugt exekutierten.

Farhad und ich saßen nebeneinander an der Wand, keiner von uns sprach ein Wort. Auch der andere Gefangene verharrte nach diesem einen Satz wieder in Schweigen. Immer wieder starrten wir zu den Fenstern, durch die niemand je würde flüchten können. Sie waren von innen mit Eisenstäben gesichert, von außen mit Fensterläden verschlossen. Offenbar sollte niemand von draußen erkennen können, wozu dieser Raum diente.

Mein Blick wanderte über die Wände. An einigen Stellen waren rotbraune Flecken zu erkennen. Blutspuren? Ich fragte mich, von wem sie stammten. Hatten sie ihre Opfer hier in diesem Raum gefoltert? Würde bald auch unser Blut an dieser oder irgendeiner anderen Wand kleben?

Ich kannte die Bilder von der Enthauptung von James Foley, und ich wusste um die Morde an dem amerikanischen Journalisten Steven Sotloff, den britischen Entwicklungshelfern David Haines und Alan Henning sowie Peter (Abdul-Rahman) Kassig, ehemals US-Soldat im Irak. Kassig war konvertiert und auf humanitärer Mission, als er in die Fänge des IS geriet. Die Dschihadisten betrachteten die Taten als Vergeltung für die Luftschläge der US-Luftwaffe im Irak und später in Syrien. Das alles war gerade ein paar Wochen oder Tage her. Sie kannten keine Gnade, und Farhad und ich waren ihnen ausgeliefert. Vor ein paar Stunden waren wir noch zu Hause gewesen, an einem sicheren Ort, nun hockten wir in einem der unsichersten, gefährlichsten Landstriche, die diese Welt derzeit kannte, als Gefangene der brutalsten Mördertruppe dieser Welt, im Land der islamistischen Fanatiker, im Land der Terroristen. Es war der blanke Horror.

Nach einer Weile brachten sie mich in einen anderen Raum, wo vier oder fünf Männer mich schlugen und meine Hände hinter dem Rücken mit einem Seil fesselten, an dem sie mich mittels eines Flaschenzugs nach oben zogen, bis meine Füße den Kontakt zum Boden verloren. Auch Assads Sadisten wendeten diese Methode an, die wir »Balango« nennen. Das Seil schnitt tief in meine Gelenke ein, meine Hände waren schnell taub, und meine Schultern schmerzten so sehr, dass ich glaubte, sie könnten jeden Moment brechen. Fragen, Vorwürfe, Beschimpfungen und Schläge wechselten sich ab. Tränen schossen mir in die Augen, und ich hoffte, nicht ohnmächtig zu werden. Alles, was ich in diesem Moment denken konnte, war: Wann würden meine Füße wieder den Boden berühren, wann würde die furchtbare Folter enden und der Schmerz abklingen?

Ich weiß nicht genau, wie lange ich da oben hing, es war lang genug, dass der Schmerz nicht enden wollte. Als meine Arme und Hände wieder richtig durchblutet wurden, war es wie tausend Nadelstiche. Sie brachten mich zu Farhad zurück, der an die Wand gelehnt auf dem Boden saß. Ich setzte mich neben ihn, keiner von uns sagte ein Wort. Farhad ahnte, was geschehen war, und er wusste, dass auch er das würde erleiden müssen, was sie mir angetan hatten. Zehn Minuten später holten sie ihn. Als sie ihn zurückbrachten, sah er nicht besser aus als ich. Wieder schwiegen wir. Es dauerte fast eine Stunde, bis er sagte: »Ich habe dich noch nie so still erlebt.«

Am Abend betrat ein IS-Mann die alte Küche, in der wir festgehalten wurden. Er legte mir eine Handfessel an, verband meine Augen und brachte mich in einen anderen Raum. »Auf die Knie«, befahl er. Ich kniete nieder, überzeugt, dass der Moment meines Todes gekommen war. Doch dann wurde ich gepackt und auf einen Stuhl gezogen, an dem sie mich zusätzlich festbanden. Ich weiß nicht, wie viele Personen in diesem Raum waren, ich durfte die Augenbinde nicht abnehmen. Man ist wie ein hilfloses Tier, ausgeliefert, lauscht auf jedes Geräusch. Vor mir blätterte jemand in einem Buch oder in einer Akte, hinter mir klopfte jemand mit einem Stock in seine Handfläche, wieder und wieder. Eine Tür öffnete sich und fiel kurz darauf ins Schloss. Sie wollten, dass ich sie hörte und mich fürchtete – der Plan ging auf. Jedes Geräusch verstärkte meine Angst. Ich stellte mir vor, wie sie sich daran weideten, wenn in ihrem Opfer langsam Panik aufstieg.

Quälend lange Minuten vergingen, bis sie begannen, mich zu verhören. Sie stellten scheinbar harmlose Fragen: Name, Alter, Namen der Eltern, der Onkel, der Tanten, der Großeltern, dazu deren Geburtsdaten. Ich wunderte mich anfangs über die Banalität dieser Fragen, aber später verstand ich, was das sollte. Die Namen und Daten wurden später in anderen Gefängnissen immer wieder abgefragt, in schnellen Wechseln, auch, was die Reihenfolge anging. Hätte ich mir nur ein einziges Mal widersprochen, hätten sie daraus schließen können, dass ich gelogen hatte.

In der nächsten Runde ging es um mich. Eine Stimme fragte, woher ich käme.

»Aus Qamishlo.«

Ein Tritt traf mich mit solcher Wucht gegen die Brust, dass ich rücklings mit dem Stuhl umstürzte. Offensichtlich hätte ich »Qamishli« sagen sollen, wie *sie* meine Heimatstadt nennen. Wütende Schläge gingen auf mich nieder, ich wurde beschimpft wegen meiner kurdischen Herkunft, wegen meines Berufs, wegen meines Unglaubens. Zwischen den Schlägen wurden mir neue Fragen gestellt. Für wen ich arbeitete, was ich in der Nähe ihres Gebiets gesucht hätte, warum wir zu zweit gewesen wären … Ich weiß nicht, was die Kerle mehr in Rage brachte, die

Tatsache, dass sie einen Journalisten vor sich hatten, oder die, dass ich Kurde war. Immer noch lag ich auf dem Boden, die Lehne des Stuhls drückte mir in den Rücken, mein Brustkorb schmerzte, in meinem Mund vermischte sich Speichel mit Blut. Ich hörte, wie sie leise miteinander sprachen. Dann wurde ich mitsamt dem Stuhl wieder aufgerichtet und losgebunden. Das erste Verhör war beendet.

Einer der Wächter brachte mich zurück in die vergitterte ehemalige Küche. Beim Hinausgehen sagte er:»Du solltest Buße tun gegenüber Allah, das ist das Einzige, was du noch tun kannst. Niemand kann dir helfen, außer Allah.« Ich hatte das Gefühl, auf der Kante einer hohen Mauer zu balancieren und jeden Moment zu stürzen, aber gleichzeitig das unbedingte Verlangen weiterzugehen. Ich nahm mir fest vor, stark zu bleiben.

»Niemand kann dir helfen, außer Allah.« Der Satz hallte die ganze Nacht durch meinen Kopf. An Schlaf war nicht zu denken. Wenn ich die Augen schloss, sah ich in endlosen Wiederholungsschleifen, wie sie mich töten würden. Ich fror erbärmlich und wie in den folgenden Wochen behielt ich meine Jacke auch nachts an, um die Kälte der syrischen Winternächte zu überstehen. Neben mir hörte ich, wie Farhad hastig atmete. Auch er fand keinen Schlaf.

Der Albtraum setzte sich am nächsten Morgen fort. Ein Wächter betrat unsere Zelle und prügelte ohne Grund mit einem Kabel auf uns ein. Auch unser»Mitbewohner« bekam seine Wut zu spüren. Der Schläger war hochgewachsen und trug die gleichen Klamotten wie»Jihadi John«, der Mörder von James Foley und vielleicht auch der anderen in den vergangenen Monaten hingerichteten Amerikaner. Foley war Fotojournalist gewesen, sozusagen ein Kollege, was meine Hoffnung auf einen gnädigen Ausgang unserer Geschichte nicht gerade verbesserte. Islamisten hatten ihn im November 2012 im Nordwesten von Syrien entführt, nahe der türkischen Grenze in der Provinz Idlib. Seinen Fahrer und den Übersetzer ließen sie laufen, aber Foley blieb fast zwei Jahre verschwunden – bis am 19. August 2014 ein fünfminütiges Video auf Youtube zu sehen war, das seine Enthauptung zeigte. Foley trug einen orangen Anzug wie die Gefangenen der US-Amerikaner in Guantánamo. Sein Mörder hatte eine schwarze Hose an, einen überlangen, schwarzen Pullover, darüber einen braunen Gürtel, an dem eine Pistole befestigt werden konnte; über sein Gesicht hatte er eine schwarze Maske gezogen. Die Medien gaben dem Killer seinen Spitznamen, denn »Jihadi John« war ein junger englischer Muttersprachler mit Hochschulabschluss namens Mohammed Emwazi. Sein Kampfname beim IS lautete Abu Abdullah al-Britani.

Ein weiterer brutaler Mord, der den »Westen« dazu verleiten sollte, Bodentruppen ins Land zu schicken. Wäre das geschehen, hätte der IS sich an die Spitze des dschihadistischen Widerstands gegen die ungläubigen Invasoren gestellt, und die Sympathien der muslimischen Welt wären den Terroristen zugeflogen. Die USA tappten zwar nicht in diese Falle, aber vom 22. September 2014 an flogen sie, unterstützt von den Vereinigten Arabischen Emiraten, Bahrain und Jordanien, auch in Syrien Luftangriffe gegen Daesh.

Kurz vor unserer Entführung hatte ich ein weiteres Video mit »Jihadi John« gesehen, es war im November 2014 im Netz aufgetaucht: 18 IS-Männer, darunter ein Franzose (Maxim Hauchard) und ein Mann aus Belgien (Abdelmajid Gharmaoui), stehen hinter 18 knienden syrischen Soldaten. Nur »Jihadi John« ist vermummt. Auf sein Kommando hin schneidet einer nach dem anderen den Gefangenen mit einem Jagdmesser die Kehle durch.

Während der Mann mit seiner »Jihadi-John«-Montur auf uns einhieb, sah ich diese Bilder immer wieder vor mir. Es war nur eine Frage der Zeit, bis Farhad und ich ein ähnliches Ende nehmen würden.

Etwa zwei Stunden nachdem der Wärter seine Prügelorgie beendet hatte, brachten sie einen Mann zu uns herein. Er war um die dreißig, trug keinen Bart und war offenbar wie wir ein Gefangener. Ich setzte mich neben ihn, aber noch ehe ich etwas sagen konnte, zischte er:»Versuch nicht, mit mir zu sprechen.«

»Weshalb nicht?«, fragte ich verwundert.»Hab keine Angst, ich bin auch ein Häftling.«

Er musterte mich misstrauisch.»Sie haben mir verboten, mit anderen zu sprechen.«

Ich versuchte es erneut.»Wenn wir ganz leise sprechen, werden sie uns nicht hören. Wieso bist du hier?«

Der Mann zögerte, begann dann aber doch zu reden:»Sie wollten wissen, weshalb ich von Tal Hamis nach Qamishlo fahren wollte.«

»Wir sind Journalisten aus Qamishlo«, sagte ich. Was für ein Zufall – und vielleicht war die Begegnung mit diesem Mann für uns eine Chance. Wir mussten es wenigstens probieren. »Kannst du unsere Familien informieren, wenn du wieder draußen bist?«

Er starrte mich mit großen Augen an.»Du musst dir nur eine Telefonnummer merken, sechs Ziffern. Bitte, hilf uns!«

Ziffer für Ziffer sagte ich die Nummer leise auf, 433***. Er wiederholte die Nummer mit geschlossenen Augen. Noch am gleichen Tag ließen sie ihn laufen. Ich war glücklich – für ihn und für uns, auch wenn es für unsere Eltern ein Schock sein würde zu erfahren, was passiert war.

In Tal Hamis erlebten Farhad und ich zum ersten Mal die Willkür, die Gewaltbereitschaft und den Fanatismus unserer Peiniger. Kein Anlass war gering genug, um zuzuschlagen oder eine Drohung auszusprechen. Beinahe stündlich kam einer der Wärter zu uns:»Wir werden euch köpfen! Wir werden euren Familien eure enthaupteten Körper schicken. Denn ihr stammt aus dem Land der Ungläubigen, nicht aus dem Land des Islam. Und ihr helft den Ungläubigen, unsere Brüder zu töten. Ihr werdet verdammt sein. Fahrt zur Hölle!«

Wir wurden geprügelt, weil wir Ungläubige waren, geprügelt, weil wir Kurden waren. Sie verhöhnten uns und spotteten über die Uneinigkeit der vielen kurdischen Stämme in Syrien und im Irak. Weil sie sich nicht einig seien, seien sie so schwach, dass es für IS-Kämpfer ein Leichtes sei, sie anzugreifen. Ich wusste, was sie damit meinten. Sie überfielen beliebige Dörfer in der Nähe der Städte, die sie beherrschten, sie töteten wahllos und stahlen, was sie sahen, weil die Bewohner angeblich die kurdischen Volksverteidigungseinheiten (Yekîneyên Parastina Gel, YPG) in Syrien oder die Peschmerga im Irak unterstützten.

In manchen Momenten wusste ich nicht, was mir mehr zusetzte. Die Schmerzen wegen der Schläge oder die Wut über die Arroganz und Verachtung unserer Peiniger gegenüber unseren Landsleuten und über meine eigene Machtlosigkeit. Ich hätte schreien und den Kurden zurufen wollen, endlich gemeinsam gegen diese Bastarde zu kämpfen, die im Namen Allahs mordeten und sich durch Suren des Korans legitimiert sahen.

Wenn sie uns über den Koran ausfragten, konnte Farhad hin und wieder etwas antworten, ich dagegen wusste nichts. »Wir werden euch lehren zu beten! Wieso könnt ihr nicht beten, wie es die Scharia befiehlt? Ihr werdet von jetzt an fünfmal am Tag beten.« Und bald taten wir es: nach Sonnenuntergang, in der Nacht, vor Sonnenaufgang, wenn die Sonne ihren höchsten

Stand erreicht und am Nachmittag, bevor die Schatten lang werden.

Kein Muezzin forderte uns zum Gebet auf, unsere Wächter kamen, um uns unter Schlägen daran zu erinnern, dass es Zeit war, Allah anzurufen. Wenn dann die Flugzeuge der Syrischen Nationalen Koalition gegen den IS am Himmel über uns hinwegdröhnten, sagten sie feixend, wir sollten Allah darum bitten, nicht durch die Bomben »unserer Freunde« getötet zu werden.

4. Al-Shaddadi
(17. Dezember 2014 bis 23. Januar 2015)

Am eiskalten Morgen des 17. Dezember holten sie uns nach dem Morgengebet, fesselten uns an Armen und Beinen, verbanden unsere Augen und brachten uns nach draußen. Unsanft wurden wir auf den Rücksitz von Farhads Auto gestoßen. Vorn stiegen zwei IS-Männer ein. Als wir losfuhren, hörte ich wieder die beiden Motorräder hinter uns.

Wer nichts sieht, verliert nicht nur die räumliche Orientierung, auch die Zeit verschwimmt, wenn man sie an nichts festmachen kann. Erst später, als ich erfuhr, wo sie uns hingebracht hatten, konnte ich abschätzen, dass wir um die zwei Stunden unterwegs gewesen sein mussten. Im Auto selbst bemerkte ich nur, dass der Fahrer irgendwann die Geschwindigkeit drosselte, und ich hörte die Rufe und das Lachen von Menschen, das Hupen von Autos, die Geräusche einer Stadt: Al-Shaddadi, ein Ort mit 15 000 Einwohnern, den die Milizen der Al-Nusra-Front im Februar 2013 besetzt hatten und der nun vom IS kontrolliert wurde.

Aus ihren Gesprächen über Funk schloss ich, dass die Terroristen uns zu einem Scharia-Gerichtshof bringen wollten. Solche Scharia-Gerichte gab es überall dort, wo islamistische

Truppen seit dem Jahr 2013 die moderat islamistische sogenannte Freie Syrische Armee verdrängt hatten. Nicht nur der IS, alle radikalen islamistischen Gruppen gründeten in den von ihnen besetzten Städten solche Scharia-Gerichte. Die Richter stammten nicht alle aus Syrien, sondern auch aus Ägypten, dem Irak, Saudi-Arabien, dem Jemen, Libyen oder Tunesien. Grundlage ihrer Urteile sind der Koran und die seit Jahrhunderten überlieferten normsetzenden Handlungen und Reden des Propheten Mohammed, die sogenannten Hadithe. Von Menschen gemachte Gesetze akzeptieren sie nicht. Ich hätte nicht erwartet, ein solches Gericht einmal als »Angeklagter« betreten zu müssen.

In dem Gebäude empfing uns ein offenbar großer Mann, ich hörte seine Stimme von oben herab. Er sprach in tunesischem Dialekt und sehr aggressiv, während er unsere Daten abfragte und etwas auf Papier kritzelte.[8] Als er damit fertig war, zerrte er uns an den Haaren zu Boden. Es war kalt, der Boden feucht und meine Kleidung bald durchnässt. Nach einer Weile mischte sich ein Mann ein, der ebenfalls tunesischen Dialekt sprach: »Sag dem Scharfrichter, er soll sein Schwert schärfen. Ich bringe sie zum Hauptplatz.«

Ich verschluckte meine Hoffnung, wie wir Kurden sagen. Denn ich wusste, dass es besondere Scharfrichterplätze gab, Exekutionsorte, meist unter freiem Himmel, an denen sie die mörderischen Spektakel inszenierten. »Sieht aus, als wäre unsere Zeit gekommen«, flüsterte ich Farhad zu. Das Sprechen fiel mir schwer, und ich fühlte, wie ich innerlich gefror. Ein weiterer Tunesier zerrte uns nach draußen und verfrachtete uns auf den Rücksitz des Wagens. »Ich werde euch jetzt eigenhändig töten«, rief er. »Dafür bin ich aus Tunesien hierhergekommen, um Ungläubige wie euch zu töten!«

47

Farhad flüsterte:»Ich hätte nie gedacht, dass wir so einen hässlichen Tod sterben würden.«

Wenn ich zu Hause Aufnahmen solcher Tötungsszenen auf Youtube angesehen hatte, fragte ich mich immer, was ein Mensch wohl fühlt, der am Boden kniet und auf seine Exekution wartet, mit gefesselten Händen und Füßen, bekleidet mit einem orangen Overall. Die IS-Flagge hängt irgendwo über ihm, ein Dutzend Männer oder mehr stehen um ihn herum, alle vermummt, nur die Augen der Mörder sind durch einen schmalen Schlitz zu sehen.

Damals war ich nur Zuschauer gewesen, nun mussten Farhad und ich befürchten, Teil einer solch schrecklichen Inszenierung zu werden. Während diese ganzen Bilder in meinem Kopf durcheinanderwirbelten, die Gesichter der Opfer verschwammen, bis ich schließlich meinen Freund und mich auf dem Boden knien sah, fühlte ich – nichts. Als hätte das alles nichts mit mir zu tun. Ich hatte keine Angst. Ich zitterte nicht. In mir war eine einzige große Leere, die alles verschluckte. Ich war bereits dabei zu sterben. Hätten sie mir jetzt eine Pistole gegeben und mir befohlen, mich selbst zu erschießen, ich hätte es getan.

Nach kurzer Fahrt stoppte der Wagen, ich hörte, wie zwei Männer mit syrischem Akzent auf den Tunesier einredeten. Ich glaubte zu verstehen, dass er uns nicht zum Hauptplatz bringen solle, sondern zu einem Haus in der Nähe. Tatsächlich fuhr der Wagen wieder los, hielt nach kurzer Strecke, wir mussten aussteigen und uns gefesselt und mit verbundenen Augen an eine Wand stellen. Nach einer gefühlten Ewigkeit wurden wir ins Innere des Gebäudes gebracht. Sie zwangen uns zu Boden, und ich hörte, dass sie unsere Taschen durchwühlten und eine Kamera leise surrte. Ich spürte den Hieb eines Kabels auf dem

Rücken, es folgte ein zischendes Geräusch, Farhad neben mir stöhnte leise auf.

Schließlich ergriff ein Mann das Wort, der uns erklärte, er sei vor zwei Jahren aus Libyen gekommen, Emir einer Einheit der Al-Nusra-Front gewesen und schließlich zum IS übergetreten:»Wie fühlt man sich als Gefangener des Islamischen Staats?«, fragte er.»Und wie fühlt man sich, wenn man weiß, dass wir euch den Kopf, einen Arm oder ein Bein abhacken könnten?«

Wir sagten kein Wort. Und sie erwarteten keine Antworten. Sie wollten uns ängstigen und diese Angst mit der Kamera einfangen – mit *meiner* Kamera. Ich kannte die Geräusche, die sie zu Beginn und am Ende einer Aufnahme machte, nur zu gut:»Bling, dong.« Es empörte mich, dass sie meine Ausrüstung benutzten, aber noch wütender machte mich die Frage, warum so viele Islamisten aus Tunesien oder Libyen nach Syrien kamen. Gab es in ihren Ländern nicht genug Ungläubige, mit denen sich Sadisten wie sie beschäftigen konnten? Mussten sie ihren »Heiligen Krieg« *hier* austragen?

Wie sich herausstellte, befanden wir uns in einem besonderen Gefängnis in Al-Shaddadi, in dem keine Diebe oder Verkehrssünder saßen, sondern in dem der IS politische Gefangene festhielt und verhörte. In dem Gebäude befanden sich vier kleine Zellen und eine größere. Fünf Männer waren zu unserer Bewachung abgestellt: drei Syrer, ein Libyer und ein Tunesier, Abu Bilal al-Tunisi.[9]

Farhad wurde in Zelle 2 eingesperrt, ich kam in Zelle 3. Sie war sehr klein, maß gerade einmal zweieinhalb mal zweieinhalb Meter. Als der Wärter die Tür öffnete, sah ich, dass sich darin bereits sechs Männer befanden. Sie drehten sofort den Kopf zur Wand, niemand wagte es, dem Wärter ins Gesicht zu blicken, obwohl er eine schwarze Maske trug. Er nahm mir die Handfessel ab, stieß mich hinein und schloss die Tür. Ein kleines Fenster mit Metallrahmen ließ etwas Licht ins Innere. Von der Decke blätterte der Putz, auf dem Boden lagen alte, schmutzige Decken, und es stank erbärmlich. Meine Mitgefangenen waren alle sehr bleich, ihre Bärte lang und ungepflegt. Sie saßen offensichtlich schon länger in dieser Zelle, der IS beherrschte diese Region inzwischen seit einem Jahr. Als ich diese Elenden sah, wusste ich, dass nicht der schnelle Tod der war, vor dem man sich fürchten musste, sondern der langsame, sich über Wochen, Monate, vielleicht sogar Jahre hinziehende. Ich merkte, wie meine Beine nachgaben. Dann wurde alles schwarz um mich herum.

Als ich wieder zu mir kam, fragten mich die anderen schüchtern nach meinem Schicksal. Die beiden Insassen mit den längsten Bärten freuten sich diebisch über das, was ich ihnen erzählte; dass wir außerhalb des vom IS kontrollierten Landes gefangen worden waren, stellte sie außerordentlich zufrieden. Für sie war es beglückend zu hören, dass ihre Leute dazu in der Lage waren.

Bis dahin hatte ich nicht gewusst, dass der IS auch seine »Brüder« einsperrte. Tatsächlich saßen in Al-Shaddadi – so wie in allen anderen ihrer Gefängnisse auch – mehrere IS-Männer ein, selbst Emire, aber vor allem solche von untergeordnetem Rang.

Noch lachten diese beiden Idioten über mein Unglück. Ich hatte Mühe, meine Wut zu bändigen. Ich durfte ihnen Hass und Groll nicht zeigen, ich durfte sie schon gar nicht verprügeln, was sie verdient gehabt hätten, denn IS bleibt IS, daran ändert auch das Gefängnis nichts. Von den anderen erfuhr ich später, dass die Männer aus Al-Hasaka stammten und unter dem Verdacht standen, Kontakt zu Anführern des Assad-

Regimes zu haben. Der Ältere war 55, sein Haar so schlohweiß wie sein langer Bart. Der andere, 50 Jahre alt, sah aus wie Osama bin Laden. Er wusste das und war stolz darauf.[10] Als sich der Verdacht wenig später als falsch erwies, wurden die beiden entlassen.

Wir schliefen in diesem ungeheizten Raum auf dem nackten Boden. Die verdreckten Decken, die uns nachts ein wenig wärmten, waren von schlechter Qualität, die Kissen schmutzig. Sie trugen Namen und Adresse einer Fabrik aus Shengal (Sindschar). Ein IS-Mann prahlte später damit, er habe sie in den Häusern der Jesiden konfisziert. An der Decke flackerte eine kleine Lampe, die sie nach Belieben ein- und ausschalteten. An einer Wand prangte eine IS-Flagge mit IS-Logo. Ansonsten waren die Wände der Zelle übersät mit Kritzeleien, die frühere Insassen hinterlassen hatten. Einer hatte in die Wand gekratzt: »Morgen, Freitag, werde ich sterben.« Ein anderer vermisste seine Kinder. Und ein dritter hatte sehr klein und mit wackliger Hand geschrieben: »Fahr zur Hölle, IS.« Wer mochten sie gewesen sein? Lebten sie noch?

Am zweiten Tag, einem Freitag, holten sie mich. Wenn sie die Zellen betraten, trugen die Wärter immer Masken und Jacken mit dem Emblem des IS. Sie trugen es wie ein Markenzeichen, auf das sie stolz waren und das sie von den Zivilisten unterschied. Neben der Inspektion betraten die Wächter die Zellen nur aus zwei Gründen: um uns etwas zu essen und zu trinken zu bringen – Reis, Kartoffeln, Suppe, Wasser – oder um jemanden abzuholen. Manchmal kehrten die Betroffenen zurück, manchmal nicht.

An jenem Freitag begann für mich eine neue Phase der Gewalt. Sie hatten meine Tweets auf Twitter gefunden, einer lautete: »Der IS ist wie ein Ball aus schwarzem Schnee, und je weiter er rollt, desto größer wird er. Aber eines Tages wird das gelbe Licht der Sonne ihn schmelzen – für immer.« Sie hatten insgesamt 154 derartige Tweets gefunden, und für jeden einzelnen sollte ich in diesem Gefängnis Prügel beziehen, täglich.

Wie rasend malträtierten sie meinen Körper, sie boxten und ohrfeigten mich mit den Händen, traten mich mit ihren schmutzigen Schuhen und prügelten mit Stäben aus Holz und Metall auf mich ein. Ihr Schweiß vermischte sich mit ihrem starken, billigen Parfüm, das ich in den Gefängnissen von Daesh noch häufig riechen sollte. Nachdem sie endlich von mir abgelassen hatten, schleiften mich zwei Wärter zurück in die Zelle. Dort blieb ich wehr- und kraftlos am Boden liegen, mein Körper war ein einziger Schmerz, mir war so übel, dass ich mich fast übergeben hätte.

Am nächsten Tag betrat ein IS-Mann unsere Zelle, reflexartig drehten alle das Gesicht zur Wand. Er packte mich am Kinn, riss meinen Kopf herum, zog ein Smartphone aus seiner Tasche und befahl:»Schau das an!«

Das Video dokumentierte eine Hinrichtung, und es war offensichtlich, dass er stolz war auf diese Tat. Das Opfer war ein 16-Jähriger, ein Zivilist aus Al-Shaddadi. Sie hatten ihn eine Woche zuvor mit einem Schwert enthauptet. Eine Menge Menschen beobachteten den Mord, ohne einzugreifen.

Weshalb zeigte er das Video nur mir? Und weshalb hatten sie den Jungen umgebracht? Ohne dass ich gefragt hätte, erhielt ich eine Antwort: weil sie auf seinem Telefon einen Chat gefunden hatten, in dem der Junge mit seiner Freundin flirtete.

Der IS kennt kein Jugendstrafrecht. Die Strafmündigkeit beginnt mit – kein Scherz – dem Sprießen von Schamhaar. Sie prüfen das. Entdecken sie, wonach sie suchen, behandeln sie einen 14- oder 16-Jährigen wie einen Mann von 25, 50 oder

90 Jahren. Stiehlt ein 14-jähriger »Mann«, wird ihm eine Hand abgehackt. Probiert ein 15-Jähriger Alkohol, erhält er eine Tracht Prügel mit der Peitsche. Flirtet ein 16-Jähriger in einem Chat, wird ihm der Kopf abgehackt.

»Sag etwas«, forderte der IS-Mann mich auf. Ich brachte keinen Ton heraus. »Wir werden dich auf genau diese Weise töten.« Mit diesen Worten drehte er sich um und ging. Später erzählten mir meine Mitgefangenen, dass mein Platz in der Zelle der des Jungen gewesen war. Menschen, die andere wegen eines derart nichtigen Anlasses töteten, würden auch bei mir keine Sekunde zögern. Wahrscheinlich hatten sie längst die Fotos auf meinem Handy und dem Laptop entdeckt, die mich bei Gesprächen mit kurdischen Jesiden zeigten. In ihren Augen ein weit größeres Vergehen, als in einem Internetcafé falsche Seiten angeklickt oder eine Facebook-Seite geliked zu haben, die IS-kritische Nachrichten verbreitet, oder Fotos angesehen zu haben, die *haram* waren. Ich sollte in den Gefängnissen von Daesh Häftlinge treffen, die genau deswegen ihre Freiheit verloren hatten.

Gegen Ende der ersten Woche kam Abu Bilal al-Tunisi ohne Maske in unsere Zelle. Das war ein schlechtes Omen. Diese Geste der Überlegenheit bedeutete, dass ich (wie auch meine Mitgefangenen, sofern sie es gewagt hätten, ihn anzusehen) nicht mehr lange zu leben hatte und mein Wissen um seine Identität mit ins Grab nehmen würde. Er präsentierte mir sein Smartphone, auf dem ein Foto zu sehen war.

»Kennst du diese beiden toten Schweine?«, fragte er.

Ich antwortete: »Ja, die kenne ich.« Das Plakat zeigte Farhad und mich, links oben stand der Name unseres Senders, unter unseren Gesichtern auf Arabisch und Kurdisch: »*Em we ji bîr nakin*« – »Wir werden sie nicht vergessen«.

Er lachte wie irre.»Tote Schweine seid ihr. Mit solchen Plakaten kann euer Sender noch so lange nach euch suchen.« Unvermittelt fragte er nach meinen Eltern und Brüdern. Als ich ihm sagte, dass meine Brüder (und meine Schwestern) im Ausland leben, war er fassungslos:»Ihr Syrer seid komplette Idioten. Wir kommen in euer Land, um es euch Ungläubigen wegzunehmen und euch zu töten, und ihr flüchtet ins Ausland.« Er ohrfeigte mich und spuckte vor mir aus.

Es gab zwei Optionen, diesem Gefängnis zu entkommen: Wenn ein Wächter jemandem befahl, seine paar Habseligkeiten zusammenzupacken – nicht mehr als schmutzige, alte Kleidung –, dann sollte der Angesprochene entweder entlassen oder an einen anderen Ort verlegt werden. Wenn jemand ohne seine Habe mitkommen sollte, dauerte es nicht lange, bis sie den übrigen Zellengenossen Bilder und Videos einer Hinrichtung zeigten. Sie lachten dabei und drohten:»Bald seid ihr dran.«

Es ist erstaunlich, wie schnell man sich im Gefängnis an derlei Torturen und Drohungen gewöhnt.»Wir schneiden dir den Kopf ab«,»wir schneiden dir den Hals durch«,»wir begraben dich bei lebendigem Leib« – wer das ständig hört, verliert das Gefühl für die Bedrohung. Tief im Innern ist die Angst immer da, aber man stumpft ab. Klar wusste ich, dass sie mich töten konnten und es irgendwann auch tun würden, aber wenn sie drohten, mich schlugen, mir sagten, dass ich bald sterben würde, dann dachte ich: Wir sind im Krieg, und im Krieg ist das normal. Sie sind mein Feind, und ich bin ihr Feind, und sie wollen mich umbringen. Das ist im Krieg nichts Besonderes, vor allem aber ist es normal für *diese* Menschen.

Im Gefängnisalltag gelang es mir so, nicht völlig zusammenzubrechen, meine Psyche nicht über ein verträgliches Maß zu belasten, nicht zu weinen und zu klagen, nicht schwach zu werden. Das hätte sie nur glücklich gemacht. Ich versuchte, mich anzupassen, mich mit dem Unsäglichen zu arrangieren und mich mit anderen Dingen zu beschäftigen, etwa indem ich versuchte, den Grundriss des Gefängnisses zu memorieren und mir vorzustellen, wie es von außen aussieht. Ich hatte mein Leben nicht mehr in der Hand, aber die Psyche hält erstaunliche Mechanismen bereit, wenn es ums Überleben geht. Man verdrängt, man spaltet ab, es ist manchmal so, als betrachte man sich von außen.

Mein innerer Schutzwall bekam aber jedes Mal neue Risse, wenn ich diese Videos ansehen musste. Ich fühlte mich dabei wie ein wehrloses, schwaches Geschöpf in einem Käfig, beherrscht von einer üblen Kreatur, die ihr Gesicht hinter einer Maske versteckt und ihre niedersten Instinkte befriedigt, nämlich die, andere Menschen auf möglichst bestialische Weise zu ermorden.

Das taten sie in der Regel freitags. Sie betraten den Korridor, öffneten eine Zelle und nahmen jemanden mit. Mit der Zeit bekam ich ein Gespür dafür, dass sie ihre Opfer meistens vor dem Mittagsgebet holten und sie danach töteten. Einmal nahmen sie drei Männer mit. Zu einem hatte ich eine Zellenfreundschaft entwickelt. Er war fünfzig Jahre alt, ein freundlicher Mann, der seit zwei Monaten inhaftiert war; er erzählte mir viel von seiner Familie, wie sehr er sie vermisste, vor allem sein jüngstes Kind, ein Sohn. Wie üblich zeigten sie uns das Video. Wir sahen ihn auf den Knien, mit Augenbinde und Handfesseln. »Das ist nicht fair«, waren seine letzten Worte, die er mit erstickter Stimme herauspresste, »ihr habt mir versprochen, mich freizulassen, damit ich wieder zu meiner Familie zurückkehren kann.«[11] Es war kaum auszuhalten.

Der Mann war Zivilist, kein Kämpfer. Aber sie kannten kein Erbarmen. Erst allmählich verstand ich, was sie damit bezweckten: Mit solchen abscheulichen Taten gegen Unschuldige, die sie ganz ungeniert im Netz öffentlich machten, wollten sie signalisieren, dass sie *jedermann jederzeit* töten können. Damit wollen sie Druck erzeugen, um einen Austausch mit Gefangenen aus ihren Reihen zu erwirken.

Mit der Zeit keimte in mir etwas Hoffnung, dass sie auch mich und Farhad brauchen könnten, dass sie uns benutzen wollten, statt uns zu töten. Wenn ich dann aber auf den Videos sah, dass die IS-Leute Beifall klatschten, oder wenn sie uns sagten, dass laut Scharia schlechte Menschen, die nicht an den Islam glaubten, getötet werden *müssen*, wo und wann immer sie gefangen werden, erlosch der kleine Funken Hoffnung. Ich fragte mich, ob diese Menschen ein Herz und ein Gehirn hatten und ob in ihren Adern Blut floss. Wenn, dann konnte es nur ganz schwarz sein. Sie waren durchdrungen von dem Bedürfnis, diesen Auftrag zu erfüllen. So, wie der Emir aus Tunesien, Abu Bilal, der uns an einem Vormittag durch das geöffnete Fensterchen in der Tür eine Waffe zeigte:»Schaut, was ich heute Morgen auf dem Markt gekauft habe. Wisst ihr, was das ist?«

Es war eine österreichische Glock, die Pistole, die sie bei Hinrichtungen bevorzugt benutzten. Niemand antwortete.»Ich werde sie an einem von euch ausprobieren.« Mit diesem Satz schloss er das kleine Fenster, sein verrücktes Lachen hallte durch den Gang.

Einmal pro Woche kam einer der Wärter, um unseren Oberlippenbart zu kürzen. Mit einem Rasierapparat machte er die Runde durch die Zellen und trimmte den Schnurrbart der Männer. Die Scharia, sagte er beim ersten Mal, schreibe das so vor. Den Bart selbst ließ er unangetastet, und ich fragte mich, weshalb diese Religion sich so sehr um das männliche Gesichtshaar sorgte. Machte mich ein akkurat getrimmter Schnauzer etwa akzeptabler für Gott?

Die Prozedur dauerte kaum fünf Minuten. Einmal sagte er zu mir:»Ihr Journalisten habt schöne Bärte.« Ich schwieg, aber er erwartete offenbar eine Reaktion.»Antworte!«

Ich sagte:»Danke.«

»Halt den Mund«, kam es zurück.

Ich nahm mir vor, am Abend mit Farhad über die Lobpreisung des Journalistenbarts zu»skypen«. Das ging in diesem Gefängnis so: Zellen 2 und 3 trennte eine 15 Zentimeter dicke Wand aus Stein. Vor Kurzem hatte ich entdeckt, dass es in der Wand einen kleinen Schlitz gab, aus dem etwas Putz bröckelte. Vielleicht war hier früher einmal eine Steckdose befestigt, das Loch nicht ordentlich verputzt worden. Durch diese schmale Lücke konnten Farhad und ich nachts leise reden, wenn die Wächter nicht im Korridor umherliefen und die anderen schliefen. Auch andere Gefangene tauschten sich aus, ohne sich zu kennen, einfach weil es ihnen langweilig war. Unter den Gefangenen hießen diese heimlichen Gespräche»Skype voice-call«. Als ich davon erfuhr, musste ich laut lachen.

Am 31. Dezember 2014 skypten wir um Mitternacht, wünschten uns»ein glückliches neues Jahr« und amüsierten uns über unseren Galgenhumor. Farhad sagte, er wünschte, bald in diesem Jahr wieder bei seiner Familie und seiner Frau zu sein, und ich sagte ihm etwas Ähnliches. Dann schalteten wir Skype ab, um nicht von einem der Wächter überrascht zu werden, die jederzeit das Fensterchen an der Tür öffnen könnten. Skypen im normalen Leben kostet Megabytes, im Gefängnis vielleicht das Leben.

An diesem ersten Tag des Jahres 2015 nahm ich mir etwas vor: Sollte ich diesem Horror lebend entkommen, sollte ich jemals die Sonne wiedersehen, würde ich gegen den IS kämpfen. Wir können doch nicht, dachte ich, dabei zusehen, wie sich das Böse ausbreitet, wie es unser Leben zerstört. Ich würde den

Terroristen entgegentreten – mit meinen Mitteln. Ich wollte der ganzen Welt berichten, wie die Radikalen denken und was sie erreichen möchten. Und ich träumte davon, den Menschen zu helfen, die unter den Islamisten litten. Wie diese Hilfe aussehen würde und ob ich jemals dazu kommen würde, daran wagte ich zu diesem Zeitpunkt nicht zu denken.

Einen Tag später brachten die Wächter einen neuen Gefangenen in unsere Zelle, wie immer mussten alle ihr Gesicht zur Wand drehen. Nachdem sie wieder verschwunden waren, blickte ich in das Gesicht eines Mannes, den ich kannte. Wir starrten uns lange an, dann fragte er:»Erinnerst du dich an mich?«

»Wie könnte ich dich jemals vergessen?«

Er grinste mich schief an:»Ich bin sicher, dass du sehr glücklich bist, mich in einer Zelle zu sehen.«

Ich lächelte, sagte aber kein Wort. Es erschien mir so unwirklich. Neben mir in meiner Zelle saß der Mann, der unsere Entführung geleitet hatte, Abu Al-Waleed, der Emir in Tal Hamis. Der Mann, der mein Telefon und meinen Laptop durchsucht hatte. Sie hatten ihn verurteilt, weil er in Tal Hamis Gefangene getötet und ihr Geld gestohlen hatte. So gesehen hatte ich dort eine Menge Glück gehabt. Ich besaß immer noch meine Uhr. Sie erinnerte mich an mein Leben in Freiheit, überhaupt an ein Leben außerhalb dieser vier Wände, von dem ich in Al-Shaddadi nicht mehr mitbekam als fünfmal täglich den Ruf des Muezzins.

Nachdem er mir leise von seinen Verfehlungen erzählt hatte, die ihn in diese Zelle geführt hatten, begann er von der »glorreichen« Zukunft des »Islamischen Staats« zu reden. »Wir werden Paris angreifen, und Rom, und ganz Europa. Wir werden siegen.« Er war sehr überzeugt von seinen Worten – und stolz, einer von ihnen zu sein. Es sind Monster, dafür geboren, vom Blut der Menschen zu leben. Und von ihrer grausamen »Arbeit« erzählen manche so wie ein Barbier oder ein Postbote von seiner. Als sei sie das normalste von der Welt. Während meiner Gefangenschaft hörte ich die Islamisten auch immer wieder sagen, dass sie Leute nach Europa schicken, die dort terroristische Anschläge verüben sollten. Dass das keine Großmäuligkeit war, sondern bitterer Ernst, musste die Welt am Ende der ersten Woche dieses neuen Jahres 2015 schmerzlich erfahren. Mir erzählten die Wächter mit großer Freude von den Anschlägen in Paris, dem Überfall auf die Redaktion der Zeitschrift *Charlie Hebdo*, bei dem zwei Terroristen zwölf Menschen töteten. (Über die Geiselnahme in einem jüdischen Supermarkt, bei der Amedy Coulibaly vier Juden ermordete, sprachen sie nicht.) Ich war entsetzt und empfand tiefes Mitleid: Das Leben im Nahen Osten hatten sie schon ruiniert, nun zerstörten sie auch das Leben in Europa.

Anfang Januar brachten sie mich in eine andere Zelle, in der ich Farhad wieder traf. Sie war etwas größer als Zelle 3, dafür steckten sie acht weitere Männer zu uns. Die rohen Steinwände waren schmutzig, ein Fenster war vollständig mit einer Metallplatte verschlossen. Wenig später brachten sie Farhad und mich erneut zu einem »Richter«. Ich konnte ihn wegen der Augenbinde nicht erkennen, aber sein Akzent verriet seine saudi-arabische Herkunft, und seine Stimme klang jung. Später sagten mir andere Gefangene, er sei kaum dreißig Jahre alt.

Nachdem er unsere »Akte« durchgeblättert hatte, fällte er sein Urteil. Wir seien Apostaten, Abtrünnige. Davon gebe es zwei Arten: wenn jemand unbewusst oder unwissend von der Religion abweicht oder wenn jemand den »Islamischen Staat« kennt, aber sich ihm widersetzt. Er verurteilte uns zum Tod durch Abschneiden des Kopfes mit einem Messer. Anschließend prügelte er uns mit einem Kabel auf Beine und Rücken. Und obwohl ich Schmerzen hatte, machte es mich glücklich, trotz so vieler gegen uns vorgebrachter »Anklagepunkte« am Leben zu sein. Wenn sie sich noch die Mühe machten, uns zu schlagen, konnte das außerdem bedeuten, dass sie uns *nicht sofort* töten wollten. Wozu sich noch die Hände an einem ungläubigen kurdischen Journalisten beschmutzen?

Ähnliche Gedanken hatte ich auch, als sie nach vielen Tagen meine Kleidung kontrollierten. Ich trug noch immer die Jeans, die ich am 15. Dezember in Qamishlo angezogen hatte. Sie starrte vor Dreck und klebte an den Stellen meiner Haut, die sie blutig geschlagen hatten. Fast empfand ich es als Glück, dass es offenbar nicht nur für Frauen Regeln für ordnungsgemäße Kleidung gab, sondern auch für Männer. Meine Hose jedenfalls wurde als zu eng befunden. Ich musste sie ausziehen und ihnen aushändigen. Als Ersatz bekam ich einen alten, ausgeleierten Pyjama.

In der dritten Woche in Al-Shaddadi fing das Heimweh an. Bis dahin hatte ich genug damit zu tun gehabt, mich mit meiner neuen Realität und meinem kaum abwendbaren Tod abzufinden. Nun begann ich, mich mit dem zu beschäftigen, was nicht mehr real, nicht mehr Teil meines Lebens war: mit der Vergangenheit. Ich vermisste meinen Vater, ich vermisste meine Mutter, die mich morgens immer geweckt hatte, ich vermisste jeden Anruf, den ich je empfangen hatte, meine Freunde, das Fitnessstudio, meine Arbeit, zu der ich morgens aufgebrochen und von der ich abends müde zurückgekommen war. Ich vermisste mein warmes Bett und die Vorstellung, darin völlig sorglos zu schlafen, ich vermisste das Essen meiner Mutter, und ich träumte von dicken Wollsocken.

Meine neue Realität war geprägt von Sadisten, Folterern und Mördern. Eines Tages holte einer der Wärter mich und einen Jesiden aus dem Nordirak aus der Zelle. Er verband unsere Augen, fesselte uns und brachte uns nach draußen in den Hof. Es war kalt. Er befahl uns niederzuknien. Nach einer Weile hörte ich, wie er eine Pistole durchlud und abzog. Ich spürte etwas an meinem Ohr und fiel zu Boden. Wenig später hörte ich einen zweiten Schuss und ein dumpfes Geräusch neben mir. Ich war mir sicher, der Wärter habe den Jesiden erschossen, und wunderte mich gleichzeitig, dass ich immer noch bei Bewusstsein war. Jeden Moment mussten die Schmerzen an der Stelle einsetzen, an der er mich getroffen hatte, jeden Moment musste mein Tod kommen. Aber nichts dergleichen geschah. Stattdessen vernahm ich das leise Kichern des Wächters, ich hörte seine Schritte und spürte, wie er nach meinem Arm griff, um mich hochzuziehen. Als er mir die Augenbinde abnahm, sah ich, dass auch der Jeside noch lebte. Doch er war so paralysiert, dass er sich nicht bewegen konnte. Unser Peiniger machte sich darüber lustig und verspottete den am Boden Liegenden. Nachdem er mich in meine Zelle zurückgebracht hatte, ging er zurück in den Hof, um den Jesiden zu holen. Er zerrte ihn den ganzen Weg zurück an Arm und Schulter über den Boden.

Solche Scheinexekutionen erfolgten regelmäßig. Ich weiß nicht, ob es dafür einen Befehl gab oder ob die Wärter willkürlich ihre sadistischen Neigungen befriedigten. In vielen anderen Bereichen jedenfalls taten sie, was ihnen gerade einfiel, um uns zu schikanieren und zu demütigen. Kranke Gefangene, die um Medikamente baten, erhielten die Antwort:»Ihr braucht keine Medizin mehr, ihr werdet bald sterben. Ihr werdet euer eigenes Grab schaufeln, in dem wir euch dann verscharren werden.« Einem Mann mit einem schmerzenden Bein wurde eine Schmerztablette mit folgender Begründung verwehrt:»Unser

Heilmittel gegen schmerzende Beine ist, sie abzuschneiden. Möchtest du, dass wir dein Bein abschneiden?«Wenn ich mich beklagte, dass unsere Zelle voller Insekten war, die uns bissen, über unsere Kleidung krabbelten und ihre Eier in unserer Haut ablegten, bekam ich zu hören:»Hab Spaß mit ihnen. Ist doch gut, wenn du deine Zeit mit ihnen verbringen kannst, das ist doch besser als Nichtstun.«

Ich hätte lieber ein Bad genommen oder mich endlich einmal gründlich gewaschen, um mich von den Flöhen und Filzläusen zu befreien, die sich in den dreckigen Decken und unserer Kleidung einnisteten und uns als Wirte und Brutstätten für den Nachwuchs missbrauchten. Aber das ließen sie nicht zu. Wir wurden zwar zweimal täglich – begleitet von einem Wärter – einzeln zum»Bad« gebracht. Die Augenbinde durften wir dabei nur so weit hochheben, dass wir den Boden, die Treppen, das Klosett und den Wasserhahn erkennen konnten. Im Bad selbst aber hatten wir genau 30 Sekunden. Wer länger verharrte, wurde geschlagen. Täglich 60 Sekunden für Toilettengang und Waschen! Meine Haut reagierte auf diese Vernachlässigung mit zunehmendem Juckreiz und zahlreichen roten und blauen Flecken. Wie meine Zellengenossen auch musste ich mich immerzu kratzen.

In unserer Zelle saßen inzwischen wieder zwei IS-Mitglieder, die sich darüber freuten, dass die Welt bald von solchen wehleidigen Kreaturen wir mir und den anderen, die von einer 30-minütigen Dusche träumten, befreit sei. Dabei saßen sie selbst ziemlich in der Klemme. Ihnen wurde vorgeworfen, in direktem Kontakt zum Assad-Regime zu stehen. Der eine war 27 Jahre alt, hellhäutig, er trug sein Haar kurz und war drogenabhängig. Der andere, 30 Jahre alt, hatte dunkle Haut und langes Haar. Ihnen gemein war ein langer Bart und ihr fortwährendes Prahlen mit ihren großen Taten als Kämpfer der Al-Nusra-Front und des IS.[12] Es traf sie völlig unerwartet, dass sie selbst wenig später zu denen gehörten, welche die Zelle ohne ihre wenigen Besitztümer verlassen mussten. Das Foto ihrer Leichen, die drei Tage lang an einem zentralen Platz der Stadt hingen, war später im Internet zu besichtigen – zur Abschreckung aller.

Wenn es in diesen Tagen für mich so etwas gab wie Trost, dann die Tatsache, dass der IS nicht nur eine Terrororganisation gegen Zivilisten und Unschuldige ist, sondern eine Terrororganisation gegen sich selbst. Wenn diese Bastarde sich gegenseitig einsperrten und umbrachten, dachte ich, dann trägt das vielleicht dazu bei, sie loszuwerden.

Die meisten allerdings kamen glimpflicher weg. Al-Waleed war längst wieder frei, und auch einen IS-Mann,[13] der Häuser in Shengal geplündert hatte, als der IS dort gegen kurdische Peschmergatruppen kämpfte, hatten sie nach wenigen Tagen entlassen. Dass er gestohlen hatte, kreideten sie ihm nicht an: Ich hörte, wie ein Wächter zu ihm sagte, er hätte zuerst kämpfen und dann die jesidischen Ungläubigen ausrauben sollen.

Tausende waren damals vom Nordirak in die kurdischen Gebiete in Syrien geflüchtet. Ich war an einem Tag im August 2014 Augenzeuge gewesen; gemeinsam mit 15 anderen kurdischen Journalisten wollte ich an der syrisch-irakischen Grenze über die Katastrophe berichten. Aber es sollte keinen Bericht geben. Wir ließen unsere Kameras liegen, um den erschöpften Menschen zu helfen. Ich sah Babys und Kinder, alte Männer und Frauen, bedeckt von Staub, der sengenden Sonne ausgesetzt, und am Ende des Tages konnte ich nur noch heulen.

In Al-Shaddadi hatte ich nicht nur flüchtige Begegnungen mit IS-Kämpfern, sondern auch eine, die mich weit über die gemeinsamen Tage in unserer Zelle hinaus beschäftigen sollte. Der Mann stammte aus Al-Hasaka, war groß gewachsen und trug keinen Bart. Immer wieder sprach er über sich und seine Arbeit für den »Islamischen Staat«. Er hatte den IS mit Koordinaten für Bombenziele in den kurdischen Vierteln von Al-Hasaka versorgt. Er war stolz darauf, dem IS anzugehören und dessen Kriegern zuzuarbeiten. Er hasste die Kurden, weil sie keine richtigen Muslime seien wie seine »Brüder« und er, und er sprach so, als sei er selbst Gott, der das Recht für sich beanspruchte, die Menschen zu begutachten und dann zu entscheiden, ob er sie in den Himmel oder in die Hölle schickte. Unsere Wächter schienen ihn zu mögen, jedenfalls schlugen sie *ihn* nie. Sein Vergehen war lediglich, Befehle nicht exakt oder zur rechten Zeit ausgeführt zu haben. Er trug seine Uhr am Arm und durfte einige private Dinge in einer kleinen Tasche in die Zelle mitnehmen. Das Stück Papier, das ich an einem dieser Tage fand, musste von ihm stammen. Ich nahm es heimlich an mich, und es sollte mir noch gute Dienste erweisen.

Er war sicher, nicht lange bei uns zu sein, da er gute Beziehungen habe. Er redete viel, ich schwieg, auch die anderen äußerten sich nicht zu seinen Vorträgen. Denn es war gefährlich, sich einem Menschen wie ihm zu öffnen. Er gehörte zum IS, und er würde seine Pflicht erfüllen, Belastendes über uns unverzüglich zu melden. Dass er selbst wiederum so freimütig von seiner »Arbeit« erzählte, hatte zwei einfache Gründe: Er rechnete damit, dass er dank seiner Beziehungen bald freigelassen, ich dagegen dieses Gefängnis nicht lebend verlassen würde. Genau das ließ er mich immer wieder spüren, er lächelte verächtlich, fühlte sich ganz groß, während ich in seinen Augen nur ein kleiner Wurm war. Ich hatte manchmal Mühe, meine Wut und meine Empörung zu bändigen, und er wusste es. Hätte ich meinem Impuls nachgegeben, ihn auf der Stelle zu verprügeln, ich hätte den nächsten Tag nicht erlebt. Ohnmächtig hörte ich seinen »Heldengeschichten« zu, bis ich vorgab, müde zu sein, und mich zur Wand drehte.

Er blieb etwa eine Woche in meiner Zelle, dann riefen sie seinen Namen, er packte seine Sachen zusammen und ging. Er hielt es nicht für nötig, mir auf Wiedersehen zu sagen. Wir beide wussten, es würde kein Wiedersehen geben. Doch es sollte anders kommen.

In der vierten Woche des Jahres 2015 hatte es den Anschein, als würde einer meiner Mitgefangenen entlassen. So wie ich meine Uhr hütete, besaß auch er einen wertvollen Schatz: Er war im Besitz eines Kugelschreibers, und ich fragte ihn, ob er ein Kassiber zu meinen Eltern bringen würde. Wer konnte schon sagen, ob der Mann, der die Telefonnummer meiner Eltern auswendig gelernt hatte, sein Versprechen auch eingelöst hatte. Und wer wusste schon, wie viele Gelegenheiten ich noch haben würde, ein Zeichen nach Hause zu senden.

Nun wartete ich, den Stift mit der blutroten Tinte in der Tasche, bis die Männer in meiner Zelle schliefen, trennte ein Stück von dem Papier ab, das ich einige Tage zuvor an mich genommen hatte, und schrieb eilig folgenden kurzen Brief:

Lieber Vater, süße Mutter, ich schicke Euch mit diesem Schreiben Grüße und Küsse. Ich vermisse Euch sehr und wünschte nichts sehnlicher, als bei Euch zu sein. Es geht mir gut, ich bin jetzt seit 37 Tagen eingesperrt, seit dem 14. Dezember 2014. (In der Eile irrte ich mich im Datum.) Ich hoffe, Ihr versucht alles, um uns zu helfen. Ich vermisse auch meine Brüder und Schwestern und deren Kinder, und ich vermisse Euch. Ich brauche nichts, außer mit Euch zu sein. Ihr wisst, ich bin stark. Denkt an mich. Bitte grüßt alle unsere Verwandten.

Tränen liefen mir über das Gesicht, als ich das vierte Wort schrieb: Mutter. Es war das erste Mal während meiner Gefangenschaft, dass ich weinte, dass ein Gefühl stärker war als meine selbst verordnete Disziplin. Ich wusste, dass es ihr genauso ergehen würde, wenn sie meine Zeilen zu lesen bekäme. Sie wäre verzweifelt, aber ich war mir sicher, nach einem Moment des Schocks würde meine Familie sich den Kopf darüber zerbrechen, was sie für mich, was sie für Farhad tun könnte. Genau wie ich mir über diese Frage schon das Hirn zermartert hatte. Was konnten Familie und Freunde unternehmen? Was würde ich tun, wenn zwei meiner Freunde entführt worden wären? Wäre ich völlig hilflos? Oder würde ich alles im Entferntesten Erdenkliche unternehmen? Natürlich würde ich das. Und ich war überzeugt davon, draußen würden sie ebenfalls alles Erdenkliche versuchen. Dass das Plakat unseres Senders Erfolg haben würde, daran zweifelte ich allerdings. Es war nicht zu erwarten, dass einer unserer Peiniger melden würde, wo wir uns befanden.

Eines Morgens um acht Uhr kam ein kleiner Mann mit breiter Brust, Bart, Hut und Sonnenbrille zu uns, umgeben von zehn Kämpfern, seinen Bodyguards. Es war, wie wir später erfuhren, Abu Luqman (Ali Musa al-Shawakh), dessen Tod Daesh Ende 2014 gemeldet hatte, offenbar um ihn vor möglichen Angriffen der Koalition zu schützen. Abu Luqman war für Gefangene und westliche Geiseln sowie für alle Exekutionen in der Provinz zuständig. Wenig später sollte er unter dem Namen Abu Ayyub al-Ansari wieder die große Bühne betreten, als Gouverneur von Al-Raqqa, Mitglied des achtköpfigen »IS-Regierungsrats« und Stellvertreter von Abu Bakr al-Baghdadi. 2011 hatte Assad ihn aus dem Gefängnis Sednaya entlassen, bald darauf hatte Abu Luqman Karriere bei der Al-Nusra-Front gemacht. Mit

Ausrufung des »Islamischen Staats in Irak und Syrien« war er übergelaufen. Abu Luqman scheute sich nie, sich die Hände schmutzig zu machen. Für die Exekution des Emirs der Al-Nusra-Front von Al-Raqqa, Abu Saad Hadrami, war er verantwortlich. Mitte 2014 hatte er das Köpfen von zwei Gefangenen befohlen.[14] Außerdem war bekannt, dass er häufig persönlich dafür sorgte, dass Gefangene in andere Gefängnisse verlegt oder hingerichtet wurden. Nun stellten ihm die Wächter »ihre« Gefangenen vor. Abu Luqman wirkte eher unbeteiligt, hin und wieder nickte er oder nuschelte etwas in seinen Bart. Das änderte sich erst, als er vor uns stand. Die Wächter sagten ihm, wir seien die kurdischen Journalisten. Er musterte uns interessiert und nickte. Seine Anweisung war unmissverständlich: »Schickt sie so bald wie möglich ins Zentralgefängnis nach Al-Raqqa.«

Und so zählten wir die Stunden, bis sie uns fortbringen würden, auch wenn uns in Al-Raqqa sicher nichts Besseres erwartete. Bis dahin hofften wir, keine Folterungen oder Scheinexekutionen mehr ertragen zu müssen. Am 23. Januar 2015, einem Freitag, forderten die Wächter Farhad und mich auf, an die Zellentür zu treten. Sie fesselten uns an Händen und Füßen und verbanden unsere Augen. Ich roch wieder das starke, billige Parfüm, das die Dschihadisten offenbar gern auftrugen. Sie führten uns zu einem Wagen und stießen uns hinein. So wie ich es sah, standen unsere Chancen, nach Al-Raqqa gebracht oder ermordet zu werden, fünfzig zu fünfzig.

5. Al-Raqqa (23. Januar bis 1. Mai 2015)

Auf der knapp fünfstündigen Fahrt nach Al-Raqqa donnerten immer wieder Kampfflugzeuge der Koalition über uns hinweg. Als wir in die Stadt hineinfuhren, gelang es mir, die dunkle Augenbinde unbemerkt so weit zu verschieben, dass ich über sie hinweg nach draußen blicken konnte. Draußen auf den Straßen spazierten Männer mit langen Bärten und Gewehren und ein paar Wesen, die in schwarzen Stoff gehüllt waren. Es gab Geschäfte, die militärische Ausrüstung und merkwürdige Strickwaren verkauften, die ich für Socken hielt. Das also ist das Leben im IS-Staat, dachte ich.

Al-Raqqa war im März 2013 von Islamisten der Gruppe Ahrar al-Scham besetzt worden, der größten Gruppierung der sogenannten Islamischen Front, die (mit Waffenhilfe aus der Türkei und Katar) das Assad-Regime bekämpfte. Die »Freien Männer von Syrien«, so die Übersetzung, verfolgen aber auch religiöse Ziele; die Gruppe warnt vor der Ausbreitung des Schiitentums, vor angeblichen Bestrebungen, einen schiitischen Staat zu schaffen, der den Iran, den Irak, Syrien, den Libanon und Palästina einschließen würde.

Wie zuvor in Dörfern der Provinzen Aleppo und Idlib zerstörten die aufständischen Salafisten von Ahrar al-Scham schiitische Moscheen, nahmen Geiseln und töteten Zivilisten, in erster Linie Andersgläubige (Alawiten und Schiiten); Tausende Menschen waren aus Al-Raqqa geflohen. Ihr damaliger Führer, Hassan Aboud (er wurde bei einem Bombenanschlag im September 2014 gemeinsam mit anderen IS-Führern getötet), gehörte wie Abu Luqman zu jenen Dschihadisten, die Assad 2011 aus dem berüchtigten Gefängnis Sednaya entlassen hatte und die seither in der Islamischen Front zusammenarbeiten. Die Islamische Front vertrieb gemeinsam mit der Freien Syrischen Armee (FSA) und der Al-Nusra-Front den IS aus dem Nordwesten – den Provinzen Idlib, Latakia, Aleppo. Der IS wich nach Osten aus und vertrieb Ahrar al-Scham im April 2014 aus Al-Raqqa, das seither dessen Hauptstadt im Norden und Osten Syriens ist.

Wir erreichten ein Fußballstadium. Ich konnte ein wenig Rasen erkennen und hatte eine Vision: Ich sah Hunderte, Tausende Menschen, die auf den Tribünen saßen, Popcorn aßen und sich amüsierten, und ich war der Grund für ihr Amüsement. Ich kniete auf dem Platz, und hinter mir stand mein Killer.

Sie brachten uns in einen Raum unter den Tribünen, nahmen uns die Augenbinden ab und filmten uns wie damals in Al-Shaddadi. Wir sollten Folgendes in die Kamera sprechen: »Es geht uns gut, wir sind gesund, Soldaten des Islamischen Staats halten uns gefangen.«

Dann brachten sie uns, gefesselt und mit verbundenen Augen, in einen anderen Trakt. Vor einer Eisentür löste mein Wächter die Fesseln und befahl mir, die Augenbinde erst abzunehmen, wenn er die Tür geschlossen habe.

Als ich die Binde abgenommen hatte, erschrak ich. Der Raum, der mir zugedacht war, maß zwei mal eineinhalb Meter; sogar mein Badezimmer zu Hause war größer. Es war offenbar eine Einzelzelle, die Nummer 2; Farhad sperrten sie in Nummer 11. Wir konnten uns weder sehen, noch durften wir miteinander sprechen. Zweimal täglich brachten sie etwas zu essen, nach dem Mittags- und nach dem Abendgebet. Mal gab es eine Kartoffel, mal eine Suppe oder Falafel. Meistens war es ungenießbar.

Vom ersten Tag an folterten sie mich täglich in einem Verhörraum, es schien ihnen Spaß zu bereiten und keinem konkreten Ziel zu dienen. Sie kamen meist bei Dunkelheit, nach dem Gebet. Sie schlugen mich mit Holzstöcken, Eisenstangen und Kabeln.

Eines Nachts sagten sie: »Wir werden dich jetzt ins Balango hängen.« Ich wusste aus Tal Hamis, was das bedeutete. Während sie mich fesselten, versuchte ich, ruhig zu bleiben. Aber als sie mich hochzogen und auf meinen wehrlosen Körper einzudreschen begannen, dachte ich nur noch ans Sterben. Und als sie endlich aufhörten, befiel mich eine unendliche Hoffnungslosigkeit.

In jener Nacht hatten die Prügel eine weitere Konsequenz. Einer ihrer Schläge traf mein Gesicht mit einer solchen Wucht, dass meine Brille auf den Boden fiel. Als ich sie später mit zitternden Fingern auflas, sah ich, dass das rechte Glas zersprungen war. Ich konnte damit noch einigermaßen sehen, aber es fiel häufig aus dem Rahmen und sollte im Juni endgültig in Scherben zerfallen.

Ihr Einfallsreichtum kannte keine Grenzen, wenn es darum ging, ihre wehrlosen Opfer zu quälen, zu demütigen, zu erniedrigen und ihren Willen zu brechen. Manchmal rissen sie nachts die Zellentür auf, schauten eine Weile herein, den Kopf auf und ab bewegend, und gingen wieder, ohne ein Wort gesagt zu haben. Ein andermal bekam ich Besuch von einem Maskierten. Er hielt eine Spritze in seiner Hand und befahl mir, mich auf den Bauch zu legen. »Aber wieso?«, fragte ich misstrauisch. »Ich bin nicht krank.«

»Sei still und dreh dich um.« Er injizierte mir eine ölige Flüssigkeit und verließ meine Zelle. Bang wartete ich darauf, dass die Spritze eine Wirkung zeigen würde. Ich fürchtete, sie hätten mich vergiftet, und wartete darauf, ohnmächtig zu werden oder zu ersticken. Aber es geschah – nichts. Ich weiß bis heute nicht, was er mir spritzte. Nur die Panik, die ich in jener Nacht empfand, werde ich mein Leben lang nicht vergessen.

Als ich nach Stunden wieder klar denken konnte, sagte ich mir: Weshalb sollten sie auch eine Spritze benutzen, um mich zu töten? Dafür standen ihnen schließlich viel entsetzlichere Methoden zur Verfügung. Es blieb die Frage nach dem Warum. War es wirklich so banal, wie es erschien? Wollten sie mich lediglich erschrecken? Ihre Macht demonstrieren? Ihre Macht über mich und meinen Körper?

Wenn sie mich nach den Folterungen im Verhörraum zurück in meine düstere Einzelzelle gebracht hatten, starrte ich, auf dem bloßen Boden liegend, oft stundenlang auf die Wand. Durch die zwei Meter hohe Decke, die nicht aus Stein, sondern einem Gitter aus Metallstangen bestand, fiel auch nachts etwas Licht von draußen herein. Und so stellte ich mir vor, diese Mauer könnte in mich hineinblicken, mein Leiden verstehen, es aufnehmen und auf ihre Steine drucken, mit einer Tinte, die andere Gefangene lesen könnten, nicht aber unsere Aufseher. Nur selten fiel ich in einen unruhigen Schlaf, die Bilder aus dem Verhörraum verfolgten mich, immer wieder schreckte ich hoch, schweißnass und orientierungslos. Erst langsam, wenn ich unter mir wieder den feuchten Boden ertastete und die klamme, muffige Decke auf mir, wurde mir klar, dass ich nicht aus einem furchtbaren Albtraum erwacht war.

Schon nach wenigen Tagen in Einzelhaft begann ich, mit mir selbst zu reden, manchmal stundenlang. Ich war auf dem Weg, verrückt zu werden. Alles, was mir über die Einsamkeit ein wenig hinweghalf, war ein Buch, das sie mir in die Zelle gelegt hatten. Es war der Koran. Ich sollte ihn während meiner Gefangenschaft 62 Mal lesen, aus Angst oder Langeweile. Eine Minute in der Zelle erschien mir wie ein Monat, eine Stunde wie ein Jahr.

Unser Gefängnis war berüchtigt. Es lag mitten in Al-Raqqa und hieß »Das schwarze Stadion«. Hier hatte der IS sein Zentralgefängnis eingerichtet, genannt »Sektion 11« (später »Sektion 3«). Der Tod drohte hier jede Minute, entweder durch die Hand eines IS-Terroristen oder durch einen Luftangriff der Koalition, deren Piloten täglich und fast rund um die Uhr Angriffe flogen. Einer dieser Attacken, so sollte ich später erfahren, fiel in diesem Februar 2015 die 26-jährige US-Amerikanerin Kayla Jean

Mueller zum Opfer, es war vermutlich ein Angriff jordanischer Flugzeuge.

Bis zu 350 Männer konnte der IS in »Sektion 11« einsperren; es gab außerdem eine Großraumzelle, in der bis zu achtzig weitere Gefangene Platz hatten. Hier saßen IS-Mitglieder ein, die sich schuldig gemacht hatten: weil sie nicht an einem Kampf hatten teilnehmen wollen, weil sie sich nicht wie vereinbart in die Luft sprengen wollten, weil sie zu viel Geld hatten oder Kontakt zu Leuten, die außerhalb des IS-Gebiets lebten; andere standen im Verdacht der Spionage.

Die Wächter, die sich in Al-Raqqa um die Insassen »kümmerten«, trugen immer Masken, wenn sie eine Zelle betraten. Es gab verschiedene Modelle, und jeder hatte so seine Vorlieben. Es gab Masken, die nur die Augenpartie freiließen, andere Augen und Stirn oder Augen und Mund. Es gab sie in Schwarz, Dunkelgrün, Braun und Beige. Es waren die Strickwaren, die ich in den Läden erblickt hatte, als wir in die Stadt hineingefahren waren. Diese Masken hatten zwei Aufgaben: Sie sollten uns in Schrecken versetzen und die Identität der Träger verbergen. Die meisten von ihnen waren magere, untrainierte Burschen. Ich haderte damit, dass solche Schwächlinge die Macht hatten, mich einzukerkern und zu bedrohen. Oft stellte ich mir vor, wie es wäre, diese Bastarde auf der Straße zu treffen, ohne ihre Masken. Ich hätte keine Angst vor ihnen gehabt, niemand hätte Angst vor diesen Nichtsen. Alles, was sie waren, waren sie durch ihre Rolle. Ich stellte mir vor, wie ich mich revanchieren würde für die Qualen, die sie mir antaten, wie ich sie bestrafen würde für ihren Zynismus und ihre Großmäuligkeit, für ihre Art, mit ihren Attacken auf unsere Städte zu prahlen. In meinen kühnsten Träumen zog ich sie zur Rechenschaft für ihre Terroranschläge, über die sie jubelten, und für die vielen Toten, über die sie nur spotteten. Ich würde ihre Smartphones zertreten, auf denen sie Videos ihrer Untaten speicherten, ich würde die »Media Points« in den von ihnen eroberten Städten zerstören, in denen jedermann Videos und Filme von Menschen veröffentlichen konnte, die IS-Propagandalieder singen.

Aus solchen Fantasien zog ich Kraft, an ihnen konnte ich mich ein Stück weit aufrichten, und die Einsamkeit schien Kraft zu geben; sie war einfacher zu ertragen als die Klagen mancher Gefangener, die mich emotional weiter herunterzogen.

Die meiste Zeit in Al-Raqqa verbrachte ich allein in der Zelle. Aber hin und wieder quartierten sie einen anderen Gefangenen bei mir ein. Einmal brachten sie einen Mann, der eine Plastiktüte von LC Waikiki bei sich trug, voll mit neuer Kleidung aus der Türkei. Auch Lira trug er noch bei sich. Er warte hier auf Abu Luqman, sagte er, den er am folgenden Tag treffen wolle. Das Gefängnis sei für ein solches Meeting der sicherste Ort, auch wenn die Nacht hier wohl etwas ungemütlich werde.[15]

Es sollte nicht bei einer Nacht bleiben. Insgesamt verbrachte er fünf Nächte in meiner Zelle. Offenbar ist es für einen vorübergehend Untergetauchten nicht so einfach, sicher zu reisen, schon gar nicht wenn dauernd Flugzeuge am Himmel kreisten, deren Ladung eventuell für ihn bestimmt war. Jedenfalls musste dieser »Gast« länger als geplant in meiner Zelle ausharren. Freimütig erzählte er mir in dieser Zeit von seiner »Arbeit« für Abu Luqman, speziell in der Türkei. Es wirkt rückblickend merkwürdig: Er war nicht unsympathisch, er behandelte mich respektvoll und quälte mich nicht – außer mit seinen grausamen Berichten. Und doch fasste ich, für mich heute unerklärlich, Vertrauen zu ihm. Als er Tage später nach seinem Treffen mit Abu Luqman noch einmal zu mir kam und mir einen 50-Dollar-Schein zeigte, den er als Entschädigung für die »Unannehmlichkeiten« erhalten hatte, nahm ich all meinen Mut zusammen. »Kannst du über WhatsApp kommunizieren?«, fragte ich ihn. Er bejahte. »Könntest du bitte versuchen, Kontakt zu meiner Familie aufzunehmen?«

»Okay«, sagte er, »das wird mir eine Freude sein.«

Ich reichte ihm einen meiner kleinen Schätze, die ich im Gefängnis sammelte, einen schmalen Streifen jenes in Al-Shaddadi gefundenen Papiers, auf das ich bereits dort mit dem roten Stift eines Mitgefangenen die Telefonnummer meiner Schwester geschrieben hatte.

Hinterher plagten mich Zweifel. Hatte ich meine Familie damit in Gefahr gebracht? Musste ich mich wegen meines Versuchs, diese Chance zu nutzen, schämen? War es verwerflich, einen IS-Mann um Hilfe zu bitten? Es war müßig, darüber nachzudenken. Ein Wächter öffnete wenig später die Luke in der Zellentür und befahl mir, nach vorne zu treten. Seine Hand erschien in der Luke, zwischen Daumen und Mittelfinger hatte er ein Kügelchen aus Papier geklemmt, das er mir mitten ins Gesicht schnippte. Es war der Zettel mit der Telefonnummer meiner Schwester.

In den nächsten Stunden wartete ich darauf, bestraft zu werden. Aber nichts geschah, auch nicht in den nächsten Tagen. Vielleicht rettete mich ein Ereignis, das große Freude unter den Wächtern auslöste. Sie schienen sehr glücklich zu sein, ich hörte sie immer wieder freudig »*Allahu akhbar*« rufen. Ein IS-Mann, den sie später zu mir steckten, weil die Großraumzelle wieder einmal hoffnungslos überfüllt war, schilderte mir den Grund ihrer Euphorie. Ein Wächter hatte ihm erzählt, dass der IS am Tag meiner gescheiterten Nummernweitergabe ein christliches Dorf in der Nähe von Tal Tamer angegriffen hatte. »Sie nahmen fünfzig Männer und Frauen fest und warfen Bomben in viele Kirchen. Das war ein großer Sieg!« Das aber war noch nicht alles. Zu jener Zeit attackierten die Islamisten auch mehrere christliche Dörfer am Fluss Khabur im Nordosten Syriens. Die Terroristen sollen um die 300 Frauen, Männer und Kinder als Geiseln genommen und die Kirchen zerstört haben. Es hieß, mit den Geiseln sollten die USA genötigt werden, die Luftschläge zu beenden.

Der IS-Mann, der mir davon erzählte, glühte regelrecht vor Begeisterung. Wenn er seine Strafe verbüßt habe, wolle er sofort wieder in den Kampf ziehen. Dieser Stolz und dieser Fanatismus waren den meisten, denen ich begegnete, zu eigen. Wie auch die Begeisterung für das Töten. Ein 28-jähriger IS-Befehlshaber,[16] der an der »Invasion« einer Stadt teilgenommen hatte, schilderte mir detailliert, wie er einem Gefangenen ein Messer erst ins Auge, dann ins Bein und schließlich in den Brustkorb gerammt hatte, so lange, bis dieser tot war. Einfach so, weil er dabei so etwas wie Spaß empfunden habe. Sie beschuldigten ihn, seinen Cousin getötet zu haben, ebenfalls ein Emir des IS, der tot an der Straße nach Al-Raqqa gefunden worden war. Mein neuer Zellengenosse schwor, er sei unschuldig.

Er berichtete mir viel von der Struktur des IS, dem er angeblich von Anfang an angehörte: Sie hätten ihre Gruppe »Islamischer Staat« genannt, weil das attraktiver klinge als »Islamische Gruppe«, vor allem in den Ohren der radikalen Islamisten auf der ganzen Welt. Ausländer (nicht aus dem Irak und Syrien) hätten von Anfang an Privilegien genossen, sagte er, weil sie gut für propagandistische Zwecke genutzt werden konnten. Er sprach auch über die guten Verbindungen des IS zur Türkei, die Daesh mit Geld und Waffen unterstützten, die Ein- und Ausreise von Kämpfern zuließen, sie in Krankenhäusern behandelten und Rekrutierungsbüros in Istanbul, Gaziantep und Iskenderum duldeten – alles, um einen kurdischen Staat zu verhindern.

Eines Tages brachten sie einen Georgier zu mir, der sein gewissenloses Inneres vor mir ausbreitete.[17] Er war 35 Jahre alt, trug den Bart und das blonde Haar lang und war drogenabhängig. Er hatte seine »*Sabiya*« erschossen, seine Sexsklavin, die sich ihm angeblich verweigert hatte. Nach dem Mord hatte er ihre Leiche in einen Teppich gewickelt, sie in sein Auto gebracht und am Straßenrand irgendwo außerhalb von Al-Raqqa abgeladen. Er hatte nicht bemerkt, dass er dabei beobachtet worden war. Er hatte offenbar vergessen, dass ein Muslim ungläubige Frauen zwar vergewaltigen darf, einen Menschen grundlos zu töten aber verboten ist.

Ein lokaler Befehlshaber[18] erzählte mir, am Kampf um den Flughafen Al-Babka teilgenommen und dort Menschen erschossen und enthauptet zu haben. Er stammte aus Maskana, einer kleinen Stadt 50 Kilometer östlich von Aleppo. Bevor er sich Daesh anschloss, hatte er in der Al-Nusra-Front gedient. Sie warfen ihm eine Menge Taten vor: Er habe Geld aus Saudi-Arabien angenommen, er habe Witwen von Dschihadisten geholfen, IS-Land zu verlassen, er habe sich geweigert, an Kämpfen teilzunehmen. Und wenn sie gewusst hätten, welches Geheimnis er mir anvertraute, wäre er auch dafür bestraft worden: Er berichtete von einer großen Zuckerfabrik in seiner Heimatstadt, in deren Olivengarten der IS geheime Exekutionen vollziehe und die Leichen an Ort und Stelle vergrabe.

Seine aus meiner Sicht größte Untat aber dürfte bei seinen Mordkumpanen auf Anerkennung gestoßen sein. Er erzählte mir, dass er am Angriff gegen die Jesiden in Shengal (Sindschar) beteiligt gewesen sei. Im ersten Ort, den sie erreichten, hätten sie vierzig Frauen und Mädchen entführt, er habe eines der Mädchen als Sklavin mitgenommen. Majeeda, so nannte er sie, war 15 Jahre jung. Er brachte sie nach Al-Raqqa, aber als er mit ihr schlafen wollte, erwies sie sich als recht wehrhaft. Er verwendete den Begriff »gewalttätig«. Er habe, so erzählte er lächelnd und offensichtlich voller Stolz, sie eines Tages gefesselt, ihr die Augen verbunden und dann das mit ihr getan, was er tun wollte. Andere Männer würden in solchen Fällen hypnotisierende Drogen benutzen, um sich an den nun wehrlosen Frauen und Mädchen vergehen zu können. Man könne solche Drogen in jeder Apotheke in Al-Raqqa kaufen, es gebe sie in Pulverform, man müsse das dann nur noch in einem Glas Wasser auflösen.

Derartige sexsüchtige Monster sind beim IS offenbar die Regel, und ich fragte mich, was das für Menschen waren. Sie wähnten sich als Strenggläubige, als Statthalter Gottes auf Erden, hielten sich auch für moralisch überlegen und folgten doch hemmungslos ihren Trieben und handelten wie der Teufel. Diese Leute waren nicht nur völlig gefühllose Monster, sie waren elendes Gewürm. Kein Mann mit einem Funken Ehre im Leib konnte so etwas akzeptieren. Sie aber fühlten sich wegen solcher Verbrechen stark.

»Das syrische Regime ist schwach«, sagte Majeedas Vergewaltiger eines Tages.

»Warum greift ihr dann Kobane an«, entgegnete ich. »Warum nicht Damaskus?«

Er suchte eine Weile nach einer Antwort, dann half ihm Allah: »Ya ayyuha allathina amanu«, hob er an, »O die ihr glaubt, fragt nicht nach Dingen, die, wenn sie euch offengelegt werden, euch leidtun, wenn ihr nach ihnen fragt zu der Zeit, da der Koran offenbart wird, sie euch (gewiss) offengelegt werden, wo Allah sie übergangen hat. Und Allah ist allvergebend und nachsichtig.«

Feiglinge waren sie, nichts als Feiglinge. Die meisten der IS-Leute, die wie ich in Al-Raqqa einsaßen, erwiesen sich als bemerkenswert schwach. Ich hörte sie jammern und winseln, wenn sie zu ihren Zellen geführt wurden, sie wollten nicht verstehen, was mit ihnen geschah und weshalb. Wussten sie nicht um den Charakter ihrer Terrororganisation? Nichts von der Willkür, die sie anderen gegenüber ausübten?

Im März saß ein Ägypter[19] für zwei Tage in meiner Zelle. Für den IS war der Vierzigjährige als einer der Befehlshaber dafür verantwortlich, dass der Kampf um Tal Hamis am 25. Februar 2015 verloren gegangen war. Sie sagten, er habe viele Fehler begangen. Nun verhörten sie ihn. Er war überaus nervös und schrie alle paar Minuten herum: Er sei nicht aus Ägypten hierhergekommen, um in einem Gefängnis zu sitzen. Er sei doch Kämpfer des IS, Kämpfer gegen die Ungläubigen. Wie also konnte man ihn und all die anderen einsperren?

Für mich war der Gedanke, dass der IS dabei war, sein eigener Feind zu werden, auf eine merkwürdige Art befriedigend.

Weil ich in der dunklen Zelle ohne Brille kaum lesen konnte, bat ich einen der Wächter um eine Ausgabe des Korans mit größerer Schrift. Er erfüllte mir diesen Wunsch tatsächlich, aber als ich dieses Exemplar durchblätterte, stieß ich darin auf handschriftliche Bemerkungen.»Ich habe euch vertraut, aber ihr seid Mörder!«, hatte jemand mit einem blauen Stift notiert. Offenbar hatte der Verfasser den wahren Charakter von Daesh durchschaut, wenn auch zu spät. Er warf ihnen Lügen, kriminelle Machenschaften und andere Vergehen vor.

»Kann ich bitte ein anderes Exemplar haben?«, bat ich deshalb den Oberaufseher, als er wieder einmal meine Zelle kontrollierte.

»Halt den Mund«, rief er, »du behältst dieses Buch, ich werde dir kein anderes bringen.«

Ich wagte zunächst nicht, ihm zu sagen, weshalb ich es austauschen wollte. Ich fürchtete, er könnte glauben, ich hätte die Bemerkungen eingetragen. Aber je länger ich das Buch behielt,

78

desto wahrscheinlicher sähen sie mich als Täter.»Da hat jemand etwas hineingeschrieben«, sagte ich also. Er ließ sich das Buch geben, schlug es auf und las die Kritzeleien. Seine Augen weiteten sich, als könne er nicht glauben, was da geschrieben stand. Dann stürmte er mit dem Buch aus meiner Zelle. Später brachte er mir ein neues Exemplar, aber es war leider wieder eines mit kleiner Schrift.

In meiner 33. Nacht in Al-Raqqa hörte ich ein Geräusch an meiner Zellentür. Eilig griff ich nach dem Koran und tat so, als würde ich darin lesen. Das kleine Fenster an der Tür wurde geöffnet, im Schein des Ganglichts sah ich das Gesicht des Emirs. Er musterte mich eine Weile, dann fragte er:»Wie viel Koran kannst du schon auswendig?«

»Schon eine ganze Menge«, antwortete ich.

»Das ist gut.« Dann öffnete er die Tür und sagte:»Wir verlegen dich in eine andere Zelle.« Was hatte das zu bedeuten?

Er verband meine Augen und schob mich vorwärts. Nach ein paar Schritten blieben wir stehen, und ich hörte, wie er eine Zelle aufschloss.»Los, geh zu deinem Freund«, sagte er.»Ihr werdet von jetzt an zu zweit in einer Einzelzelle sein.«

Als sich die Tür hinter mir geschlossen hatte, riss ich mir die Binde von den Augen. Farhad! Fast fünf Wochen lang hatten wir uns nicht gesehen. Wir umarmten uns und konnten unser Glück kaum fassen. Und dann deuteten wir beide auf den Bart des anderen:»Schau dich an, Mann! Was ist denn mit deinem Bart los? Er ist ja furchtbar lang.« Es tat gut, zu lachen.

Wir redeten die ganze Nacht ohne Unterlass: über unsere Familien und unsere glücklichen und traurigen Tage vor dem Desaster; wir malten uns aus, wir hätten an diesem verfluchten 15. Dezember einen Autounfall gehabt, der uns vor alldem bewahrt hätte. Wir vertrauten uns Geheimnisse an, die sonst niemand kannte; wir spekulierten darüber, wie sie uns töten würden und wen von uns zuerst; und wir kamen überein, dass es gut wäre, wenn sie unsere letzten Minuten aufzeichnen und den Film veröffentlichen würden, damit unsere Familien über unser Schicksal informiert wären. Das Thema, um das wir am längsten kreisten, waren unsere dermatologischen Probleme, verursacht von Flöhen und Filzläusen, die ihre Eier unter unsere Haut und in unsere Kleidung legten. Wir mussten uns dauernd kratzen, bis unsere Arme bluteten, unsere Körper waren übersät mit Pusteln, Schorf und Spuren der Juckattacken.

Damit wir den Koran vorschriftsmäßig mit gepflegten Händen aufschlagen und beten konnten, hatten die Wärter uns einen Nagelknipser gegeben. Mit dessen Feile gelang es mir, ein kleines, rostiges Loch zwischen zwei Metallleisten in der Zellentür so zu erweitern, dass ich einen kleinen Teil des Flurs und die vordere Eingangstür zu unserem Trakt beobachten konnte. »Lass das«, warnte Farhad mich immer wieder. »Wenn sie das entdecken, werden sie dich prügeln.« Aber ich wollte wissen, was da draußen vor sich ging. Ich kniete stundenlang auf dem Boden, um zu spicken, meist ohne Erfolg.

Eines Tages hörte ich draußen Geräusche. Ich bezog meinen Beobachtungsposten und sah einen Wächter, der einen bärtigen Gefangenen mit Augenbinde und eine Frau in schwarzem Niqab zur Nachbarzelle führte. Er öffnete leise die Tür und geleitete die beiden hinein. »Bruder«, sagte er, »ich werde dich in dreißig Minuten wieder abholen.«

Ich fragte mich, weshalb er die beiden in diese Einzelzelle gebracht hatte. Und wieso hatte er ihn Bruder genannt? Als ich Farhad von meiner Beobachtung erzählte, wusste er die Antwort: Inhaftierte IS-Mitglieder hatten das Recht, ihre Frauen alle 15 Tage allein zu treffen. Offenbar war an jenem Tag für solch ein intimes Treffen kein anderer Raum mehr frei als unsere Nachbarzelle. Ich ekelte mich stellvertretend für ihn, und mehr noch für die Frau. War es nicht abscheulich, sich in einer solchen Zelle zu lieben? Oder war es geradezu folgerichtig unter Menschen, die in Lastwagen voller TNT steigen und sich in die Luft sprengen, nur um danach im Paradies mit 72 Jungfrauen »Sex zu haben«.

Farhad und ich verbrachten 13 Tage miteinander, bis zum 9. März. Es war fünf Uhr am Nachmittag, wir hatten gerade Abendbrot gegessen, zwei Falafel und ein Stück Brot, da holten sie ihn ab. Er wollte mir noch etwas sagen, aber sie ließen es nicht zu. An diesem Tag habe ich Farhad das letzte Mal gesehen. Seither frage ich mich, was er mir noch hatte mitteilen wollen.

Ich war tagelang halb verrückt vor Sorge. Hatten sie ihn verlegt? Hatten sie ihn umgebracht? Würden sie mich auch fortbringen? Die Wächter wollten mir auch später nicht sagen, wohin sie ihn gebracht hatten. Und mit Insassen von anderen Zellen zu sprechen war verboten. Es drohten 200 Schläge auf die Fußsohlen. Sie erwischten mich dreimal. Beim dritten Mal brachten sie mich in eine Zelle, in der es nicht möglich war zu liegen oder zu sitzen. Ich hatte von Gefangenen gehört, die sie in diesem Zwinger drei Tage stehen ließen. Das Einzige, was sich in solch einem Verschlag bewegen kann, ist der Kopf. Die Gedanken fließen frei. Und je länger man dort ausharren muss, umso drängender kreisen sie um die Frage, was wäre, wenn ich pinkeln oder gar Größeres verrichten müsste. Als der Wächter mich nach sieben Stunden herausließ, fühlte ich einen kurzen Moment des Triumphs. Wenigstens diese Freude hatte ich ihnen nicht bereitet.

Am 21. März 2015, dem Tag des kurdischen Neujahrs, kam ein Befehlshaber von Al-Raqqa zu mir.[20] »Ihr feiert heute Newroz«, sagte er. »Ich werde dir kein glückliches Jahr wünschen. Was ich dir aber sagen kann, ist: Heute ist in Al-Hasaka eine Autobombe explodiert, die für 200 von euch Schweinen den letzten Tag bedeutet hat.« Dann lachte er und schloss das Fenster. Wenige Tage später bestätigte ein anderer Gefangener, dass es mehrere Anschläge gegen Kurden in Al-Hasaka gegeben hatte, bei denen rund 80 Menschen getötet und mehr als 110 verletzt worden waren.[21] Welch ein Desaster an unserem Neujahrstag! Kurden feiern dieses Fest als Befreiungstag. Der Legende nach entledigten sich vor etwa 2700 Jahren die Kurden von einem furchterregenden Diktator, König Dehak, aus dessen Schultern zwei Schlangen wuchsen und der sogar den Frühling verboten hatte. Jedes Jahr ließ er zwei kurdische Burschen aufs Schloss bringen und von seinen Köchen töten, die aus den Gehirnen der Toten ein Mahl für die Schlangen zubereiteten. Armayel und Garmayel wollten dem Treiben des Tyrannen ein Ende setzen. Es gelang ihnen, im Schloss als Köche eingestellt zu werden. Sie töteten immer nur einen der Jünglinge, dem anderen verhalfen sie zur Flucht. Ein Schmied namens Kawa bildete die Entkommenen zu Kriegern aus. Als die Streitmacht groß genug war, marschierten die jungen Männer zum Schloss. Es war ein 20. März, als Kawa den Tyrannen mit seinem Schmiedehammer erschlug. Danach ließ Kawa rund um das Schloss Feuer entzünden, als Zeichen des Sieges. Und am nächsten Tag zog der Frühling wieder ins Land. Ich fragte mich, wer uns wann von unseren Quälgeistern befreien würde.

In jenem März ergab sich noch einmal eine Gelegenheit, meinen Eltern einen Brief zukommen zu lassen. In der Zelle neben mir saß ein junger Mann aus Al-Raqqa, den sie wegen eines geringen Vergehens eingesperrt hatten. Nachts sprachen wir heimlich miteinander, nachdem ich vorher durch das kleine Loch in der Tür geprüft hatte, ob die Luft rein war. Es war riskant, aber für mich eine kleine Chance, meine Familie zu benachrichtigen, und für ihn eine Revanche gegenüber dem IS, der seinen Bruder enthauptet hatte, ein Mitglied der FSA. Der Junge durfte damit rechnen, bald wieder frei zu sein. Er lieh mir seinen blauen Stift und versprach, mein Schreiben nach draußen zu schmuggeln.

Mangels Papier (mein Fundstück war aufgebraucht) riss ich eine der leeren hinteren Seiten aus meinem Koranexemplar. Darauf schrieb ich folgenden Brief:

Lieber, teurer Papa, Mama, mein Augapfel, liebe Brüder und Schwestern, ich schicke Euch einen Gruß aus Liebe. Es ist fünf Uhr morgens. Ich konnte die ganze Nacht nicht schlafen, weil mein Kopf dauernd damit beschäftigt ist, an Euch zu denken. Ich weiß nicht, ob diese Worte meine letzten sind, die Euch erreichen, oder ob ich eines Tages wieder zu Hause sein werde. Ich weiß nur, dass ich Euer beider Lächeln vermisse, meine Brüder und Schwestern und ihre Kinder. Auch wenn ich von draußen nichts sehe oder höre, vertraue ich darauf, dass Ihr alles unternehmt, um uns freizubekommen. Ihr sollt wissen, dass ich stark bin, mutig und geduldig, trotz dieses Desasters. Und Ihr müsst auch geduldig sein. Ich bin glücklich zu wissen, dass Ihr, Mama und Papa, Euch gegenseitig ermutigt, solange ich fort bin. Ich muss hin und wieder viel ertragen, und manchmal fällt es mir schwer zu denken, aber ich habe noch immer die Hoffnung heimzukehren. Seid nicht traurig, sollte mir etwas geschehen, meine Neffen werden heranwachsen und sein wie ich. Ihr sollt wissen, dass ich noch immer Euer Sohn bin, Masoud, der Euch liebt und alle Freunde vermisst. Grüßt bitte alle Verwandten, die Euch den Rücken stärken. Ich ahne, dass es für Euch manchmal härter aus-

zuhalten ist als für mich. Ich stelle mir vor, wie Ihr miteinander redet und lächelt, Mama und Papa. Es tröstet mich zu wissen, dass Ihr aufeinander achtet.

Ich habe hier im Gefängnis von Al-Raqqa einen gütigen Menschen getroffen, der versprochen hat, Euch diesen Brief zu bringen.

Bitte gebt Farhads Grüße an seine Familie und seine Frau weiter. Auch er liebt sie über alles. Ich hoffe für ihn, mich und all die anderen Gefangenen, dass wir bald heimkehren können. Bleibt gesund, solange ich weg bin, und erinnert Euch an mich, wenn Ihr meine Lieblingssänger hört: Mohammad Shekho, Um Kulthoom, Sabah Fakhri. Al-Raqqa im März 2015.

Dass ich nicht wusste, wo Farhad war, verschwieg ich. Bei nächster Gelegenheit Grüße auszurichten, darum hatte er mich allerdings gebeten, bevor sie ihn mitnahmen. Ich steckte den Brief in eine Plastiktüte, in der sie uns hin und wieder Brot hereinreichten, warf sie über die steinerne Trennwand durch die Metallgitterdecke und empfahl meinem »Briefträger«, das Schreiben unter der Sohleneinlage seines Schuhs zu verstecken. Drei Tage später sollte er entlassen werden. Sicher sein konnte ich mir dessen nicht. Denn die Wärter waren unberechenbar, die Befehlshaber änderten ihre Anordnungen nach Belieben. Nur in einer Sache blieben sie in der Regel klar: Mit Gefangenen feindlicher Armeen machten die IS-Führer meist kurzen Prozess.

Bereits am Tag nach unserer Ankunft in »Sektion 11« hatte sich bis zu mir herumgesprochen, dass der jordanische Pilot Muas al-Kasasba eingetroffen sei. Der Tumult unter den IS-Mitgliedern war gewaltig. Die Lockheed Martin F-16 des Kampffliegers, Mitglied der internationalen Interventionsarmee gegen den IS, war am 24. Dezember in der Nähe von Al-Raqqa abgestürzt, der Pilot hatte sich mit dem Fallschirm retten können, war aber in einem See gelandet, aus dem ihn ein tunesischer IS-Kämpfer fischte. Am 3. Februar veröffentliche der IS ein Video, das al-Kasasba in einem Metallkäfig zeigt, der auf brennbarer Flüssigkeit steht. Ein IS-Killer entzündet das Feuer, der Gefangene verbrennt bei lebendigem Leib. Die grausame Ermordung erfolgte in Al-Raqqa, nachdem alle Verhandlungen über eine Freilassung zu keinem Ergebnis geführt hatten. Politiker aus aller Welt reagierten mit Entsetzen, der damalige US-Präsident Barack Obama sagte, diese Bilder zeigten, wie »bösartig und barbarisch« der IS sei.

Ein weiteres ihrer Opfer habe ich während meiner Zeit in Al-Raqqa persönlich kennengelernt. Nachdem sie Farhad weggebracht hatten, teilte ich meine Zelle zwei Tage lang mit Abu Youssef Al-Falastini, der eigentlich Muhammad Said Ismail Musallam hieß. Er hielt Daesh für »eine Gruppe von mental gestörten Leuten«. Er sagte mir, er sei vom israelischen Geheimdienst Mossad nach Syrien geschickt worden, um dem IS beizutreten und Informationen zu sammeln. Doch der 19-Jährige war aufgeflogen. Ein kleiner Junge, geboren in Frankreich, hatte die zweifelhafte Ehre, ihn in der Nähe von Al-Raqqa exekutieren zu dürfen. Sie vergaßen nicht, den Mord zu filmen und den Beweis ihrer Untat ins Netz zu stellen. Das Video zeigt den jungen Mann aus Ost-Jerusalem auf einem Feld kniend. Ein Mann in Tarnkleidung, wohl der Vater des Jungen, sagt auf Französisch: »Gott hat uns die Gnade erteilt, Juden in Frankreich zu töten.« Damit nahm er Bezug auf den Anschlag in Paris auf die Satirezeitschrift *Charlie Hebdo* und den koscheren Supermarkt Anfang des Jahres 2015. Anschließend stellt er den Jungen vor. Er sei »einer unserer jungen Löwen, die diejenigen töten, die vom dummen Mossad geschickt werden, um die Geheimnisse der Religionskrieger und Moslems auszuspionieren«.

Dann tritt der Junge vor den knienden Gefangenen, hält die Pistole an dessen Stirn und drückt ab. Der Israeli fällt zu Boden, der Junge feuert noch drei weitere Kugeln ab, während er »Allahu Akbar« ruft.

Wenig später erschien in der Washington Post ein Artikel, in dem die Eltern vehement bestreiten, dass ihr Sohn für Israels Geheimdienst spioniert habe. Er sei vielmehr von einem Anwerber des IS ausgetrickst worden. »Sie boten ihm Geld, ein Haus und eine Braut.« Später habe er sich via Facebook und Skype bei ihnen gemeldet und gesagt, er wolle zurückkehren, aber sie hätten ihn nicht gelassen.[22]

Das IS-Propagandablatt Dabiq druckte ein »Interview« mit Muhammad Musallam, der als »Murtadd« (Abtrünniger) vorgestellt wird. Andere, die die Absicht hätten, wie er als Spion zum IS zu gehen, warnte er: »Glaube nicht, du seist smart genug, um den IS zu täuschen.«[23]

An meinem hundertsten Tag, einem Freitag, holten sie mich morgens um acht Uhr aus der Zelle. Ich stolperte, fiel fast zu Boden, als wir die ersten Schritte gingen; ich war es nicht mehr gewohnt, mehr als ein paar Meter zu gehen. Ich wurde in einen Raum gebracht, wo der Wärter mir befahl, mich auszuziehen. Es gab nichts, woran ich mich hätte festhalten können, wegen der Augenbinde konnte ich nichts sehen, sehr zur Freude meines Peinigers verlor ich mehrmals das Gleichgewicht.

Nachdem er mir die Binde endlich abgenommen hatte, sah ich, dass er einen orangen Overall in Händen hielt. »Los, anziehen!« Ich musste an James Foley denken und an all die anderen, die sie in einer solchen Montur umgebracht hatten.

Langsam stieg ich in den Anzug. In einem Anflug von Galgenhumor überlegte ich, den maskierten Killer zu fragen, ob ich einen Spiegel haben könnte, damit ich mich ein letztes Mal betrachten konnte. Ich musste an das Gespräch mit Farhad denken, und unsere Hoffnung, wenigstens eine letzte Botschaft in eine Kamera sprechen zu dürfen. Aber es gab keine Kamera, keinen Film, welcher der Welt einmal mehr zeigen würde, welch blutige und brutale Organisation der IS ist und dass er nicht aufhören wird zu morden, wenn niemand ihn stoppt.

»Du siehst fantastisch aus in diesem orangen Anzug«, unterbrach der Wärter meine Gedanken. »Ich wünsche dir ein glückliches, blutiges Ende.« Während er mich fesselte und meine Augen erneut verband, fühlte ich, wie alles Blut in meinen Kopf strebte, er glühte. Meine Hände und Beine dagegen waren eiskalt. Vom Hals abwärts spürte ich nichts.

Sie dirigierten mich vorwärts und stießen mich schließlich in ein Auto. Den Stimmen nach zu urteilen hatte ich vier Begleiter auf meiner Reise in den Tod. Es bereitete ihnen großes Vergnügen, laut und deutlich über das Ziel unserer Fahrt zu sprechen: Al-Naim-Platz! Jeder wusste: Dieser Platz war der berühmteste und berüchtigtste in Al-Raqqa, es war der Ort, an dem der IS Menschen tötete, sie enthauptete, ihre Köpfe zur Abschreckung und Belustigung der Menschen auf Zäunen aufspießte und ihre Körper aufhängte.

Mit Erzählungen über die furchtbaren Ereignisse auf diesem Platz hatten die Wächter mich oft gequält, mich mit Einzelheiten zermürbt. Nun sollte also auch ich dort enden.

Der Wagen hielt nach wenigen Minuten. Der Fahrer wandte sich zu mir um und fragte: »Hey, Ungläubiger, hast du eine Ahnung, wo wir sind?«

»Ja«, antwortete ich, »wir sind am Al-Naim-Platz.«

»Was für ein kluger Junge du doch bist. Und bald ein toter!« Alle vier prusteten los. Ihr hämisches Gelächter ging mir durch Mark und Bein.

Doch plötzlich startete der Fahrer den Wagen und fuhr mit

hoher Geschwindigkeit los. Die Geräusche der Stadt wurden leiser, wir schienen uns von Al-Raqqa zu entfernen. Irgendwann drosselte der Fahrer die Geschwindigkeit und stoppte dann ganz. Ich hörte, wie sich jemand näherte und eine Stimme fragte: »Wer ist dieser Orange?« Wir waren offenbar an einem IS-Checkpoint.

»Kümmere dich nicht um ihn«, sagte einer meiner Begleiter. »Der Orange wird geköpft.«

6. Al-Tabqa (1. bis 21. Mai 2015)

Auf dem Boden lagen Stapel von Papieren, einige von Hand beschrieben in verschiedenen Sprachen: Englisch, Französisch, Arabisch, Türkisch und Russisch, auch etwas Kaukasisches, das ich nicht lesen konnte. Aus einigen Schriftstücken schloss ich, dass ich in Al-Tabqa war, 50 Kilometer südwestlich von Al-Raqqa. Den Ort und den Militärflughafen dort hatte der IS im August 2014 eingenommen und viele syrische Soldaten einfach irgendwo am Straßenrand hingerichtet.

Unter diesen Papieren befanden sich Tagebücher von IS-Mitgliedern, die – aus welchen Gründen auch immer – hier inhaftiert gewesen sein müssen. Eines enthielt 25 Namen von Gefallenen, »Märtyrern«, die jetzt mit ihren Jungfrauen im Paradies lebten. In manchen der handschriftlichen Notizen las ich von 4500 toten »Kameraden«, die im Kampf um Kobane gefallen seien. Der Verfasser benutzte tatsächlich den kurdischen Namen der Stadt. Wenn wir »Kobane« sagten, schlugen unsere Wächter hart zu. Sie nannten die Stadt Ein Al-Islam, Auge des Islam. Der Schreiber bedauert offenbar, die Stadt angegriffen zu haben, jedenfalls behauptet er das in seinen Notizen. Andere, wie es schien Kämpfer aus dem Ausland, schrieben offen über ihre Irritation und Verwunderung über das, was sie beim

IS in Syrien und im Irak vorgefunden hätten. Positiv waren diese Überraschungen anscheinend nicht.

Sie hatten mich in ein Haus eingesperrt, dessen Besitzer tot oder geflohen war und das nun als Gefängnis diente. Es war mein Gefängnis. Ich lebte noch, immerhin, aber meine Situation hatte sich nicht verbessert. Ich hatte lediglich die Zelle gewechselt, der tägliche Terror war geblieben. Ich war am Ende meiner Kräfte, wackelig auf den Beinen, völlig diffus im Kopf. Die hygienischen Zustände in meinem neuen Gefängnis waren katastrophal. Es wimmelte vor Insekten und Kakerlaken, auf dem Dach wuselte irgendwelches Getier herum, vermutlich Ratten und Eidechsen, und aus der »Toilette«, einem Loch im Boden, krochen nachts die Ratten hervor. Es war ekelerregend. Ich konnte nachts kein Auge zutun. Schlaflos in Al-Tabqa.

Auch tagsüber war an Schlaf kaum zu denken. Wenn die drei Wächter nicht gerade Dschihadistenlieder und Reden von Abu Bakr al-Baghdadi und Abu Mohammad al-Adnani hörten, vertrieben sie sich die Zeit damit, mich zu quälen.

»Ist das Essen gut oder nicht?«, fragte einer von ihnen.

Ich antwortete, was ich für opportun hielt: »Ja, es ist gut.«

»Du lügst«, sagte er und schlug mir ins Gesicht. »Das Essen ist abscheulich. Weshalb lügst du und sagst, es sei gut?«

Hätte ich das Gegenteil behauptet, er hätte mich ebenfalls geschlagen. Der Bastard suchte nur einen Vorwand, um mich zu demütigen.

Nur sehr selten ergaben sich Möglichkeiten, ihnen etwas heimzuzahlen. Aber ich nutzte sie nach Kräften. Eines Tages fragte mich der Wärter, ob ich Kurdisch spreche. Ich bejahte. Er hielt mir ein Smartphone unter die Nase und startete eine Voicemail. Ich hörte zwei kurdische Männer darüber diskutieren, wie sie ein jesidisches Mädchen aus einem Haus in Al-Raqqa befreien könnten. Ihrem Akzent nach stammten sie aus

Kobane. Als er mich aufforderte, den Dialog zu übersetzen, behauptete ich, nichts verstehen zu können, die Männer sprächen in einem mir unbekannten Dialekt. Es war völlig klar, dass der Eigentümer des Telefons nicht weit von mir in einem genauso verwanzten Loch auf eine ungewisse Zukunft wartete wie ich. Am vierten Tag verlegten sie mich in einen anderen Raum. Als ich die Augenbinde abnahm, sah ich, dass er nicht leer war. »Setz dich«, forderte mich ein glatzköpfiger, dunkelhäutiger Mann auf. Er sah zum Fürchten aus. Das Weiß seiner Augen war eitrig gelb und von roten Adern durchzogen, die Lippen waren blau und seine Zähne dunkel verfärbt.

»Ich erinnere mich an den Tag, als die Brüder dich einsperrten«, sagte er. Ich erschrak. Woher konnte er mich kennen? »Ich habe dein Bild im Fernsehen gesehen.« Wie sich herausstellte, stammte der Mann aus Qamishlo, aus einem Bezirk im Süden, wo die Mehrheit der Leute wahlweise für Assad oder den IS kämpfte.[24]

»Ich hätte nicht erwartet, dass du so lange im Gefängnis überleben würdest. Ich dachte, sie hätten dich schon vor langer Zeit getötet.«

Wir schwiegen eine Weile. Dann begann er zu erzählen. »Ich habe mit Waffen gehandelt. Sie wollten wissen, wie viel ich verdiene, und verlangten die Hälfte meines Gewinns für den Kampf gegen die Ungläubigen. Weil ich dazu nicht bereit war, sperrten sie mich ein.«

Aus dem Radio der Wächter dröhnte al-Adnani: »Bald werden wir Istanbul erobern, ohne einen Schuss abzugeben. Wir müssen nur ›Allahu Akbar‹ rufen.« Das waren in etwa seine Worte. Mein Zellennachbar lachte. »Was für ein Lügner und Träumer. Er will Istanbul besetzen? Dabei konnte er nicht einmal eine kleine kurdische Stadt wie Kobane erobern.« Er setzte anscheinend kein großes Vertrauen in seine Brüder. Und er sagte mir auch, warum:»Beim IS gibt es zu viele Drogenab-hängige. Tramadol, Captagon, Alprazolam. Das kriegst du alles ohne Probleme.«Starke Schmerz- und Beruhigungsmittel, zur Behandlung von Angst- und Panikstörungen. Er verschwieg mir nicht, dass auch er abhängig war, von Tramadol, einem morphinartigen Schmerzmittel.

Am sechsten Tag kam der Befehlshaber und forderte mich auf, meine Habe einzusammeln: eine Plastiktüte mit einem Py-jama, einer Unterhose, zwei T-Shirts und die Uhr, von der sie immer noch nichts wussten. Aus Angst, sie zu verlieren, hatte ich es kaum gewagt, sie ein- oder zweimal wöchentlich hervor-zuholen. Sie war mein Anker in eine bessere Vergangenheit – und mein Talisman für eine bessere Zukunft.

Ich folgte dem Emir, der auf die übliche Maskerade verzich-tete, was mir Unwohlsein bereitete. Offenbar war er sicher, dass es keinen späteren Zeitpunkt geben würde, da ich ihn des-wegen belasten könnte.

In dem Raum, den wir nun betraten, saßen bereits drei Männer, zwei davon Mitglieder des IS.[25] Hier war es sauberer als in meiner bisherigen Zelle, es gab sogar eine richtige Toilet-te. Der dritte Mann, ein Zivilist aus der Gegend, war ein feiner, aber etwas einfältiger Kerl. Er hatte auf der Straße einen Krug voller alter Münzen gefunden und allen Nachbarn davon er-zählt. Einer von ihnen muss die Neuigkeit an falscher Stelle ausgeplaudert haben, denn nur eine Stunde später stand eine Abordnung von Daesh vor seinem Haus und verlangte die Her-ausgabe des Fundes. Er stellte sich ahnungslos, doch sie fanden die Geldstücke und nahmen ihn fest.

Wir redeten meist die ganze Nacht miteinander, leise, damit wir die IS-Männer neben uns nicht weckten. Wir waren uns einig, dass wir den IS hassten, und sicher wäre auch er längst geflüchtet, hätte er genügend Geld besessen, um seine große

Familie mitnehmen zu können. Unvermittelt wechselte er das Thema:»Ich habe mich als junger Mann einmal mit Freunden in Qamishlo getroffen. Ich mochte die Stadt sofort.« Während er beschrieb, an was er sich erinnerte, schloss ich die Augen. Wie in einem Film sah ich alles vor mir: die belebte, sehr lange Hauptstraße mit den vielen kleinen Läden auf beiden Seiten, das Zentrum der Stadt mit seinen Restaurants und die Al Seyahi Straße, wo sich Touristen und Liebespaare bei den Eisdielen und unter den Bäumen trafen. Sehnsucht und Heimweh packten mich. Aber er heiterte mich wieder auf: Ich musste lachen, als er sagte, die Leute in Qamishlo beachteten rote Ampeln nicht.»Ja, das stimmt«, antwortete ich,»aber es gibt trotzdem keine Unfälle. Die Menschen nehmen Rücksicht aufeinander. Sie haben ein ausgezeichnetes Gespür dafür, wohin die anderen fahren wollen.«

»So? Ich glaube, es gibt noch einen anderen Grund«, entgegnete er.»Niemand kann in Qamishlo schnell fahren, überall sind so viele Fußgänger unterwegs, sie gehen sogar mitten auf den Straßen.«

»Da hast du recht«, antwortete ich. Ich sah es vor mir, wie meine Leute mitten auf der Hauptstraße gehen, im Sommer herrliches Eis löffelnd, im Winter Popcorn knabbernd.

Es machte mich glücklich, mit ihm über Qamishlo zu sprechen. Und ich vertraute ihm. Also bat ich auch ihn, einen Brief an meine Eltern mitzunehmen, sollte er entlassen werden. Er war sofort einverstanden.

Aus der Hosentasche eines der Schlafenden stibitzte ich einen Stift, riss ein Blatt aus seinem Notizbuch und schrieb mitten in der Nacht den dritten Brief an meine Eltern. Ich überlegte nicht lange, was ich schreiben wollte. Ich hatte so viel zu berichten, der Stift würde wie von selbst über das Blatt gleiten:

Lieber Papa, süße Mama, heiß geliebte Schwestern und Brüder, ich sende Grüße und Küsse für Euch alle. Ich bin inzwischen seit 146 Tagen in Gefangenschaft. Vor sechs Tagen haben sie mich nach Al-Tabqa gebracht. Aber – so hörte ich von einem Wärter – sie wollen mich eventuell nach Aleppo schaffen, ich weiß nicht, wieso. Im Vergleich zu Al-Raqqa ist es hier behaglicher, ich bin weniger allein, und es sind gute Menschen um mich. Es geht mir gut, ich bin gesund, geduldig und tapfer. Ich denke rund um die Uhr an Euch, und ich weiß, dass Ihr alles Erdenkliche unternehmt, damit ich wieder in Freiheit leben kann. Ich wünschte, bei Euch zu sein, aber ich kann mir den Moment, wenn ich wieder zu Hause bin, nicht einmal vorstellen. Ich vermisse Dich und die wunderbaren Gespräche mit Dir, Papa, und ich vermisse meine großartige Mama, ihr gnädiges Herz und ihr leckeres Essen. Mehr brauche ich nicht als wieder bei Euch zu sein.

Farhad habe ich seit dem 9. März nicht mehr gesehen, und ich weiß nicht, wo er ist. Vielleicht haben sie ihn nach Aleppo gebracht, und wir sehen uns dort wieder, wenn sie mich dahin verlegen. Sagt meinen Freunden, dass ich sie vermisse. Lasst sie Euch ein bisschen von den gemeinsamen Tagen in der Arbeit erzählen und davon, wie viel Spaß wir dabei hatten. Meine lieben Grüße auch an meine Onkel. Papa und Mama, bitte versprecht mir für den Fall, dass etwas Schlimmes passiert, dass Ihr dann fortzieht zu meinen Brüdern und Schwestern. Ich möchte nicht, dass Ihr allein hierbleibt. Ich bin sicher, dass Ihr aufeinander aufpasst.

Ich hätte noch eine Menge zu erzählen, aber leider habe ich nicht genügend Papier. Wenn ich wieder bei Euch bin, werde ich Euch alles erzählen. Im Gefängnis habe ich gelernt, geduldig und besonnen zu sein.

Sagt bitte Farhads Familie und Ehefrau, dass er sie sehr vermisst und liebt. Ich bin sicher, er denkt gerade jetzt an sie.
Al-Tabqa, 9.5.2015

Wieder richtete ich Grüße von Farhad aus, obwohl ich ihn inzwischen zwei Monate nicht gesehen hatte und das Schlimmste befürchtete. Da ich jedoch nicht wusste, ob die beiden ersten Briefe angekommen waren, erschien es mir richtig. Zumal ich mir vorstellen konnte, dass seine Familie sich freuen würde und ich ihnen damit zeigen konnte: Ich habe ihn nicht vergessen, ich denke noch immer an meinen Freund. Das Papier war so eng beschrieben, ich hätte nicht eine Zeile mehr darauf unterbringen können. Selbst wenn ich Papier für eine ganze Woche gehabt hätte, ich hätte wohl nicht mehr erzählt. Es hätte keinen Sinn gemacht, meine Eltern mit dem täglichen Terror, dem ich ausgesetzt war, zu beunruhigen. Es war schlimm genug, was sie erdulden mussten. Außerdem musste ich damit rechnen, dass mein Schreiben in die falschen Hände fiel. Und dann hätte womöglich nicht nur ich mit Konsequenzen zu rechnen.

Ich übergab den Brief meinem neuen Freund, außerdem die Telefonnummer meiner Schwester. Er versprach, ihn meiner Familie persönlich zu übergeben.

Ich hätte nie gedacht, dass es möglich ist, in einem Gefängnis Freunde zu finden. Es sieht so aus, als könne man selbst am miesesten Platz auf dieser Erde gute Menschen treffen.

Wenig später schlug eine Fliegerbombe ganz in der Nähe ein. Weil die Wärter Angst hatten, die Jets der Koalition könnten auch das Haus treffen, in dem wir saßen, brachten sie uns in den sogenannten Turm. Das Gefängnis lag offenbar direkt in der Stadt. Ich hörte die Geräusche von Autos und fünfmal täglich den Muezzin. Ich war so neugierig auf das Leben jenseits der Mauern, die mich umgaben, dass ich jeden neuen Gefangenen aushorchte. Ein Elfjähriger aus der Gegend um Sindschar kam zu uns, weil sein Vater mit schiitischen Truppen gegen den

IS kämpfte.[26] Ein anderer erzählte, der IS habe mitten in der Stadt einen Käfig aufgestellt, in den Leute eingesperrt wurden, die von der Sittenpolizei beim Rauchen erwischt worden waren. Drei Tage saßen die Delinquenten so am Pranger. Dann durfte sie gehen, verabschiedet mit einer letzten Tracht Prügel. Ein Zivilist, der zu uns gebracht wurde, weil er einen Raub begangen hatte, wurde so lange gefoltert, bis er die Namen seiner Kumpane preisgab. Es stellte sich heraus: Alle vier waren Mitglieder des IS.

Das also war das Leben draußen. Ich befand mich in einer kleinen Gefängniszelle, die Menschen draußen in einer großen.

7. Al-Bab (21. Mai bis 15. Juli 2015)

Seit mehr als fünf Monaten hatte mich der IS inzwischen in seiner Gewalt. Wie sehr mir das alles auch körperlich zusetzte, war nicht zu übersehen. Ich war abgemagert, meine Haut dünn und blass und blutig, weil ich mich ständig kratzte, sogar während des Schlafs. Eine Ahnung davon, wie sehr auch mein Gesicht von der Haft gezeichnet war, gab mir hin und wieder meine Uhr, in deren Glas ich verschwommen mein Spiegelbild erkennen konnte. Es war mir fremd. Mein Spiegelbild wirkte aufgedunsen und müde, Haut und Zähne waren gelb, der lange Bart stimmte mich verdrießlich, weil ich meinen Peinigern äußerlich glich. Ich hatte das Gefühl, mich verloren zu haben.

Nur wenige Tage nach meiner Ankunft in Al-Bab entdeckten die Wärter bei einer Durchsuchung meine Uhr. 157 Tage lang hatte sie mich durch mein Martyrium begleitet, mich an meine Vergangenheit in Freiheit erinnert, die qualvolle Gegenwart nüchtern in Zahlen festgehalten und mir doch eine Zukunft versprochen. Jeder Tag, den ich überlebt hatte, war ein kleiner

Sieg. Und die Datumsanzeige auf meiner Uhr hatte mir diese Siege bestätigt. Woran konnte ich jetzt noch glauben? Worauf hoffen? Woran mich orientieren?

Nach der Inspektion führten sie mich mit verbundenen Augen mehrere Treppen hinab an einen Ort, der tief unter der Erde liegen musste. Eine Tür wurde geöffnet und hinter mir wieder geschlossen. Als ich die Augenbinde abgenommen hatte, starrten mich mindestens fünfzig Augenpaare an. Der Raum, in dem sie standen oder saßen, hatte eine Fläche von etwa vier mal zehn Metern. Die Luft war abgestanden, es roch muffig und feucht.

Die Männer waren misstrauisch, sie hielten mich für einen IS-Mann, denn ich war der einzige im Raum mit langen Haaren. Bärte hatten wir alle, aber ihre Köpfe waren kahl rasiert. Etliche der Männer zeigten unübersehbare Spuren von Folterungen. Ihre Kleidung war blutig, die Lippen waren geschwollen, die Augen blau unterlaufen. Die Altersspanne meiner neuen Zellengenossen war gewaltig, sie reichte von 12 bis 82 Jahren. Nach einer Weile kamen einige auf mich zu, um vorsichtig mein Haar zu befühlen. Ein Strahlen ging über ihr Gesicht. Einer der Älteren fragte mich nach meinem Namen und woher ich stammte. Als ich antwortete: »Ich bin Masoud aus Qamishlo«, war ich im Nu umringt, einer nach dem anderen kam auf mich zu, um mich zu umarmen, und ich hatte einen Moment lang den Eindruck, draußen zu sein, zu Hause. Was für ein herrliches Gefühl. Sie behandelten mich, als wäre ich ein Besucher in ihrem Haus. Jemand brachte mir einen Plastikbecher Wasser. Und dann redeten alle durcheinander. Meine Sprache zu hören machte mich unglaublich glücklich.

Die Hälfte der Insassen waren Kurden aus meiner Heimatstadt und aus Kobane, die anderen waren Kriegsgefangene, Angehörige oppositioneller islamistischer Truppen, deren Ziele sich nur graduell von denen des IS unterschieden. Nur einige wenige gehörten selbst dem IS an. Es war anzunehmen, dass der eine oder andere ein Spion war, der uns aushorchen sollte.

Im Gefängnis von Al-Bab, 40 Kilometer östlich von Aleppo, gab es neben solchen Gemeinschaftszellen wie unserer auch eine Exekutionszelle, in der etwa zwanzig Verurteilte auf ihren Tod warteten. Manche Wächter ließen hin und wieder ihrem Sadismus freien Lauf, indem sie »normale« Gefangene vorübergehend in diese Zelle sperrten. Ich erfuhr auch, dass diese Mistkerle Gefangenen Fußketten angelegt und sie gezwungen hatten, wie Sklaven in Hollywoodfilmen Tunnel zu graben, in denen sie ihre Waffen lagerten und sich bei Luftangriffen verstecken konnten.

Zwei Tage nach meinem »Umzug« rief einer der Wärter durch das schmale Fensterchen in der Tür: »Wo ist der kurdische Journalist?«

»Schnell«, drängten meine Freunde, »er ruft dich.«

Also eilte ich zu ihm. An der Tür angekommen, warf mir der Wärter einen orangen Anzug vor die Füße und befahl: »Zieh den an. Verabschiede dich von den anderen.«

Ich sagte nichts, auch die anderen schwiegen. Meine Arme und Beine waren schwer wie Blei, meine Hände zitterten. »Los, los, mach schneller!« Der Wächter versetzte mir einen Stoß. Als ich endlich fertig war, legte er mir Handschellen und Augenbinde an und trieb mich vorwärts. Wir erreichten einen Raum, wo ich auf einen Stuhl gedrückt wurde, dann nahm man mir die Binde von den Augen. Ich saß hinter einem Holztisch, davor zwei Kameras, hinter der zwei maskierte Männer standen, weitere zehn hatten sich im Raum verteilt.

»Sprich in die Kamera«, sagte einer, »und bitte die Kurden um einen Gefangenenaustausch. Sag ihnen, dass du nicht der einzige kurdische Gefangene bist, sondern dass wir Dutzende von euch haben.« Eine der Kameras war auf meine gefesselten Hände gerichtet, die Hauptkamera auf mein Gesicht. Sie reichten mir ein vorbereitetes Papier, auf das sie den Text geschrieben hatten, den ich in die Kamera sprechen sollte. Also bat ich die YPG[27] und die Peschmerga, sich für mein Leben und das meiner kurdischen Mitgefangenen einzusetzen.

Nach Beendigung der Aufzeichnung brachten sie mich zurück in die Zelle. Dort wurde ich überschwänglich begrüßt, alle waren glücklich, dass ich wieder da war. Als würde ein verloren geglaubter Sohn unerwartet zu einem Familienfest erscheinen.

Unsere Zelle war den ganzen Tag erfüllt von höllischem Lärm. Alle redeten mit- und durcheinander wie die Verkäufer in einer Markthalle. Es gab Momente, da war es kaum auszuhalten, da vermisste ich meine Einzelzelle in Al-Raqqa. Das lag nicht nur am Geräuschpegel. Immer wieder kam es zu Auseinandersetzungen und Streitereien zwischen den Insassen, da spielte auch die ethnische Zugehörigkeit keine Rolle. Es gab Prügeleien, man stahl sich gegenseitig das spärliche Essen. Wenn die Wächter davon Wind bekamen, droschen sie wahllos auf alle Insassen ein.

Große Einigkeit bestand nur bei einer Frage: Wie könnten wir es gemeinsam schaffen, diesem Ort zu entfliehen? In Al-Bab hatte es wenige Wochen vor meiner Ankunft tatsächlich einen solchen Versuch gegeben. Im Gefängnis gab es ein Bad mit zwei Toiletten und zwei Badewannen – für neunzig Männer. Duschen gab es keine, und auch die Wannen konnten nicht regelmäßig genutzt werden, weil sie immer wieder das Wasser abstellten, um uns zu bestrafen. In diesem Bad gab es ein vergittertes Fenster, das nach draußen führte. Sie brauchten vier

Tage, um es aufzubrechen. Als es geschafft war, türmten 91 Mann binnen fünf Minuten, 50 Kurden und 41 Araber. Alle hielten zusammen, niemand verriet die Aktion, aber sie endete nicht für alle gut.

Der Plan war, dass die Häftlinge, die selbst aus Al-Bab stammten, kleine Gruppen von ortsfremden Insassen führen sollten. Doch als der Fluchtversuch bemerkt wurde und die Wächter ausschwärmten, brach Panik aus. Jeder rannte nur noch um sein Leben. Am Ende gelang immerhin 18 Kurden und 23 Arabern die Flucht. Fünf der Ausbrecher wurden erschossen, die übrigen lebend gefasst. Die letzten Flüchtigen brachten sie erst nach drei Tagen zurück. Zwei Männer hatten sich bei Bekannten schwarze Burkas geliehen und übergezogen, waren aber an einem der zahlreichen Checkpoints aufgeflogen. Einem weiteren Gefangenen war es sogar gelungen, die Stadt zu verlassen. Nach drei Tagen Fußmarsch, ohne Wasser und Nahrung, war er so erschöpft, dass er sich irgendwo auf dem Land schlafen legte. Als er am nächsten Morgen erwachte, standen IS-Männer vor ihm.

Die Wächter mussten für ihre Unaufmerksamkeit in islamistischer Währung bezahlen. Sie hätten, so die Anklage, den Flüchtenden entweder geholfen oder seien nachlässig gewesen. Sie wurden alle getötet.

Unter den Unglücklichen, die es nicht geschafft hatten, war ein Kurde aus Kobane, der in unserer Zelle saß.[28] Er hatte im Libanon gearbeitet und befand sich auf dem Heimweg, als er nahe Aleppo den Islamisten in die Hände fiel. Wie Hunderte von Kurden saß auch er seither ohne Anklage in Haft, niemand draußen wusste, wo er war oder ob er überhaupt noch lebte. Die Zeit im Gefängnis hatte ihn so sehr zermürbt, dass er mit niemandem mehr redete, nur noch an die Decke starrte und leise vor sich hin murmelte. Wir glaubten, er habe den Verstand

verloren. Doch nach 500 Tagen in Gefangenschaft verkünde-
te er gegenüber den Aufsehern, er würde so lange nichts mehr
essen, bis sie ihn freiließen. Die Wächter ließen sich davon
nicht beeindrucken. Nach 29 Tagen Hungerstreik wog er kaum mehr 40 Kilo-
gramm, seine Knochen zeichneten sich unter der Haut ab. Nun
versuchten sie doch, ihn zu füttern, aber er blieb standhaft. Sie
schlugen ihn und zwangen ihn, eine Banane zu essen, aber er
erbrach sie. Wenige Tage später konnten wir ihn überreden, wenigstens etwas Zuckerwasser zu trinken. Immerhin ein Anfang.
Bis er wieder kleine Speisen zu sich nahm, sollte es allerdings
noch vieler Gespräche bedürfen.

In Al-Bab, diesem unerquicklichen Ort, fand ich großen Halt
bei meinen kurdischen Mitgefangenen. Es war wie in einer
Familie, jeder nahm Anteil am Leben und am Schicksal des anderen.

Da war Khaleel Ibrahim, ein weiser 55-Jähriger, den wir
immer wieder baten, uns Geschichten zu erzählen, um uns die
Zeit zu vertreiben und etwas über das Leben zu lehren. Wir
setzten uns im Kreis auf den Boden und steckten die Köpfe
zusammen. Dann begann er zu erzählen. Er habe in jungen Jahren manches zu tun versäumt. Was genau, verriet er nicht. Aber
er riet uns, immer zu tun, was wir tun wollten. Einen Plan, einen Wunsch aus Unentschlossenheit oder Trägheit zu verschieben sei falsch. Wer wisse schon, ob man noch einmal die Chance dazu bekommt? Irgendwann konnte es zu spät sein. Khaleel
beschwor uns auch, uns nicht von Angst leiten zu lassen – die
sei ein schlechter Ratgeber, Mut dagegen ein guter.

Am Ende seiner Vorträge sagte er immer, er hoffe, wir könnten eines Tages in Freiheit zusammensitzen, im selben Kreis,
bei ihm, bei mir, bei einem der anderen. Und seine größte Hoff-

nung war, dass sein Sohn dabei sein könnte: Vor vielen Jahren hatte Khaleel einem Verwandten geholfen, den das syrische Regime eingekerkert hatte; damit er im Gefängnis einigermaßen fair behandelt wurde, hatte Khaleel viel Geld bezahlt. Und nun, da er selbst inhaftiert war, konnte ihn niemand aus seiner Familie unterstützen, denn niemand wusste, wo er war. Der IS hatte ihn gemeinsam mit seinem Sohn verhaftet, einfach weil sie Kurden waren und aus Kobane stammten. Die Aufseher trennten die beiden im Gefängnis, und Khaleel verlor fast den Verstand, weil er nicht wusste, wo sein Sohn sich befand, ob er noch lebte. Khaleel redete immerzu von ihm, oft erinnerten ihn junge Gefangene an seinen Sohn, eine Bewegung, die Art, wie sie sprachen oder lächelten. Eines Tages sagte er zu mir:»Ich halte dies alles bis an mein Lebensende aus, wenn sie mir nur meinen Sohn wiederbringen.« Die Gedanken an seinen Sohn waren ihm härtere Folter als die eigentliche, der auch er ausgesetzt war.

Khaleel blieb etwa 800 Tage in Haft, von seinem Ende sollte ich erst in Deutschland erfahren. Es war kein gutes.

Hagi Issa hatten sie im September 2014 gekidnappt, ein Vorposten des IS hatte ihn zu Beginn des Vormarschs auf Kobane aufgegriffen. Hagi war mir der wertvollste unter den Zelleninsassen, er war wie ein Bruder für mich. Wenn er in langen Nächten mit seiner sanften Stimme von seiner Familie und von seiner Freundin erzählte, die er alle sehr vermisste, dann sah ich in seinen Augen, wie sehr er sie liebte. Er begeisterte sich für Fußball, war selbst ein ganz guter Torhüter gewesen, und manchmal sang er im»Bad« mit gedämpfter Stimme kurdische Lieder (zu singen war verboten, erst recht in kurdischer Sprache, wie zuvor schon unter dem syrischen Regime). Er trug sie so anmutig vor, dass ich jedes Mal einen Kloß im Hals hatte.

Hagi war ein guter Zuhörer und ein liebenswürdiger Mensch, der sich für andere einsetzte. Gemeinsam mit einem anderen

Kurden, Bavê Diyar, verteilte er das Essen, das unsere Wächter in großen Kübeln in die Zelle trugen; die beiden erfüllten diese Aufgabe mit außergewöhnlicher Fairness, was nicht leicht war, denn die Rationen waren begrenzt, die Gefahr von Streitereien war groß.

Hagis Träume waren im September 2014 schlagartig geplatzt. Der 18-Jährige hatte die Highschool fast abgeschlossen und anschließend studieren wollen. Er sagte mir, er zähle nur noch die Tage in der Zelle, das sei alles, was ihm noch wichtig sei. Er habe keine Zukunft mehr, keine Träume, sondern frage sich immerzu, wie lange er noch zu leben habe. Das Warten auf den Tag x sei zermürbend, weil niemand sagen könne, welche Zahl die letzte sei. Hagis Leben sollte enden, bevor er bei 700 angekommen war.

Yehya Kango war erst 14 Jahre alt, als der IS ihn im August 2014 gefangen nahm. Er stammte aus dem Umland von Al-Bab und hatte sich mit dem Moped eines Freundes auf den Weg nach Kobane gemacht, um den Kurden dort im bevorstehenden Kampf gegen den IS beizustehen. Er hatte niemandem von seinem Vorhaben erzählt. An einem Checkpoint hatten ihn IS-Kämpfer gefragt, wohin er wolle. Er hatte es ihnen einfach geradeheraus gesagt, naiv oder voller Mut.

In Al-Bab war Yehya Kango massiven Misshandlungen ausgesetzt. Die Wärter machten sich regelmäßig einen Spaß daraus, die Jüngsten in der Zelle vor aller Augen zu prügeln. Wir sahen die roten Striemen auf dem nackten Rücken der Jungen, wir sahen, dass ihre Haut aufplatzte, wir sahen sie schreien und weinend zusammenbrechen. Ich habe erlebt, wie einer dieser Folterknechte 70 Mal hintereinander zuschlug. 70 blutende Wunden und 7000 Verletzungen der Seele. Und wir standen daneben, mussten alles mit ansehen und konnten es nicht verhindern.

Eines Tages fragte mich Yehya:»Ist der Tod gut oder schlecht?«

»Das weiß ich nicht«, antwortete ich.»Ich kann dir nur eines sagen: Wenn wir sterben, wird das unsere Familien sehr schmerzen, sie werden sehr trauern, weil sie uns verloren haben. Gut ist der Tod allenfalls, um dem IS und dem Gefängnis den Rücken zu kehren.«

»Dann ist der Tod also gut«, entgegnete er mit fester Stimme.»Ich kann es hier nicht mehr aushalten.«

Seine Worte trafen mich. Ein Kind wie er gehörte nicht ins Gefängnis. Aber was sollte ich ihm sagen? Wie hätte ich ihm Mut und Zuversicht vermitteln können? Yehya sollte mehr als zwei Jahre in der Hand des IS bleiben, bevor ich ihn und die anderen wiedersehen sollte – in einem Propagandavideo des IS.

Um mich hin und wieder zurückzuziehen – was in dem engen Raum mit den vielen Männern nur schwer möglich war –, las ich im einzigen Buch, das in den IS-Haftanstalten neben dem Koran zu haben war:»Das Ausstrecken der Hände zur Bayah an Al-Baghdadi«. Es war eine nur fünfzig Seiten starke Schrift, in der Scheich Abu Hammam Bakr bin Abdulaziz Al-Athari begründete, weshalb alle Muslime auf der ganzen Welt Abu Bakr Al-Baghdadi Loyalität und Gehorsam schuldeten: weil er der auserwählte»Kalif« sei, der die Religion schützen werde.»Ist es nicht Zeit, dass ihr Schulter an Schulter mit euren Brüdern steht und euren Staat etabliert und aufbaut? Der Feind hat sich vereint, um euch zu bekämpfen, so vereint euch, um ihn zu bekämpfen.« Ganz am Schluss schreibt der Autor:»Ich denke, dass bis zum Sieg nur mehr wenig ist, durch die Hilfe des Erhabenen.« Ich stieß in dieser Schrift aber auch auf folgenden Spruch des Propheten:»Von meiner Umma ist nicht, wer unsere Älteren nicht respektiert, mit unseren Jüngeren nicht barmherzig ist und den Wert unseres Gelehrten nicht kennt.« Ich dachte: Dann können die IS-Folterer nicht zur Umma gehören. Die Terroristen respektieren nicht ihre Älteren, sind nicht barmherzig zu den Jüngeren, und von Werten haben sie keine Ahnung.

Wenig barmherzig zeigten sich auch die Wächter, die Mitte Juni in unsere Zelle kamen: »Alle Kurden stellen sich mit dem Gesicht zur Wand!« Es blieb uns nichts anderes übrig, als zu gehorchen. Heftige Schläge prasselten auf uns ein. Ihren wütenden Beschimpfungen entnahmen wir, dass die kurdischen Volksverteidigungseinheiten (YPG) gemeinsam mit der Freien Syrischen Armee (FSA) Tal-Abyad befreit hatten, eine Stadt mit Grenzübergang zur Türkei, knapp 100 Kilometer nördlich von Al-Raqqa gelegen.

Dass Syrer und Kurden gemeinsam eine Grenzstadt befreiten, hatte auch eine politische Bedeutung. Über den dortigen Grenzübergang konnte von nun an niemand mehr Al-Raqqa erreichen, um sich dem IS anzuschließen. Er war geschlossen, und unser Wächter forderte für diese Niederlage Genugtuung.

In der Nacht des 14. Juli konnte ich einmal mehr nicht schlafen. Aus Langeweile widmete ich mich der Wand neben meinem Schlafplatz. Viele Gefangene hatten sich hier verewigt. Vielleicht sollte ich hier auch etwas hinterlassen? Im diffusen Licht suchte ich nach einer geeigneten Stelle, ich wollte keinesfalls eine andere Botschaft zerstören. Als ich ein kleines freies Fleckchen gefunden hatte, kratzte ich mit den Fingernägeln folgende Worte in den Putz der Wand: »*Hebs û zindan kûr û tarî, xewa min nayê.*« – »Das Gefängnis ist sehr tief und dunkel, ich kann nicht schlafen.« Hätte ich geschlafen, hätte mich lange nach Mitternacht eine ohrenbetäubende Explosion geweckt.

Die Wände wackelten, der Boden bebte, durch die Lüftungs-schlitze drang Rauch und Staub in unsere Zelle. Wie sich her-ausstellen sollte, hatte eine Fliegerbombe unser Gefängnis ge-troffen, Teile des Gebäudes waren eingestürzt, wir hörten Schreie aus den Einzelzellen über uns. Von weiter oben, wo die IS-Mitglieder untergebracht waren, hörten wir Wehklagen, offenbar gab es dort Tote.

Das Bombardement dauerte mehrere Stunden, danach gab es ein lautes Durcheinander. Unsere Wächter fesselten uns hinter dem Rücken, wir mussten das T-Shirt unseres Hinter-manns ergreifen, sodass wir eine Schlange bildeten, die sie die Treppen hinauftrieben. »Beeilt euch, bevor die Schweine uns erneut angreifen!« Ich hatte nicht einmal mehr Zeit gehabt, mir Schuhe anzuziehen. Auf dem Weg nach draußen stolperten wir über Schutt und zerborstenes Glas, an dem ich mir die Füße blutig schnitt. Wer stürzte, wurde wieder hochgeprügelt. Weiter, immer weiter, bis wir in wartende Fahrzeuge verladen wurden.

8. Manbidsch
(15. Juli bis 15. September 2015)

Sie hatten uns ins Gefängnis von Manbidsch verlegt und hastig in einen Raum gepfercht. Ich war froh, dass Khaleel, Hagi, Bavê und Yehya bei mir waren, meine Familie. Ich lag auf dem Boden in einer Mauernische, die ich gewählt hatte, um die große IS-Flagge nicht ansehen zu müssen, die jemand an die Stirn-wand gemalt hatte.

An der Decke war Zement abgebröckelt, und es fehlten zwei, drei Ziegel. Durch dieses kleine Loch war der Himmel zu se-hen, ein Sonnenstrahl warf ein Bild an die Wand, das immer weiter nach unten sank. Mit jedem Zentimeter, den die Sonne ihrem Zenit zu- und der Sonnenstrahl dem Boden unserer Zelle entgegenwanderte, stieg in unserer Zelle die Temperatur. Es war unerträglich heiß und stickig, aber immerhin gab es einen Waschraum. Viel wichtiger noch als der Wasserhahn war der zerbrochene Spiegel, der über dem Becken hing. Alle standen wir eine Weile davor. Mich schaute ein Gesicht an, das ich nicht kannte. Ich lebte inzwischen 208 Tage außerhalb der Zivilisation.

Einige Kurden und Araber aus Manbidsch wussten, dass wir uns in einem ehemaligen Hotel befanden. Sie waren niedergeschlagen, weil ihre Häuser nur ein paar Hundert Meter entfernt lagen. Und damit ihre Familien. Was sollte ich sagen? Das Haus meiner Eltern war fast 400 Kilometer entfernt. Wie sollte ich jemals wieder dort hinkommen, wenn sie mich wider Erwarten laufen ließen? Der IS kontrollierte weite Landstriche, es wäre nur eine Frage der Zeit, bis ich einer anderen Einheit ins Netz ginge.

An einem dieser heißen Tage reichte uns einer der Wärter eine Flasche Coca-Cola durch die Tür. Was unverbesserliche Philanthropen als Akt der Menschlichkeit fehlinterpretieren könnten, erwies sich in den Gefängnissen des IS stets als reiner Zynismus. So auch in diesem Fall. Ein solches Geschenk an uns hätte den Wächter den Kopf kosten können, denn er war nicht befugt, Ungläubigen irgendetwas anderes zu geben als Oliven und Brot zum Frühstück, mittags Suppe, Kartoffeln oder Reis; abends blieb die Küche meistens geschlossen. Die süße, sehr warme Cola diente einzig dem Zweck, einen Tumult in der Zelle auszulösen.

Vor Bavê, dem wir auch in Manbidsch die Verantwortung für die Verteilung des Essens anvertraut hatten, hatte sich bereits eine Schlange gebildet. Unschlüssig hielt er die Limonadenflasche in der Hand; es war ihm anzusehen, dass er wusste, die Sache würde schiefgehen. Khaleel riet Hagi, Yehya und mir, nichts davon zu trinken. Wer konnte schon sicher sagen, dass sich wirklich Cola in der Flasche befand. Von unseren Plätzen sahen wir zu, wie der dritte Mann in der Reihe statt eines kleinen Schlucks zwei oder drei nahm. Sofort begann die Schlägerei. Die Wächter, welche die Szene durch die Luke in der Tür beobachteten, hatten ihr Ziel erreicht – und jede Menge Spaß daran.

Bei einer anderen Gelegenheit baten ein paar Häftlinge um Tee; einmal wollten sie etwas anderes trinken als das eiskalte Wasser im Winter und das brühwarme im Sommer. Ein Wärter schien sich zu erbarmen. Er brachte mehrere Liter lauwarmes Wasser, Tee und Zucker und wies uns an, alles in den Plastikkübel zu füllen, mit dem sie uns das Essen gebracht hatten. In der Brühe schwammen nicht nur die Teeblätter herum, sondern auch jede Menge Nahrungsreste. Der Wärter verteilte ein paar Plastikbecher, mit denen einer nach dem anderen »Tee« schöpfen konnte. Ich trank auch davon keinen Schluck.

Eines Tages brachte uns ein IS-Wächter zwei Handvoll Kirschen in die Zelle. Natürlich reichten auch sie nicht für alle, nicht einmal, wenn wir sie halbiert hätten. Ich konzentrierte mich auf die Kerne, die ich einsammelte und so lange an der gekalkten Wand rieb, bis sie flach genug waren, um ein Loch hineinbohren zu können. Dazu lieh ich mir eine Nadel, die einer meiner Mitgefangenen gefunden hatte. Als ich 21 kalkweiß gescheuerte »Perlen« vorbereitet hatte, reihte ich sie auf eine Schnur, die ich aus Textilfäden gedreht hatte. Ein Olivenkern, den ich ebenso behandelt und mit zwei Löchern versehen hatte, diente als Verschluss für die *Zincîr a qeresî*, eine Art Kette, wie Kurden sie gern an den Spiegel ihres Autos hängen. Um die kleine Handarbeit fertigzustellen, brauchte ich drei Wochen.

Ich versteckte sie da, wo ich zu Anfang meine Uhr versteckt hatte: in meiner Unterhose. Die Kette war für mich ein Symbol der Hoffnung. Wenn ich eines Tages freikäme, so mein Versprechen, würde ich sie an den Spiegel meines Autos hängen.

9. Die Befreiung

Gänzlich unerwartet, nach 62 Tagen in Manbidsch, fiel Licht in mein Leben. Es war der 15. September 2015, als ein IS-Mann meinen Namen und den von sieben YPG-Kämpfern rief. Nach dem üblichen Kleidungswechsel schubsten sie uns auf die Ladefläche eines Vans, der auf einer holprigen Schotterpiste in die Nacht hinausfuhr. Wir wurden heftig durchgeschüttelt, schon nach kurzer Zeit schmeckte ich auf meinen Lippen den Staub und Sand der Wüste.

Die kommenden Nächte verbrachten wir in Gefängnissen in Al-Raqqa und Al-Shaddadi. Niemand wusste, was sie mit uns vorhatten. Am 19. September wurden wir erneut verlegt, an einen Ort, der nur 100 Kilometer südlich von Qamishlo liegt. Ich näherte mich Schritt für Schritt meiner Heimat. Konnte das wirklich wahr sein? Oder war das wieder einer ihrer perfiden Scherze, und sie würden uns in letzter Sekunde in die Luft sprengen?

Am 20. September, früh am Morgen, schoben sie uns erneut in einen Van, gefesselt und mit verbundenen Augen. Vorn hörte ich die Stimmen von drei Männern, von denen einer immer wieder in ein Funkgerät sprach. Irgendwann schnappte ich das Wort Austauschort auf. Ich empfand ein Gefühl des Glücks und sogleich große Angst.

Nach eineinhalb Stunden ließen sie uns aussteigen. Wir standen gefesselt aber ohne Augenbinde irgendwo in der Wüste südlich von Al-Hasaka. Wenig später fuhr ein Motorrad vor, auf das sie einen von uns aufsteigen ließen, ein Funkspruch signalisierte der Gegenseite, dass es losgegangen war. Nach etwa zehn Minuten kam eine weitere Maschine, der Mann auf dem Sozius stieg ab, die IS-Leute umarmten und küssten ihn. Dann ließen sie erneut einen von uns aufsteigen.

Die Motorräder gehörten einer Gruppe von Arabern, die weder mit den Kurden noch dem IS verbündet waren, aber mit beiden Seiten kommunizierten. In diesem Fall spielten sie die Makler, Menschenmakler. Der Austausch erfolgte Zug um Zug, bis ich als letzter Kurde unter lauter Islamisten übrig geblieben war. Einer der Maskierten trat an mich heran und sagte:»Gleich wirst du frei sein. Das Tor des ›Islamischen Staats‹ ist offen für dich, wenn du bereust und zu deiner Religion zurückkehren willst. Wir werden dann gute Brüder für dich sein.« Mehr als ein Nicken brachte ich nicht zustande. Unterwegs begegnete uns das zweite Motorrad. Ein kurzes Winken der Fahrer, ein schnarrendes Hupen, dann war ich dem Einflussgebiet des IS entkommen.

Es war 11 Uhr morgens am 20. September 2015, als ich die kurdischen YPG-Kämpfer und die Kämpferinnen der Frauenverteidigungseinheiten (YPJ) umarmen konnte, denen ich meine Freilassung verdankte. Sie brachten uns nach Tal Kochar, einer kleinen Stadt an der irakischen Grenze, östlich von Al-Hasaka. Wir durften duschen, ein Barbier schnitt meine Haare, die über die Schultern reichten, und stutzte den Bart, der meine Brust bedeckte. Wir bekamen zu essen, gutes Essen, das beste Essen seit 280 Tagen. Ich genoss die Sonne, die mich anstrahlte, und ich roch die Erde und die frische Luft und den Seifenduft auf meiner Haut. Ich hatte überlebt, es war, als sei ich noch einmal geboren. Unsere Retter baten uns aufzuschreiben, wen wir in den Gefängnissen getroffen hatten und wer dort noch gefangen war, damit sie die Angehörigen informieren konnten. Wir erstellten auch Listen von Verdächtigen und Mitgliedern des IS. Als ich Farhads Namen notierte, stiegen mir Tränen in die Augen, eine tiefe Trauer erfasste mich. Immer hatte ich geglaubt, wir würden gemeinsam freikommen – oder gemeinsam sterben. Aber nun war ich allein ins Leben zurückgekehrt, und niemand konnte mir sagen, was mit meinem Freund geschehen war.

Gegen 1 Uhr mittags konnte ich endlich die Telefonnummer meiner Eltern wählen. Mein Vater nahm ab:»Hallo?« Wie sehr hatte ich diese vertraute Stimme vermisst.

»Ich bin's, Masoud.«

»Seid still, es ist Masoud!«, rief er. Im Hintergrund hörte ich Stimmen, darunter die meiner Mutter.

»Ich komme nach Hause. Könnt ihr mich bitte morgen abholen?«

Ich konnte es kaum erwarten, sie in meine Arme zu schließen.

Und dann kamen sie, am nächsten Morgen, die ganze Familie. Mein Vater und meine Mutter, ein paar Onkel und Cousins mit ihren Frauen. Es gab viele Tränen, und auch ich weinte, als ich sah, wie meine Eltern gealtert waren – und der Grund dafür war ich.

TEIL II

An einem Montag hatten sie mich gekidnappt, an einem Montag kehrte ich in den Kreis meiner Familie zurück. Es war der 21. September, der Weltfriedenstag, und ich schwebte im siebten Himmel. Und endlich konnte ich meinen Eltern auch die Frage stellen, die mich schon im Gefängnis beschäftigt hatte: »Habt ihr meine Briefe bekommen?«

Mein Vater zeigte mir drei Fotografien von meinen drei Schreiben. Sie waren alle wie versprochen ausgeliefert worden. Und auch mein erster Bote, dem ich nur die Telefonnummer meiner Familie genannt hatte, hatte sich gemeldet. »Einige Tage nach deinem Verschwinden rief uns ein Mann an«, sagte mein Vater, »der behauptete, dich im Gefängnis getroffen zu haben. Wir haben ihm nicht geglaubt. Aber am nächsten Tag stand er vor unserer Haustür. Er erzählte, dass der IS dich und Farhad gekidnappt hat. Noch immer glaubte ich ihm nicht. Dann beschrieb er dich, er wusste, dass du eine Brille trägst, Damaskus-Arabisch sprichst und einen gefassten Eindruck machtest. Geglaubt habe ich ihm aber erst, als er von unserem Gespräch am Tag der Entführung erzählte: dass du mich daran erinnert hast, ich solle deinen Wagen zur Werkstatt bringen, um die Reifen aufzupumpen. Da wusste ich, dass er die Wahrheit sprach.«

Binnen einer Woche in Qamishlo besuchten mich Hunderte Menschen zu Hause, mich, den Heimkehrer, den ersten Kurden, der die Gefängnisse des IS lebend verlassen durfte. Viele wollten wissen, ob ich ihre verschwundenen Angehörigen getroffen hätte. Ob sie noch lebten. Einige konnte ich trösten, deren Vater, Bruder, Sohn ich in guter Verfassung gesehen hatte. Wo immer ich das nicht konnte, brach mir das Herz – ganz besonders Farhads Familie gegenüber.

Nicht nur er fehlte mir, meine Heimat Qamishlo hatte sich verändert. Freunde und Verwandte hatten die Stadt verlassen, nicht immer war bekannt, wo sie sich befanden. Ich hörte verstörende Nachrichten über Menschen, die versuchten, von der Türkei aus nach Griechenland zu gelangen – in Booten, von denen viele sanken und deren Insassen ertranken. Ich fragte mich manchmal, wie sie sich dieser Gefahr aussetzen und ihr Leben riskieren konnten.

In anderen Momenten war mir klar, dass auch ich nicht in Qamishlo bleiben konnte. Der IS wusste, wo ich lebte, wer zu meiner Familie gehörte, und sie hätten mich ohne große Mühe erneut entführen können, selbst mitten in meiner Stadt. Eine Regel des IS besagt, dass ein Gefangener nur einmal ausgetauscht werden kann. Fiele ich noch einmal in ihre Hände, sie würden mich sofort töten. Außerdem rechnete ich damit, dass es auch in Qamishlo weitere Anschläge der Islamisten geben würde. Im Gefängnis hatten sie mir erzählt, wie sie den Sprengstoff über die kurdische Grenze schmuggelten: mit Motorrädern, weil die meistens nicht kontrolliert würden. Dass die syrische Armee, die den Flughafen hielt, dem IS bei seinen Bombenanschlägen half, war kein Geheimnis. Wir Kurden waren beider Gegner.

Tatsächlich sollte es 2015 zu mehreren Sprengstoffanschlägen mit Viehwagen und Motorrädern kommen. Am 30. Dezember 2015 und im Mai 2016 griffen die Islamisten zweimal dasselbe Restaurant im assyrisch-christlichen Viertel an, deren Einwohner teils mit dem syrischen Regime sympathisieren, teils mit den kurdischen Volksverteidigungseinheiten YPG. Es gab zahlreiche Tote, überwiegend Christen. Am 27. Juli 2016 explodierten im Stadtzentrum mehrere Sprengsätze, die auf einem Lastwagen und einem Motorrad deponiert waren. Mehr als fünfzig Menschen starben. Im Oktober sprengte sich ein Bombenattentäter auf einer kurdischen Hochzeitsfeier in Al-Hasaka in die Luft, dreißig Menschen starben, neunzig wurden verletzt. Seither feiert dort niemand mehr eine große Hochzeit. Alle haben Angst.

Auch ich hätte in Rojava, den kurdischen Gebieten in Syrien, nicht sicher leben können. Wir diskutierten, was wir tun sollten. Meine Mutter wollte zu ihren Kindern nach Deutschland. Mein Vater wollte bleiben. Ich auch. Aber meine Mutter bat mich, sie zu begleiten. Was konnte ein Sohn dagegen einwenden?

Schon in der zweiten Woche meiner Freiheit ging ich gemeinsam mit meiner Mutter nach Erbil im Norden des Irak, wo sich die Zentrale meines Senders befand. Während ich dort darüber brütete, ob ich nicht doch in meine Heimatstadt zurückkehren könnte, redeten meine Brüder und meine Schwester mir zu, gemeinsam mit unserer Mutter nach Deutschland zu kommen. Es sollte zwei Monate dauern, bis ich mich dazu durchringen konnte.

1. Eine schwere Entscheidung

Wir waren erst wenige Tage in Erbil, da erhielt ich über Facebook die Freundschaftsanfrage eines Mannes, den ich fast vergessen hatte. Es war der Mann, der dem IS geholfen hatte,

Al-Hasaka zu bombardieren, und den ich in der Zelle in Al-Shaddadi kennengelernt hatte.

Was wollte er? Wieso wusste er, dass ich draußen war und wieder über ein Smartphone verfügte? Klar, er hatte vermutlich von meiner Freilassung gehört. Schließlich hatten zahlreiche Webseiten und kurdische Fernsehstationen über den Austausch berichtet. Ein Freund würde er sicher nie werden, noch nicht einmal ein Facebook-Freund. Aber ich beschloss, seine Anfrage zu akzeptieren, um zu erfahren, was er von mir wollte.

»Ich bin froh zu hören, dass du lebst und frei bist«, chattete er.

Du verlogener Bastard, dachte ich. Dir wäre lieber, ich wäre tot. Weil ich ein Ungläubiger bin, aber mehr noch, weil ich deine Geschichte kenne, deine Verbrechen. Nachdem wir uns eine Weile über die Zeit im Gefängnis ausgetauscht hatten, fragte ich zurück: »Und? Wann bist du rausgekommen?«

Er antwortete: »Ein Mann wie ich ist selten lange Zeit eingesperrt; ich habe gute Beziehungen.« Wer ihm geholfen hatte, sagte er nicht.

»Und wo bist du jetzt?«

Er antwortete, ohne zu zögern: »Ich bin in Europa. In einem Flüchtlingsheim.«

Ich war schockiert. Wie konnte ein Radikaler wie er in Europa sein?

Nachdem wir den Chat beendet hatten, checkte ich seinen Facebook-Account. Dutzende seiner Freunde trugen lange Bärte, und ihre Seiten waren voller radikaler Beiträge über den Dschihad. Unglaublich! Dass ein derart gefährlicher Mann mit solchen Verbindungen offenbar unbehelligt in Europa leben konnte, wollte ich nicht begreifen. Ich machte Screenshots von den Seiten seiner salafistischen Freunde, ohne zu wissen, weshalb und wofür ich das tat.

In Erbil las ich täglich von Menschen, die über das Ägäische Meer nach Griechenland strebten. Ich las die Geschichten von uralten Booten, die kenterten, und Menschen, die in den Fluten ertranken oder erfroren. Ich war aufgebracht, weil ich wusste, dass auch einige meiner Cousins und befreundete Familien diesen Weg gewählt hatten, um nach Deutschland zu gelangen. Was, wenn auch sie von den Schmugglern betrogen worden waren? Ich fragte mich, ob all diese Leute wussten, dass ihre Helfer sie möglicherweise in den Tod schickten. Und weshalb sie das offenkundig akzeptierten.

Die Antwort ist banal: Diese Menschen hatten keine Wahl. Sie wollten nicht weiterleben wie bisher. Und sie konnten, einmal auf dem Weg, auch nicht mehr umkehren, weil sie all ihr Hab und Gut verkauft hatten, nur um das dafür erlöste Geld den Schleppern in den Rachen zu werfen. Und jene, die sich im letzten Moment weigern wollten, in diese Boote zu steigen, bedrohten diese skrupellosen Geschäftemacher mit ihren Gewehren und zwangen sie einzusteigen; andernfalls, so sagten sie, müssten sie schießen. Aus rein geschäftlichen Erwägungen konnte ich das verstehen: Die Schlepperorganisationen erhalten ihr Geld, das bei einem Treuhänder hinterlegt ist, erst und nur dann, wenn die Flüchtlinge am Ziel sind und die Überweisung autorisieren.

Einige meiner Cousins und Freunde hatten Glück, sie schafften es nach Griechenland und erreichten von dort aus binnen einer Woche Deutschland. Deshalb riet meine Familie auch mir, das Abenteuer zu wagen, um in einem sicheren Land an einer guten Universität studieren und im Kreis der Angehörigen leben zu können.

Ich zögerte ob der Gefahren einer solchen Reise. Ich hatte nach meiner Entlassung so sehr gehofft, mein altes Leben fortsetzen zu können. Aber meine Brüder in Deutschland wollten uns bei sich und in Sicherheit wissen, und meine Mutter wollte zu ihnen. Schließlich fragte ich Freunde nach Adressen von Schleusern, die uns an die türkische Mittelmeerküste bringen und uns einen Bootstrip vermitteln konnten. Klar wusste ich, dass sie Verbrecher waren, Lügner, die nichts anderes wollten als Geld und denen es gleichgültig war, wie viele ihrer Passagiere bei der Überfahrt starben. Aber was blieb uns anderes übrig?

Es dauerte nicht lange, bis ein Mann mir die Fotografie eines großen, schönen Bootes schickte. Er verlangte 6000 Euro, je zur Hälfte für den Transport von mir und meiner Mutter. Ich glaubte nicht eine Sekunde daran, dass uns dieses Boot in die Freiheit bringen sollte. Im Fernsehen hatte ich nur alte Seelenverkäufer aus Holz oder gar nur aus undichten Plastikschläuchen gesehen, frierende Menschen, die am Strand zusammenbrachen, weil das Überstandene die Grenzen des Erträglichen gesprengt hatte, und auf dem Meer treibende Leichen. Was ich nie gesehen hatte, war ein Boot, das dem auf dem Foto auch nur entfernt geglichen hätte.

Trotzdem gingen wir auf das Angebot ein, ihn in der Türkei zu treffen und darauf zu vertrauen, dass er uns wirklich sagen würde, wann uns welches Boot an welcher Stelle aufnehmen würde. Es war verrückt: Ich war bereit, mein Erspartes, mehrere Monatslöhne, für die vage Chance hinzublättern, lebend in Europa anzukommen; die Wahrscheinlichkeit, bei dieser Seefahrt zu sterben, war groß. Dabei hatte ich nach meiner Befreiung gedacht, nie mehr über den Tod und das Sterben nachdenken zu müssen. Nun hing dieser Gedanke wieder in meinem Kopf wie eine dunkle Wolke, die sich nicht verziehen wollte. Die Anspannung stieg von Tag zu Tag.

2. Der IS ist auch in Istanbul

Wir flogen am 20. Dezember 2015 von Erbil nach Istanbul, wo wir den Schleuser treffen sollten. Als wir in die Maschine stiegen, empfand ich tiefe Trauer, weil ich gezwungen war, meine Heimat auf unbestimmte Zeit zu verlassen. Ich merkte, wie mir Tränen in die Augen stiegen, aber ich wollte nicht weinen, nicht vor meiner Mutter. Ich wollte stark erscheinen, sie nicht entmutigen, ihr zeigen, dass ich fest daran glaubte, dass wir die Flucht überstehen und am Ende der Reise in Deutschland zwei meiner Brüder und einer Schwester in den Armen liegen würden.

Der Schleuser wollte uns am Flughafen in Istanbul abholen. Es standen Dutzende in der Ankunftshalle. Ich wählte die Nummer unseres Helfers, und er wies uns an, zum Ausgang zu kommen, wo er uns empfing und zu einem Wagen führte. Er fuhr uns zu einer Wohnung in Aksaray. Es war ein hübsches, sauberes Zweizimmerappartement mit Küche und Bad, das meine Mutter und ich uns teilten. Hier, so sagte er, sollten wir auf weitere Anweisungen warten.

Als er mal wieder nach uns sah, fragte ich ihn, wie gefährlich die Reise sei. »Hör zu«, sagte er, »wir haben alles im Griff. Selbst wenn nicht alles glattlaufen sollte, dann werdet ihr es vergessen haben, sobald ihr Europa erreicht habt. Also, denkt nicht zu viel darüber nach.« Wir sollten nur ruhig bleiben, meinte er. »Und kauft nicht diese Rettungswesten, die es draußen an jeder Ecke gibt. Ihr werdet sie nicht brauchen. Also spart euch das Geld.«

»Wir sollen keine Rettungswesten brauchen?«, fragte ich. »Wir werden über ein Meer fahren, in dem in den vergangenen Monaten Hunderte Menschen ertrunken sind. Und du sagst mir, ich soll keine Vorkehrungen treffen?«

Er schien einen Moment verunsichert zu sein. Dann sagte er: »Macht euch keine Sorgen. Alles wird gut gehen.« Aber ich wollte mir Sorgen machen, und ich vertraute ihm nicht.

Am zweiten Tag verließ ich erstmals unsere Wohnung. Auf der Hauptstraße gab es zwei große Läden, die ausschließlich Schwimmwesten verkauften. Ich fragte einen der arabischen Verkäufer: »Was kostet eine Schwimmweste?«

»Das kommt darauf an, wie sehr du dein Leben liebst«, antwortete er. Dann zeigte er mir Westen, die zwischen 50 und unverschämten 700 Euro kosteten.

»Was ist der Unterscheid zwischen der Weste für 50, für 250 und 700 Euro?«, fragte ich.

»Die für 50 Euro heißt nur Rettungsweste, aber sie wird dein Leben nicht retten. Die für 700 dagegen ist perfekt, sie löst automatisch aus, wenn du mit dem Wasser in Berührung kommst. Du kannst das Aufpumpen jederzeit auch manuell auslösen und den Druck durch ein Ventil in der Schwimmblase regulieren. Und wenn du aufpasst, dass sie nicht beschädigt wird, ist die Rettungsweste auch ohne Wartung durch den Hersteller wiederverwendbar.« Ich war offenkundig an einen Zyniker geraten.

Ich entschied mich für zwei Westen der mittleren Kategorie zum Preis von je 250 Euro. Aber danach fühlte ich mich auch nicht besser. Ich wanderte ruhelos durch die Wohnung wie ein Tiger im Käfig.

Am sechsten Tag holte der Schlepper uns ab und verfrachtete uns in einen Bus, mit dem normalerweise Touristen zu Sehenswürdigkeiten gefahren wurden. Aber die Insassen waren nicht so fröhlich wie Urlauber. Sie sahen müde aus und ängstlich, und niemand hatte mehr bei sich als einen kleinen Rucksack. Während ich schweigend neben meiner Mutter saß, lauschte ich ihren Gesprächen. Sie versuchten sich mit denselben Worten zu beruhigen, die wir von unserem Schlepper gehört hatten.

Nach mehreren Stopps saßen 24 Personen in unserem Bus, zwei weitere schlossen sich uns an. Insgesamt ließen mehr als siebzig Personen Istanbul hinter sich, die alle dasselbe Ziel hatten: Europa. Sie alle, so schien es, sollten auf diesem einen Boot Platz finden.

Nach einer Weile ging ich zum Fahrer, um ihn zu fragen, wie lange die Reise dauere. Aber er sprach nur Türkisch. Ich übersetzte meine Frage mit Google Translator, doch er behauptete, nicht lesen zu können. Erst nach zwölf Stunden Fahrt erreichten wir schließlich Izmir, nach einigen weiteren Stunden einen Ort am Meer namens Tepeboz. Von dort sollten wir nach Lesbos gebracht werden, von wo aus wir mit einer Fähre aufs Festland fahren wollten.

Wir stiegen aus, und zwei Türken in schmutzigen Kleidern und Sportschuhen, die auf uns gewartet hatten, brachten uns zum Strand. Es war dunkel und kalt, ich fror und ich zitterte, obwohl ich ausreichend gekleidet war. Die Männer wiesen uns an, den Mund zu halten und kein Licht und keine Mobiltelefone einzuschalten. Ich stand mit meiner Mutter am Ufer und starrte aufs Meer hinaus, in die Dunkelheit. Hinter mir hörte ich, wie Mütter ihre weinenden Kinder zu beruhigen versuchten, vor uns rauschte die Brandung. Es erschien mir vollkommen irrsinnig, mit einem Boot in die Ägäis hinauszufahren, dem sicheren Tod entgegen.

Aber unser Sarg kam nicht. Kein Boot legte vor uns an. Nach einer Stunde mussten wir wieder in den Bus steigen, der uns zurück nach Istanbul brachte. Noch einmal die quälend lange Fahrt, wieder warten, wieder nachdenken über den Sinn unserer Flucht und das Sterben. Wir waren im gleichen Appartement untergebracht, der Schleuser hatte uns gesagt, es würde ein paar Tage dauern, bis es wieder losging. Ich hatte nicht die Kraft, die Stadt zu erkunden oder gar auszugehen. Wie viele meiner Freunde hatten zu besseren Zeiten eine Stange Geld ausgegeben, um Istanbul besuchen zu können? Ich dagegen schaffte es gerade, hin und wieder Lebensmittel einzukaufen, in einem Laden um die Ecke, damit meine Mutter uns etwas zubereiten konnte.

Als ich an einem dieser langen, verzweifelten Tage in einer Bäckerei in der Nachbarschaft einkaufen wollte, stand ein bärtiger Mann hinter dem Tresen. Während er das Brot einpackte, fiel mein Blick auf die Wand hinter ihm. Und da hing sie, die Flagge des IS, aufgeklebt auf die schmutzige Mauer einer kleinen Backstube in Istanbul. Mein Herz schlug unwillkürlich schneller. Ich hatte gehört, dass die Türkei den IS über Umwege unterstützte, weil der gegen die Kurden kämpfte. Ich wusste auch, dass die meisten Ausländer aus Europa und Russland, die sich den Terroristen anschließen wollten, über die Türkei nach Syrien reisten. Aber mit einem IS-Unterstützer in Istanbul hatte ich nicht gerechnet. Ich hatte erwartet, die letzte IS-Fahne im Gefängnis gesehen zu haben. Der Verkäufer schien meine Aufregung nicht zu registrieren. Hastig legte ich die Lira auf den Tresen und eilte zurück in die Wohnung.

Noch mehrfach begegneten mir in dieser Stadt Anhänger des »Islamischen Staats«: In einem Shop, in dem ich meine Telefonkarte aufladen wollte, telefonierte einer von drei langbärtigen Gestalten aus Saudi-Arabien mit jemandem in Al-Raqqa. Das Gespräch ließ keinen Zweifel daran zu, dass sie selbst zum IS gehörten. In einem anderen Laden, in dem Süßigkeiten verkauft wurden, sprachen einige andere Bärtige über ihre »Brüder« in Al-Raqqa.

Was für eine verrückte Welt! Da bombardierten fremde Staaten Syrien und den Irak, um den IS zu besiegen, und dessen Mitglieder und Unterstützer spazierten unbehelligt durch Istanbul, als hätten sie damit nichts zu tun. Immer wieder zermarterte ich mir den Kopf darüber, anstatt mich auf das zu konzentrieren, was nun am wichtigsten war: was ich tun musste, damit wir überlebten, was ich tun musste, um meiner Mutter zu helfen.

In meinen dunkelsten Momenten fühlte ich mich überfordert, verloren, ausgeliefert, zerbrochen; dazu trug auch bei, dass die Medikamente, die mir ein Arzt gegen die Hautekzeme verschrieben hatte, nicht wirkten. Jeden Tag wurde ich daran erinnert, dass ich zwar überlebt hatte, aber meine Vergangenheit, mein bisheriges Leben in Trümmern lag. Ich glaubte nicht mehr an eine glückliche Zukunft.

3. In Seenot

Den zweiten Versuch unternahmen wir am 31. Dezember, für die westliche Welt war es der letzte Tag des Jahres 2015, und ich wusste nicht, ob es für uns einen ersten in einem neuen Jahr geben würde. Dieses Mal warteten gleich fünf Busse. Einige der Flüchtlinge erkannte ich wieder, alle schienen müde und angespannt zugleich zu sein. Es waren Familien darunter, mindestens 15 Babys sowie offenbar allein reisende männliche Jugendliche.

Am Ende der stundenlangen Fahrt gingen wir in kleinen Gruppen nach und nach zum Strand, den meine Mutter und ich schon kannten, bis schließlich alle dort versammelt waren. Ich zählte etwa 125 Menschen. Die Aufpasser waren dieselben wie beim ersten Versuch. Fragen beantworteten sie nicht, sie gaben nur spärlich Informationen weiter und Anweisungen, die zwei Flüchtlinge ins Arabische und Kurdische übersetzten. »Das Boot ist unterwegs«, sagte einer der beiden. »Es wird gesteuert von einem professionellen griechischen Kapitän.«

Und dann kam es. Ein Albtraum. Es war wie erwartet nicht das stattliche Schiff, das ich auf dem Foto gesehen hatte, es war alt und viel zu klein für so viele Menschen. Wie sollte dieser Kahn 125 Menschen fassen? Es war ein Fischerboot, das sich nun rückwärts dem Kiesstrand näherte. Einer der Männer legte ein Holzbrett vom Ufer zum Boot. Sofort begannen die Schlepper, uns auf Türkisch barsche Instruktionen zu erteilen und uns gewaltsam zum Boot zu drängen. Die Ersten liefen folgsam los, von hinten drängten die Menschen nach. Ich umklammerte die Hand meiner Mutter und versuchte, uns aus der Menge herauszubugsieren. Als einer der beiden Männer das bemerkte, versperrte er uns den Weg und rief nach seinem Kollegen. Der kam – mit einem Gewehr in der Hand, das er auf uns richtete. Er brüllte uns an, stieß mir die Waffe in die Seite und drückte uns zurück in die Schlange. Etwa zwei Drittel der Flüchtlinge standen oder saßen bereits im Boot, es war längst voll, und der Wasserspiegel näherte sich bedrohlich dem Bootsrand, aber sie trieben uns weiter voran. Einer half uns auf die provisorische Brücke, im Boot stand ein Zweiter, der einen nach dem anderen in den Kahn zog, wie die Fischer ihre Netze.

Als das Boot ablegte, sagte ich zu meiner Mutter: »Hey, Mom, jetzt trennen uns nur noch ein paar Stunden von 2016.« In Wahrheit hatte ich wenig Hoffnung, dass wir dieses neue Jahr erlebten. Meine Gefühle unterschieden sich kaum von jenen, die ich kurz nach meiner Entführung im Gefängnis von Al-Shaddadi gehabt hatte. Al-Shaddadi und die Ägäis waren gleichermaßen ein einziges, verdammtes Desaster.

Wir konnten uns kaum bewegen, standen oder saßen Körper an Körper, Gesicht an Gesicht. Trotzdem wollte ich versuchen, mich nach vorne zum Kapitän durchzuquetschen. Bei den anderen Flüchtlingen stieß mein Plan auf wenig Gegenliebe, aber begleitet von einigen Flüchen schaffte ich es.

»Sprechen Sie Englisch?«, fragte ich den Kapitän, der eine Wollmütze trug und etwa dreißig Jahre alt war. Er schien eine Beinverletzung zu haben, jedenfalls stützte er sich auf eine Krücke.

»Kein Englisch, sprich arabisch«, antwortete er.

»Und wo ist der griechische Kapitän?«

»Du solltest nicht alles glauben, was die Schleuser dir gesagt haben«, sagte er mit einem lauten Lachen. »Ich bin wie du, ein Flüchtling. Von Griechenland will ich weiter zu meinem Bruder nach Österreich. Ich hatte nicht genügend Geld für die Tour. Da haben sie mir versprochen, ich dürfe kostenlos mitfahren, wenn ich das Boot steuere. Sie haben mir gezeigt, wie ich das Ding navigieren und in welche Richtung ich fahren muss.«

Ich starrte ihn ungläubig an. Wir fuhren also in einer untauglichen, überladenen Nussschale übers Meer, das die Schlepper einem Anfänger anvertraut hatten, einem Syrer, der so wenig wie ich je ein Boot gesteuert hatte. Um uns herum war alles schwarz, das Meer, der Himmel, die Nacht, so schwarz wie die Fahne des IS, die mich und viele andere auf dieses Boot genötigt hatte. Dieses dunkle Zeichen des Terrorismus, dieses Symbol des Todes, schien mir in diesem Moment selbst die Macht zu haben, unser Boot in die Tiefe zu ziehen.

Nach etwas mehr als einer halben Stunde Fahrt begann der Motor zu stottern, nach einem lauten Knall ging er schließlich ganz aus. Wir trieben hilflos auf dem Meer, die Wellen ließen das Boot schlingern, die ersten gerieten in Panik.

»Bleiben Sie ruhig«, rief ich auf Arabisch. »Bewegen Sie sich nicht, sonst kippt unser Boot. Ich werde versuchen, mit dem Telefon Hilfe zu rufen.«

Bevor wir nach Istanbul aufgebrochen waren, hatte mir meine Schwester in Kurdistan einen Rat gegeben. Ich solle einer WhatsApp-Gruppe beitreten, die ein paar Syrer gegründet hatten, die in der Türkei lebten. Sie kümmerten sich darum, Flüchtlingsboote wie unseres im Blick zu behalten. Im Notfall, so sagte sie, könne ich der Gruppe unseren genauen Standort übermitteln, den diese dann der türkischen oder griechischen Küstenwache weiterleiten würde.

Dass ich den Rat meiner Schwester befolgt hatte, erwies sich nun als Glücksfall. Aber es gelang mir nicht, eine Nachricht zu schreiben, weil meine Finger halb erfroren waren. Ich konnte nur Voicemails absetzen, aber die Verbindung war lausig und brach immer wieder ab. Ich versuchte erneut zu tippen und irgendwie unseren Standort durchzugeben. Schließlich hatte ich die Koordinaten zwar übermittelt, aber ich wusste nicht, ob die Nachricht ihren Empfänger erreichen würde.

Ich meldete mich auch bei unserem Schleuser, über WhatsApp: »Hilf uns. Das Boot sinkt.«

Er antwortete nur: »Ich kann nichts tun.« Dann brach die Verbindung ab.

Ich sah mich um. Einige der Passagiere waren aufgesprungen, hektische Blicke um sich werfend, als wollten sie davonlaufen. Aber wohin? Ich rief ihnen zu, sie sollten sich wieder setzen. Kinder weinten. Wer eine Rettungsweste gekauft hatte, zog sie hastig über. Einige beteten. Ein Mann, offenbar nicht im Besitz einer Weste, hatte einen der beiden Rettungsringe von der Reling gerissen und hielt ein Messer in der Hand, mit dem er seine Eroberung zweifellos verteidigen wollte. Zwei Verrückte versuchten, mit einigen T-Shirts ein Feuer zu entzünden. Ich schrie zu ihnen rüber, wozu das gut sein solle. Sie antworteten: »Damit die Retter uns sehen können.« Wir saßen in einem Holzboot! Alles, was sie erreichen konnten, war ein schnellerer Tod für uns alle.

Das Boot schaukelte bedrohlich. In den Augen meiner Mutter standen Angst und Entsetzen. So hatte ich sie noch nie gesehen. Ich versuchte, sie zu beruhigen, aber auch ich war mir sicher, das Meer würde uns in dieser letzten Nacht des Jahres 2015 verschlingen. Niemand würde uns finden, das Wasser würde sich über uns schließen wie ein dunkles Leichentuch. Wieder musste ich an die Fahne des IS denken. In jener Neujahrsnacht erneuerte ich mein Versprechen, das ich im Gefängnis von Al-Shaddadi genau ein Jahr zuvor gegeben hatte: Ich gelobte, gegen den IS, der auch für dieses Desaster verantwortlich war, zu kämpfen, sollte ich die Sonne am nächsten Morgen wiedersehen.

Meine Worte wurden erhört: Nach den längsten zwei Stunden meines Lebens sah ich, dass sich aus der Dunkelheit ein Boot der türkischen Küstenwache mit großer Geschwindigkeit näherte. Jubel brach aus, einige klatschten, auch ich verspürte große Erleichterung. Aber die Wellen stießen unser Boot immer wieder von der rettenden Reling ab, mehrfach drohte es zu kippen. Scheinwerfer strichen über unsere Köpfe hinweg. Schweigend und bang beobachteten wir alle, wie die Mannschaft der Küstenwache versuchte, unser schwankendes Boot festzuzurren. Endlich gelang das Manöver, und einer nach dem anderen wurde an Bord gehievt, zuerst die Frauen und Kinder, dann die Männer. Die einen schickten die Polizisten zum vorderen Teil des Boots, die anderen zum hinteren. Trotz klarer Ansagen schubsten und drängten die Menschen nach vorne, um möglichst schnell ins sichere Schiff gezogen zu werden, allen voran der »Kapitän«. Ich wartete bis zum Ende und war der Letzte, der das alte Schiff verließ.

Sie brachten uns nach Izmir. Als wir am Hafen von Bord gingen, konnte ich meine Mutter wieder in Empfang nehmen. Wir waren beide erschöpft und niedergeschmettert. Sie fragte mich: »Was sollen wir jetzt machen?« Ich schickte über WhatsApp eine Sprachnachricht an die Familie: »Wir sind sicher in einem Hafen in Izmir. Der Schmuggler war ein Bastard, das Boot ein Wrack, ganz anders als die Yacht auf dem Bild. Ich werde mein Leben lang nicht mehr auf so ein Boot steigen.«

Alle waren froh, dass wir fürs Erste wieder sicheren Boden unter den Füßen hatten. Nach einer Weile meldeten sich meine Brüder: Wir sollten wieder nach Istanbul fahren und eine neue Chance suchen. »Aber«, so die Anweisung, »nicht per Boot.«

Ich wäre am liebsten nach Erbil zurückgekehrt. Aber der Familienrat hatte anders entschieden. Wir gingen zum Busbahnhof, als es dämmerte, und bestiegen einen Bus nach Istanbul. Von unterwegs rief ich wieder ein paar Freunde an, fast jeder kannte Telefonnummern von Typen, die ihr Geld mit dem Schicksal von Flüchtlingen verdienten. Ich erhielt die Nummer eines Mannes, der mir als sehr vertrauenswürdig empfohlen worden war. Er versprach eilfertig, uns am Bahnhof in Empfang zu nehmen. Er könne uns sicher nach Europa bringen, versprach er, nicht übers Meer, sondern über Land, von der Türkei nach Bulgarien und dann auf der sogenannten Balkanroute nach Deutschland.

4. Verirrt und fast erfroren

Überall auf Istanbuls Straßen sah ich müde Menschen mit Taschen, die offensichtlich auf denjenigen warteten, der sie gen Westen bringen sollte; einige trugen Rettungswesten bei sich. Ich wollte ihnen am liebsten zurufen, ihr Vorhaben abzubrechen, nicht den gefährlichen Weg über das Meer anzutreten. Aber das Risiko, das sie damit eingingen, wird den meisten ohnehin bewusst gewesen sein. Außerdem, was wusste ich schon, wie die Alternative aussehen würde? Das zu erleben stand meiner Mutter und mir noch bevor.

Unser neuer Schleuser war ein attraktiver, gut gekleideter, junger Mann mit schwarzen Haaren und braunen Augen. Ich erzählte ihm, was geschehen war, und er meinte, es sei kein Wunder, dass wir nun einen anderen Weg, einen über Land, einschlagen wollten. Seine Anteilnahme wirkte einigermaßen ehrlich, und ich bemühte mich, ihm zu vertrauen; ihm nicht zu vertrauen hätte letztlich auch nichts genutzt. Wir brauchten ihn, und er wusste das.

Unser neues Ziel war Bulgarien, von dort sollte es weitergehen nach Serbien. 8000 Euro wollte der Schleuser, das war mehr, als sie für den ersten Fluchtversuch verlangt hatten, aber was blieb uns übrig, als sein Angebot anzunehmen. Meine Familie überwies weitere 2000 Euro an den Treuhänder.

Wir verbrachten vier oder fünf Tage in einem Appartement, ebenfalls in Aksaray, dann holte er uns ab, brachte uns in die Nähe des Busbahnhofs. Er schob uns auf die hintere Bank eines bereitstehenden Kleinbusses, in dem bereits zehn Passagiere saßen, welche die Grenze zur EU, nach Bulgarien, legal überschreiten durften. Uns zwischen ihnen zu verstecken schien mir ein guter, ein vielversprechender Plan zu sein. Schleuser und Fahrer arbeiteten offensichtlich zusammen.

Die Fahrt dauerte sieben, acht Stunden, die ich meistens dösend verbrachte. Ich sprach mit niemandem, und niemand sprach mich an. Niemand kontrollierte uns an der Grenze zu Bulgarien. Ich konnte es nicht fassen. Alles war so einfach. Und ich sagte mir: Wie dumm wir doch gewesen waren, es über das Meer zu versuchen.

Angekommen in Sofia, der bulgarischen Hauptstadt, versteckte uns der Fahrer in einem Haus, das wir nicht verlassen durften. Wir teilten drei Zimmer mit einem jungen, zurückhaltenden Kurden, dem Eigentümer, der uns mit Lebensmitteln aus dem Supermarkt versorgte. Hin und wieder sprachen wir über die steigende Zahl der Flüchtlinge, von denen er immer häufiger welche aufnahm. Ich weiß nicht, ob diese Art des Geldverdienens seinen Lebensunterhalt sicherte, es interessierte mich auch nicht. Mich bedrückte, dass ich noch nie zuvor etwas Illegales getan hatte. Und nun waren wir als Flüchtlinge gerade erst in ein europäisches Land gekommen und taten schon etwas Verbotenes. Es war eine bittere und nervenaufreibende Erfahrung.

Nach zwei Tagen, am 12. Januar 2016, setzten wir unsere Reise in einem Auto fort. Ein Bulgare fuhr uns in der Nacht zu einem Dorf, das angeblich nahe der serbischen Grenze lag. In einem kleinen Haus trafen wir eine achtköpfige jesidische Familie, fünf Erwachsene und drei Kinder. Der IS hatte ihr Dorf zerstört, sie hatten zwölf Tage hinter sich, in denen sie durch die Wälder der Umgebung geirrt waren. Ich sah in ihren Augen, wie müde ihre Seelen waren.

Mitten in der Nacht holte uns ein großer Mann ab, um uns den Weg zu weisen. »Let's go«, sagte er. Mehr nicht. Dann stapfte er voran, einen hölzernen Wanderstock in der einen Hand, eine Taschenlampe in der anderen. Er ging eilig voran und schaute nicht zurück, ob wir ihm folgen konnten. Wir wussten nicht, wohin und wie weit wir gehen mussten. Ich wusste nur, wir durften ihn nicht verlieren.

Ich lief direkt hinter dem Riesen und hielt die Hand meiner Mutter. Die Jesiden hinter uns hatten die Kinder geschultert, um einigermaßen Schritt halten zu können. Meine Frage, ob wir nicht etwas langsamer gehen könnten, ignorierte der Schleuser.

Es war kalt, um die null Grad Celsius, über uns hingen tiefe Wolken, Schnee bedeckte Teile des matschigen Bodens, über den unsere Schuhe rutschten und dabei schmatzende Geräusche erzeugten. Nach einer Stunde waren wir erschöpft, alle atmeten schwer, wir brauchten dringend eine Pause. Aber der Riese beachtete uns nicht. Ich rief ihn an, er solle warten. »Wir sind jetzt eine Stunde ununterbrochen durch den Matsch gestapft«, sagte ich ihm, als ich zu ihm aufgeschlossen hatte. »Wie lange brauchen wir noch bis zur Grenze?«

»Zehn Minuten«, antwortete er in gebrochenem Englisch. »Wir sind gleich da. Kommt jetzt.«

Also gingen wir weiter. Eine Stunde. Zwei Stunden. Die Kälte und das unwegsame Gelände setzten allen zu. Meine Mutter stolperte immer wieder und geriet ins Rutschen, die Kinder der Jesiden weinten, die Eltern hatten große Angst. Immer wieder beteuerte der Riese, wir seien gleich da, nur noch zehn Minuten. Doch erst nach einer weiteren Stunde blieb er endlich stehen: »Wir sind am Ziel. Ich werde jetzt umkehren. Seht ihr den weißen Stein da vorne? Das ist die serbische Grenze.«

»Das ist nicht Ihr Ernst«, sagte ich. »Wir haben keine Ahnung, wo wir sind. Wenn Sie uns hier allein lassen, werden wir uns verirren und in diesem verdammten Wald sterben.«

»Das ist nicht mein Problem«, entgegnete er. »Ich sollte euch zur Grenze bringen. Und hier ist die Grenze. Mehr kann ich nicht für euch tun.«

»Wir werden erfrieren«, sagte ich. »Bitte bleiben Sie bei uns, bis wir das nächste serbische Dorf erreichen.«

»Das werde ich nicht tun«, antwortete er. Weil wir nicht lockerließen, sagte er schließlich: »Gut. Aber das kostet.«

»Wie viel Geld verlangen Sie?«

Er überlegte einen Moment, dann sagte er: »6000 Euro. Alle zusammen.«

Natürlich hatten wir nicht so viel Geld in unseren Taschen, auch nicht, wenn wir zusammenlegten. Der Riese zuckte mit den Schultern. »Ihr müsst immer dieser Straße folgen«, sagte er und deutete auf einen schlammigen Weg, der sich in der Dunkelheit verlor, »dann werdet ihr Bačevo erreichen, das nächste Dorf.« Mit diesen Worten kehrte er uns den Rücken und verschwand.

Wir waren wie erstarrt, keiner sagte ein Wort. Wir hatten keine Ahnung, wie weit wir noch gehen mussten, und ich fragte mich, wie weit wir überhaupt noch gehen *konnten*. Alle waren am Ende ihrer Kräfte. Aber ausruhen konnten wir uns nicht. Die Temperatur war inzwischen deutlich unter null Grad gesunken, meine Schnürsenkel waren starr vom Eis, und wir drohten zu erfrieren, falls wir uns niedersetzten und einschliefen.

Ich bot mich an, die Führung der Gruppe zu übernehmen, obwohl ich Angst hatte, die falsche Richtung einzuschlagen. Wir gingen den Pfad entlang, den der Schleuser uns gewiesen hatte. Doch nach einer weiteren Stunde Fußmarsch hatten wir kein Dorf gesehen, nicht einmal eine alleinstehende Hütte. Es war zum Verzweifeln. Ich zog mein Handy hervor und sah, dass wir immerhin Empfang hatten, wenn auch schwach. Was taten die Menschen in Hollywoodfilmen immer, wenn sie Hilfe brauchten? Sie wählten 911. Das tat ich mangels Kenntnis der europäischen Notrufnummer auch. Heute weiß ich, dass ich automatisch an die 112 weitergeleitet wurde. Eine Frauenstimme meldete sich.

»Wir sind eine Gruppe von zehn Menschen«, sagte ich auf Englisch, »darunter Frauen und Kinder. Wir haben uns im Wald an der Grenze verlaufen. Wir brauchen Hilfe. Wir erfrieren sonst.«

»Aha«, antwortete sie. »Ihr seid illegale Flüchtlinge? Wenn das so ist, dann sterbt im Wald!« Mit diesen Worten legte sie auf.

Ich konnte es nicht glauben. Das erste Mal, dass ich den Notruf in Europa wählte, und die unmissverständliche Antwort war: Go and die!

Ich verschwieg den anderen, was die Frau gesagt hatte, um sie nicht noch mehr zu entmutigen. »Nur Feiglinge würden jetzt aufgeben«, sagte ich. »Wir gehen weiter. Wir werden nicht in diesem Wald sterben!«

Als die Sonne aufging, sahen wir in der Ferne Häuser. »Wir haben es geschafft«, sagte ich zu meiner Mutter und versuchte zu lächeln. »Wir haben es wirklich geschafft.«

Ich klopfte an die Tür des ersten Hauses, das wir erreichten. Eine alte Frau öffnete. Sie schien nicht ängstlich oder überrascht zu sein. Wahrscheinlich waren wir nicht die ersten Flüchtlinge, die sie um Hilfe baten. Sie sagte ein paar Worte in einer mir unbekannten Sprache. Sie wiederum verstand kein Englisch. Ich versuchte, ihr zu erklären, dass wir durstig seien und Wasser brauchten.

Sie verschwand im Haus und kam nach einer Weile mit einer Literflasche Wasser zurück. Ich fragte sie, wo wir die Polizei finden könnten. Sie bedeutete mir, sie könne dort anrufen. Ich stimmte zu.

Wenig später kamen vier Polizisten, die uns von Radejna zu einer Aufnahmestation brachten, wo wir unsere Reisepässe vorzeigen mussten und sie unsere Fingerabdrücke nahmen.

»Wollt ihr in Serbien bleiben?«, fragte einer der Polizisten.

Ich verneinte. »Aha, good, good, good«, sagte er. Damit war das »Verhör« beendet. Eine Gruppe Helfer gab uns Kekse und heißen Tee, sie waren offensichtlich ebenfalls an Flüchtlinge gewöhnt. Dann brachten sie uns zum Bahnhof im nahe gelegenen Dimitrovgrad, wo wir – meine Mutter, ich und die jesidische Familie – einen Zug bestiegen, der uns in acht Stunden in den Nordwesten des Landes brachte, in die Stadt Sid an der kroatischen Grenze. In der Bahnhofgaststätte von Sid aß jeder unserer Schicksalsgruppe gierig einen Hamburger, bevor wir per Bahn durch Kroatien und Slowenien nach Österreich fuhren. Ich fror ständig, mein Körper schien Kälte statt Wärme zu speichern. Ich sah die Berge nicht, nicht die Flüsse, alles, woran ich denken konnte, war ein warmes Bett, in dem ich in Deutschland zwei Tage durchschlafen wollte.

Mit jeder Grenze, die wir überschritten, entfernten wir uns weiter von unserer Heimat. Ob wir Syrien jemals wiedersehen würden? Und wenn ja, würden all die, die wir zurückgelassen hatten, dann noch leben? An jeder Grenze nahmen Polizisten unsere Fingerabdrücke, und je näher wir unserem Ziel kamen, desto mehr Flüchtlingen begegneten wir. In der Nähe von Salzburg stiegen wir zu Hunderten aus den Waggons, alle müde und verängstigt. In vielen Gesichtern stand die stumme Frage, was werden würde, wie es weitergehen sollte. Was waren das doch für mörderische Zeiten, in denen wir lebten.

Am Salzburger Bahnhof verabschiedeten wir uns von den Jesiden, sie wollten in Österreich bleiben. Wir erreichten die Grenze zu Deutschland am 15. Januar 2016, spätnachts. Unsere Gruppe war so groß, dass wir elf Busse füllten. Die Menschenmenge erinnerte mich an die Jesiden, die im August 2014 nach Rojava geflüchtet waren, ins syrische Kurdistan. Damals hatte ich mit meinen Kollegen den Gestrandeten geholfen. Nun war ich selbst auf Hilfe angewiesen.

Am frühen Morgen kamen wir in München an. Nach Abnahme der Fingerabdrücke bestiegen wir erneut einen Zug, er fuhr nach Erding. Ich hatte noch nie einen so schönen Zug gesehen, so modern und so schnell. Drinnen war es warm und gemütlich, anders als in den Waggons, die wir auf unserem langen Weg bis hierher benutzt hatten. So langsam wich die Kälte aus meinem Körper.

Am Fliegerhorst in Erding warteten mehr als eintausend Menschen auf eine Zuweisung und ihren Transport zu einer Flüchtlingsunterkunft. Ich rief meine beiden Brüder an und bat sie, uns abzuholen. Wir hatten uns seit 1999 nicht mehr gesehen. Sie fuhren sofort los. Als sie sechs Stunden später ankamen, waren alle Beschwernisse der Reise vergessen. Wir fielen uns in die Arme, meine Mutter weinte vor Glück. Wir zögerten keine Sekunde, in ihr Auto zu steigen. Niemand hinderte uns daran, und wir fragten auch nicht, ob das erlaubt sei. Niemand stellte Fragen. Keine Untersuchung, keine Befragung, keine Ermittlung, nichts.

Auf der Autobahn lernte ich mein erstes deutsches Wort: Ausfahrt. »Was bedeutet das?«, fragte ich meinen Bruder. Als er es übersetzt hatte, sagte ich: »Das klingt gut.« Ich hoffte, von diesem Tag an würden alle Ängste aus unserem Leben verschwinden. Deutschland, so hoffte ich, würde die Ausfahrt aus meiner bisherigen Lebensbahn sein. Ich hoffte, ich würde abbiegen in eine neue Straße, die uns dahin führte, wo eine Familie in Sicherheit und Frieden leben konnte, wo es keinen Krieg gab, keine religiösen Hetzer und keine islamistischen Attentäter.

TEIL III

In der Nacht, in der wir Deutschland erreicht hatten, waren drei Flüchtlingsboote gesunken, 150 Menschen im eiskalten Wasser des Mittelmeers ertrunken. Menschen, die Träume hatten wie wir, Hoffnungen wie wir, ein Ziel wie wir. Als mein Bruder während der Fahrt von dieser Tragödie erzählte, spürte ich Trauer. Wir hätten an ihrer Stelle sein können. War das fair? 150 Menschen hatten Sicherheit gesucht und den Tod gefunden. Wieder einmal.

Wir hatten mehr Glück gehabt; wie es schien, durften meine Mutter und ich den Traum leben, den auch diese Toten gern gelebt hätten. Es schien mir auf einmal ungerecht, dass wir es geschafft hatten und sie nicht. Auch wenn ich froh war und glücklich darüber, konnte ich diese düsteren Gedanken während der Fahrt kaum abschütteln. Es war warm im Auto meines Bruders, aber innerlich fror ich. Draußen lag Schnee, er erinnerte mich an die vergangenen Tage im Wald. Ich kann Schnee seitdem nichts mehr abgewinnen. Er ist eine Katastrophe für Menschen ohne Obdach, und er ist eine Gefahr für Flüchtlinge, die auf ihrem Weg aus dem Chaos in ihren Heimatländern der Witterung schutzlos ausgeliefert sind.

Wir hatten Glück. Doch das Glück ist flüchtig, unseres sollte nur eine Woche anhalten. Am vierten Tag gingen wir in Begleitung meines Bruders unaufgefordert zu einer Außenstelle des Bundesamts für Migration und Flüchtlinge, um uns zu melden. Nachdem wir viele Papiere ausgefüllt, unsere Fingerabdrücke hinterlassen und eine Weile in einem tristen Warteraum gesessen hatten, rief uns der große, dicke Beamte wieder in sein Büro. Ich konnte nicht glauben, was er uns sagte, und mein Bruder übersetzte: Wir sollten in eine mehrere Hundert Kilometer entfernte Stadt gebracht werden, weit weg von der Familie. Dabei hätten wir die Nähe meiner Brüder so dringend gebraucht. Stattdessen schickte man uns an einen Ort, an dem wir auf uns allein gestellt sein würden, ohne Freunde, ohne Angehörige, ohne Unterstützung, Trost und Zuspruch.

Ich war enttäuscht und ich verstand die Entscheidung nicht. Unsere Verwandten hätten uns helfen können, die Sprache zu lernen und uns mit dem Leben in diesem fremden Land vertraut zu machen. In den zurückliegenden Tagen war ich mit großen Augen durch diese neue Welt gelaufen und hatte begeistert versucht, die ersten Worte Deutsch zu lernen. Mit diesem unsinnigen Beschluss des Beamten erstarb meine Neugier schlagartig. Ich war wie gelähmt und am Boden zerstört.

1. Dem IS entkommen, aber unglücklich

Draußen schneite es wieder, und es war sehr kalt. Ich saß in einem großen Zelt, meiner ersten Unterkunft in Deutschland. Es war etwa 40 mal 15 Meter groß und durch Stellwände aus Holz in dreißig Räume unterteilt. Einen teilte ich mit meiner Mutter. Er war weder gegen die Kälte noch gegen den Lärm isoliert; der Dieselmotor des Heizgeräts, das von außen erwärmte Luft ins Innere blasen sollte, produzierte mehr Lärm als Behaglichkeit. Nachts musste ich mich – wie in Tal Hamis und Al-Shaddadi – mit meiner Jacke bedecken, um nicht zu frieren.

Diese Erinnerung und die Tatsache, dass jedes Abteil hier mit einer Nummer versehen war, erzeugte in mir das bekannte Gefühl der Gefangenschaft. Diesmal war es allerdings eher ich selbst, der sich einsperrte. Ich saß in diesem Camp und grübelte, immer wieder überfiel mich in diesen Tagen eine tiefe Niedergeschlagenheit. Ich haderte damit, dass die Behörden uns diese Unterkunft zugeteilt hatten, und ich fragte mich, weshalb wir in einem Zelt frieren mussten, wenn wir doch im Haus unserer Familie leben könnten. Weshalb verpflichteten unsere Gastgeber uns zu diesem erniedrigenden Dasein, wenn es Alternativen gab. Ich hatte so sehr gehofft, in Deutschland endlich wieder menschenwürdig leben zu können; ich hatte mein Land ja nicht verlassen, weil ich arm war oder keinen Platz zum Wohnen hatte, sondern weil ein Feind mich bedrohte, weil Krieg war. Und nun saß ich in einem Zelt und deutete die ganze Misere als Symbol für meine Situation. Ich redete mir ein, auch in diesem Land gebe es keinen Platz für mich. Die Ungewissheit, wie lange wir wohl in dieser Behausung bleiben mussten, zermürbte mich. Wenn ich dann noch sah, wie meine Mutter litt, quälte ich mich mit Schuldvorwürfen. Um uns herum kreisten so viele fremde Menschen, denen ich nicht trauen konnte oder wollte oder beides.

Ich wusste sehr wohl, dass Deutschland sich eine große Last aufgeladen hatte und dass wir nicht in der Position waren, Ansprüche zu stellen, aber in diesen Momenten hatte ich keinen Blick dafür. Und ich hatte große Angst davor, dass diese Übergangs- zu einer Dauerlösung werden würde.

Immer wieder gaben sie uns Papiere voller Fragen, die wir beantworten sollten. Sie waren in deutscher Sprache verfasst, und ich konnte sie nicht lesen, nicht ausfüllen. Aber ich wollte nicht abhängig sein von anderen, weshalb ich niemanden um Hilfe bat. Ich nutzte Google-Translator als persönlichen Übersetzer, aber er konnte mir nicht wirklich helfen. Und weil ich es allein nicht schaffte, resignierte ich. Wie nutzlos hier die englische Sprache war, wie nutzlos die kurdische und die arabische.

Ich konnte auch meiner Lieblingsbeschäftigung nicht mehr nachgehen. Ich hielt eine Zeitung in der Hand und wollte das Kreuzworträtsel lösen. Auch hier war Google-Translator keine große Hilfe. Selbst wenn ich die Frage verstand, die Antwort vermochte ich nicht zu geben. Ich fühlte mich verloren in einer unbekannten Umgebung, ich verkroch mich, verzagte und traute mich kaum, das Lager zu verlassen. Diese ersten Wochen zerrütteten meinen Lebensmut, meine Neugier und all meine Hoffnungen auf einen gelingenden, glücklichen Anfang. Ich sehnte mich nach etwas Privatsphäre und einer wirksamen Behandlung gegen das Hautjucken, das mich quälte und zusätzlich Erinnerungen an die Gefangenschaft wachrief.

Die Enge und die Kälte und mein körperlicher Zustand machten mich wütend, aggressiv, ungeduldig, zu meinem eigenen Entsetzen auch meiner Mutter gegenüber. Dabei wollte ich keinesfalls der sein, zu dem ich hier geworden war: ein unzufriedener Flüchtling, der sein Land verlassen hatte, seine Freunde, in einer Situation, die sich noch mieser anzufühlen schien als die IS-Haft, was natürlich ein lächerlicher Akt der Verdrängung war. Selbst wenn ich in hellen Momenten nach etwas suchte, was mich optimistisch hätte stimmen können – ich fand nichts. Und so richtete sich meine ganze Unzufriedenheit auch gegen den, der mir das alles eingebrockt hatte: gegen mich selbst. Ich flüchtete nicht nur vor der Welt, sondern auch in die Selbstzerstörung. Ich schlief nicht, ich mied den Kontakt zu anderen

Menschen, ich lag den ganzen Tag auf meiner Pritsche und las am Smartphone die schlechten Nachrichten aus meiner Heimat oder bearbeitete die eingebildeten Insektenbrutstätten unter meiner Haut, bis ich blutete. Dass es ausschließlich schlechte Nachrichten aus Syrien gab, sorgte dafür, dass sich meine Depression verschlimmerte. Ich war ein erbärmliches, erschöpftes Häufchen Elend, das nichts zustande brachte. Sicher wusste ich nur eines: Wenn der Krieg in Syrien eines Tages beendet und die Islamisten besiegt wären, würde ich zurückkehren in meine Heimat.

Als meine Brüder 1999 davon sprachen, Syrien verlassen zu wollen, konnte der kleine Junge, der ich damals war, sie nicht verstehen. Wieso wollten sie so weit weg, dachte ich, es ist doch so schön in diesem Land? Und wie sollten sie zurechtkommen, ohne sich zu verlieren in der fremden Welt mit einer unbekannten Sprache und einer anderen Kultur? Nun war auch ich in Deutschland. Und unglücklich und mutlos. Selbstverständlich hatte ich damit gerechnet, auf Schwierigkeiten bei meinem Neuanfang in der Fremde zu stoßen. Ich war 23 Jahre alt und zweifelte daran, dass jemals der Tag käme, von dem an ich frei und selbstbestimmt würde leben können.

Ich vermied es, über meine Probleme zu sprechen, meine Mutter wollte ich damit nicht belasten, und durch meine ablehnende Haltung hatte ich keinen Kontakt zu anderen Flüchtlingen geknüpft. Und wenn ich meine Sorgen und mein Unverständnis über die Entscheidung des Beamten den Behörden gegenüber zeigen würde, fürchtete ich, würden sie antworten: »Dann geh doch wieder zurück in das Land, aus dem du gekommen bist und das dir so fehlt. Es steht dir frei.«

Aber niemand konnte, niemand wollte in diesen gescheiterten Staat mit seinen unfähigen Führern zurück, in ein Land, das immer mehr in Schutt und Asche lag. Ich hatte nur die

Wahl, das alles auszuhalten und zu schweigen – bis in meinem Land wieder Frieden herrscht und ich wieder da hingehen konnte, wo ich mich zu Hause fühle.

2. Al-Shaddadis Befreiung wird auch meine

Ein wenig Hoffnung schöpfte ich erstmals, als ich am 19. Februar hörte, dass die im Vorjahr gegründete Allianz der »Syrischen Demokratischen Kräfte«, überwiegend Truppen der kurdischen Volksverteidigungskräfte YPG, Al-Shaddadi befreit hatte, die Stadt, in der ich ein Jahr zuvor noch eingekerkert gewesen war. Zum ersten Mal in Deutschland fühlte ich so etwas wie Glück, weil ich wusste, was es für die Menschen bedeutete, die bis dahin in einem Gefängnis gelebt hatten und nun wieder Freiheit genießen konnten. Das gleiche Gefühl überkam mich später bei der Nachricht, dass Daesh auch aus Tal Hamis und Manbidsch vertrieben war. Ich atmete buchstäblich mit den Frauen auf, die sich nach der Befreiung im August 2016 durch kurdische Kräfte des Niqabs entledigten, und ich lachte mit den Männern, die sich den Bart abrasierten. Und ich freute mich für Al-Tabka, als dort am 10. Mai 2017 die glückliche Stunde der Befreiung schlug. Wenn sich endlich auch Al-Raqqa der Unterdrücker entledigt haben wird, dann sind all jene Städte befreit, in denen ich in Unfreiheit ausharren musste.

In diesen Tagen vollzieht sich, was al-Adnani in einer Rede von Gott gefordert hatte, falls er und seine Anhänger Allah nicht genügten. Ich hatte ihn in Al-Tabka aus dem Radio der Wächter gehört: »Heiliger Gott, töte uns alle, stürze unsere Flagge und mache unsere Feinde unnachsichtig uns gegenüber, wenn wir nicht wahrhaftig sind.« Al-Adnani ist tot, die Flagge ist mehrfach gefallen, sie haben Stadt um Stadt verloren. Aber noch ist es nicht vorbei.

Als Al-Shaddadi befreit war, erinnerte ich mich an meine Versprechen aus den beiden Neujahrsnächten: dass ich gegen den IS kämpfen würde, sollte ich jemals die Sonne wiedersehen.

Von diesem Tag im Februar 2016 an glaubte ich daran, dass diese Terrorbande besiegt werden kann. Das wäre nicht nur gut für Syrien und die umliegenden Staaten, sondern auch für Europa. Denn solange der IS und andere radikale islamistische Organisationen bestehen, so lange werden sie ihre Anhänger motivieren, ihren Terror auch außerhalb des von ihnen besetzten Gebiets auszuüben. Die Terroristen in Syrien auszuschalten wäre ein großer Erfolg, um den Terrorismus weltweit einzudämmen. Die Befreiung von Al-Shaddadi erschien mir als vielversprechender, ermutigender Schritt dahin.

An diesem 19. Februar hörte ich auf, mich ausschließlich mir und meiner desolaten Lage zu widmen. Endlich traute ich mich, das Zelt zu verlassen. Ich sah die sauberen Plätze, Straßen, Krankenhäuser und Bahnhöfe meines neuen Wohnorts; ich lernte zu schätzen, wie gut alles in diesem Land organisiert ist. Ich stieg in einen Zug oder eine Tram, um meine Kreise auszudehnen. Es erinnerte mich an die Tage, an denen ich per Bahn von Qamishlo nach Aleppo gefahren war, wo ich studierte. Das war die beste Zeit meines Lebens gewesen.

Ich begann, alles zu vergleichen: Die Züge in Deutschland sind schöner, dafür riechen und schmecken Früchte und Gemüse in Deutschland nicht so aromatisch wie zu Hause. Die Erkenntnis amüsierte mich, dass die meisten Deutschen offenbar gern zur Arbeit gehen, während wir in Syrien das eher als Pflicht ansehen und die Unternehmer dort sich weniger bemühen, den Arbeitsplatz angenehm zu gestalten. In Deutschland ist das Leben geregelt, alles ist organisiert, während es in Syrien eher zufällig geschieht, weitgehend ungeplant. Also bemühte ich mich von nun an nach Kräften, pünktlich zu sein. Ich freute mich darüber, jeden Tag eine saubere Jeans anziehen zu können. Ich begann mich für die Deutschen und ihre Sprache zu interessieren, für die Frage, wann ich »Sie« sagen muss und »Du« sagen darf, ob ich eine E-Mail mit »Hallo« eröffnen darf oder »Lieber Herr Müller« oder »Sehr geehrte Frau Maier« schreiben muss.

Nur wenn ein Helikopter über meinem Kopf kreist, zucke ich bis heute zusammen. Der Krieg in Syrien ist nur vermeintlich weit weg, und Geräusche wie die eines Hubschraubers oder die Bilder, die ich im Fernsehen aus meiner Heimat sehe, machen mich traurig. Und jedes Mal, wenn in Europa ein Anschlag geschieht, den die Dschihadisten für sich reklamieren, muss ich an das denken, was sie mir im Gefängnis erzählt haben.

So begann ich, mich wieder mit dem IS zu beschäftigen, mit Salafisten und Dschihadisten. Dabei suchte ich nicht in meiner syrischen Vergangenheit, sondern in meiner deutschen Gegenwart. Ich begann, im Internet zu recherchieren, sammelte Informationen über europäische Dschihadisten und war überrascht, wie viele von ihnen inzwischen nach Syrien oder in den Irak gezogen waren. Und ich suchte nach Hinweisen auf mir bekannte IS-Mitglieder, Folterer und Mörder. Zu meiner eigenen Überraschung sollte ich bald einige von ihnen in Europa entdecken.

Vier Wochen nach meiner »Wiedergeburt«, am 22. März 2016, explodierten in Brüssel Bomben, und ich fand im Internet ein Propagandavideo des IS. In den Film war ein Bild vom Flughafen Köln/Bonn montiert, vor dem ein Mann in IS-Kampfkleidung stand. Die Aufforderung war unmissverständlich: »Was deine Brüder in Belgien schafften, schaffst du auch!« Ein zweites Bild zeigte einen IS-Kämpfer vor dem brennenden Bundeskanzleramt.

Es war verrückt: Vor einigen Wochen hatte ich angenommen, ich sei in einem sicheren europäischen Land angelangt.

Nun vernahm ich auch hier die Stimmen derer, die in meiner Heimat alles zerstört haben: »*Allahu Akbar!*« Ausgerechnet dieser Ruf der Nihilisten trug dazu bei, meine Lebensgeister zu wecken. Ich spürte, ich habe wieder eine Aufgabe, eine Zukunft. Von diesem Tag an überlegte ich, wie ich den deutschen Staatsschützern im Kampf gegen die Terroristen helfen könnte. Ich wollte den Deutschen, den Europäern sagen, dass es auch für sie keinen Grund gab, sich zu sicher zu fühlen. Dass der Terror uns alle treffen kann und dass wir deshalb gemeinsam dagegen aufstehen sollten.

3. Wie Dschihadisten den Koran verstehen

In den Gefängnissen von Daesh hatte ich lernen müssen, dass dessen »Soldaten« sich mit einem makabren Spruch begrüßen: »Möge Gott deinen Körper zum Wohle unserer Religion in kleine Stücke reißen.« Die gönnerhafte Antwort: »Das wünsche ich dir auch, Bruder.«

Denken wir heute an den Islam, fallen uns zuerst fortgesetzte Kriege und Bürgerkriege ein, vor allem aber militante Salafisten und Selbstmordanschläge. Vielen Europäern scheint dabei nicht bewusst zu sein, dass die meisten Opfer der Dschihadisten Muslime sind: in Syrien und im Irak, auf den Philippinen und in Afghanistan, in Indien, Pakistan und Indonesien, in Somalia und Mali, im Jemen, in Ägypten, Libyen, Algerien und Tunesien. Sunniten hassen Schiiten und umgekehrt; Salafisten und Dschihadisten hassen alle Muslime, die ihren Glauben weniger antiquiert leben wollen als sie; und strenggläubige Muslime jeglicher Couleur halten es bis heute für richtig, dass sterben muss, wer die Umma verlassen will, die Ehe bricht oder die Ehre der Familie beschmutzt. Eine blutige Spur zieht sich durch muslimische Länder.

Wahr ist auch: Keine andere Religion bringt derzeit so viele Mörder hervor wie der Islam; die Mehrzahl der Attentäter sind Muslime, und ihr Terror ist islamistisch, auch wenn der türkische Präsident Recep Tayyip Erdoğan diese Gleichung als Beleidigung aller Muslime verstehen will. Es ist nun einmal so: Die islamistischen Terroristen sind Muslime, die dem Irrglauben anhängen, Allah werde ihre Untaten belohnen, sogar gegen unschuldige Menschen gerichtete.

Die bekannteste Organisation dieser Art ist der »Islamische Staat«, der behauptet, alle Muslime zu repräsentieren. Aber der IS repräsentiert nur sich selbst, er ist eine radikale Organisation, die das Gesetz der Scharia einsetzen will, sich auf Allah beruft und selektiv auf verschiedene Textstellen des Korans. Und zwar auf jene Offenbarungen, die Mohammed in den Jahren nach 622 empfing, da er mit seinen Anhängern Mekka verlassen hatte und nach Medina gezogen war. Fundamentalisten betrachten die folgenden zehn Jahre bis zum Tod des Propheten als maßgebend für den Islam. Vor der *Hidschra*, dem Auszug nach Medina, waren dem Propheten nach 13 Jahren des Missionierens in Mekka nur knapp hundert Männer in einem losen Verbund gefolgt; hier hatte Mohammed Toleranz gegenüber anderen, älteren und größeren Religionen gepredigt, hier hatte er seinen Anhängern verboten, Gewalt anzuwenden. Zahlenmäßig unterlegen und deshalb bedrängt, floh er nach Medina. Dort wuchs seine Gemeinde schnell, seine Anhänger erwarteten Regeln und Weisungen, die über den Glauben hinausgingen. In Medina festigte Mohammed seine Herrschaft, die sich auf ein göttliches Rechtssystem (Scharia) stützte und die Solidarität und Einheit aller Gläubigen (Umma) beschwor. Nichtgläubige, Juden und Christen hatten die Wahl, sich bekehren zu lassen oder die Oase Medina zu verlassen. Andernfalls hatten sie mit dem Tod zu rechnen.

Der Prophet war in jener Zeit nicht nur geistiges und »staatliches« Oberhaupt, sondern auch militärischer Führer. Seine Krieger marschierten erfolgreich gegen Mekka und eroberten die umliegenden Landstriche.

An diese Zeit des Aufbruchs und der Expansion wollen die Islamisten von Daesh anknüpfen. Für sie ist es das erste goldene Zeitalter des Islam. Anders als die Blütezeit im 13. Jahrhundert, in der Philosophie, Architektur, Medizin, Natur- und andere Wissenschaften gediehen und weitgehend Toleranz in religiösen Fragen herrschte, regierte damals die Gewalt.

Genau wie heute, da Organisationen wie der IS ihren Terror in die Welt tragen. Mit Bombenattentaten und Selbstmordanschlägen versuchen sie, zunächst im Irak und in Syrien das nächste »goldene Zeitalter« zu erzwingen. Ihr Furor richtet sich auch gegen Glaubensbrüder, die sie bezichtigen, vom wahren Islam – so wie sie ihn verstehen – abgefallen zu sein. Und von denen gibt es viele. Weder stimmen alle Muslime den barbarischen Akten des IS zu, noch praktizieren alle als Muslime geborenen Menschen ihre Religion auf dessen Weise. Dennoch erhalten die Salafisten – ob gewalttätig oder nicht – Zulauf, und der Widerspruch aus der arabischen Welt gegen die barbarischen Akte könnte lauter sein, vor allem der aus den Moscheen. Dabei sollten gerade die Moscheen aktiv dazu beitragen, zumindest den militanten Salafisten unter ihnen ihr hinterhältiges Handwerk zu legen.

Derzeit wächst gerade unter jungen Muslimen die Zahl derer, die eine radikale, wortwörtliche Befolgung und Auslegung der Schriften akzeptieren. Neben Sure 9:5[29], die als »Schwertvers« bekannt ist und nach der klassischen Koranexegese alle anderen Verse aufhebt, die vom Umgang mit Nichtmuslimen handeln, verlangt die Sure 9:14 den Krieg gegen die Andersgläubigen: »Kämpft gegen sie! Allah wird sie durch eure Hände strafen, sie in Schande stürzen, euch zum Sieg über sie verhelfen und die Brüste von gläubigen Leuten heilen.«

Die europäischen Übersetzungen der Koransprüche sind meistens beschönigend formuliert, man könnte es auch zeitgemäß nennen. Das mag als Anpassung werten, wer will, als aufgeklärte Interpretation der Überlieferung, aber Dschihadisten lesen nicht »Kämpft gegen sie«, sondern sie lesen, was im Original steht: »Tötet sie!« En passant liefert Sure 9:14 den Mördern Exkulpation, denn nicht sie sind es, die töten, sondern Allah, der sich ihrer Hände bedient.

Beschönigend oder zeitgemäß übersetzt ist auch Sure 8:12: »Als dein Herr den Engeln eingab: ›Gewiss, ich bin mit euch. So festigt diejenigen, die glauben! Ich werde in die Herzen derer, die ungläubig sind, Schrecken einjagen. So schlagt oberhalb der Nacken und schlagt von ihnen jeden Finger!‹«

Ein IS-Scharfrichter, der diese Stelle des Korans in arabischer Sprache vor sich hat, liest, wo im Deutschen von einem Schlag oberhalb des Nackens die Rede ist: »*Idribu Al-Anaaq*«. Die wörtliche Übersetzung ist eindeutig, sie bedeutet »Kopf ab«! Und das befolgt der Islamist dann auch und wähnt sich dabei begleitet von einem wohlgefälligen Lächeln Allahs.

Auch die Übersetzung der Sure 47:4 ist zeitgemäß interpretiert: »Wenn ihr auf diejenigen, die ungläubig sind, (im Kampf) trefft, dann schlagt den Hals. Wenn ihr sie schließlich schwer niedergeschlagen habt, dann legt (ihnen) die Fesseln fest an. Danach (lasst sie) als Wohltat frei oder gegen Lösegeld, bis der Krieg seine Lasten ablegt. Dies (soll so sein)! Und wenn Allah wollte, würde Er sie wahrlich (allein) besiegen. Er will aber damit die einen von euch durch die anderen prüfen. Und denjenigen, die auf Allahs Weg getötet werden, wird Er ihre Werke nicht fehlgehen lassen.« Wo hier »schlagt den Hals« steht, verlangt das Original »*Fa darbu Al-riqab*«, was mit Schlachtung übersetzt werden müsste. Der folgende Satz bezieht sich nicht auf den ersten. Er sagt generell, dass Ungläubige hart anzufassen sind, sie sind zu fesseln, zu erpressen oder zu töten.

Warum ziehen Muslime in die Städte, die Daesh beherrscht? Weil Sure 9:41 ihnen befiehlt: »Rückt aus, leicht oder schwer, und müht euch mit eurem Besitz und eurer eigenen Person auf Allahs Weg ab. Das ist besser für euch, wenn ihr (es) nur wisst.«

Dschihadisten gehorchen diesem Befehl, den Mohammed in einer anderen Zeit in einer konkreten Situation ausgesprochen haben mag. Sie sind bereit, ihren eigenen Interessen abzuschwören und sich auf den Weg zu begeben, den sie für den Weg Allahs halten – inklusive Kopfabschlagen.

Das gilt auch für Sure 8:60: »Und haltet für sie bereit, was ihr an Kraft und an kampfbereiten Pferden (haben) könnt, um damit den Feinden Allahs und euren Feinden Angst zu machen, sowie anderen außer ihnen, die ihr nicht kennt; Allah aber kennt sie! Und was immer ihr auf Allahs Weg ausgebt, wird euch in vollem Maß zukommen, und es wird euch kein Unrecht zugefügt.«

Wir nennen sie Terroristen, aber sie erfüllt ihr Tun mit Stolz. Wegen dieser Sure zeigen sich IS-Führer gern zu Pferde. Sie wollen damit demonstrieren, dass sie alles einsetzen und keine Kosten scheuen, damit Allah mit ihnen zufrieden sein kann.

Und wenn wir ihre Strafen als unmenschlich betrachten, dann rührt sie das nicht, denn Allah hat auch das alles so bestimmt. In 5:33 heißt es: »Der Lohn derjenigen, die Krieg führen gegen Allah und Seinen Gesandten und sich bemühen, auf der Erde Unheil zu stiften, ist indessen (der), dass sie allesamt getötet oder gekreuzigt werden oder dass ihnen Hände und Füße wechselseitig abgehackt werden oder dass sie aus dem Land verbannt werden. Das ist für sie eine Schande im Diesseits, und im Jenseits gibt es für sie gewaltige Strafe.«

Der IS befolgt auch diese Sure wörtlich, nicht nur gegenüber Ungläubigen, sondern auch gegenüber Muslims, die angeblich Allahs Befehle verletzt haben: Während ich in »Sektion 11« gefangen war, schickte der IS einen Dieb aus Al-Raqqa in eine andere Stadt innerhalb ihres Herrschaftsgebiets, einen Drogendealer verurteilte ein »Richter« zum Abschlagen des linken Fußes und der rechten Hand (er hätte auch umgekehrt entscheiden können) und unter den Köpfen, die der IS am Hauptplatz auf die Stangen des eisernen Zauns aufspießte, befanden sich auch Muslime. In Al-Shaddadi kehrte einer meiner Zellengenossen, ein Sunnit aus Al-Hasaka, Vater von zwölf Kindern, den der IS an einem Kontrollpunkt festgenommen hatte, nach fünf Minuten »Verhandlung« mit hängendem Kopf und gebeugtem Rücken zurück. Sie hatten ihn zum Tode verurteilt. Wofür? Einer seiner Söhne war Soldat in Assads Armee. Der Vorwurf richtete sich direkt gegen den Vater, der das nicht verhindert hatte: »Du hast deinen Sohn zur syrischen Armee geschickt.« (Tatsächlich war der Sohn vermutlich von der Armee irgendwo aufgegriffen und zum Militärdienst verpflichtet worden.)

Das schnelle »Urteil« ohne weitere Anhörung des Beklagten erscheint uns als Willkür. Sie aber verrichten ungerührt, was sie für ihre religiöse Pflicht erachten. Sie holten den Mann am Freitag nach der Urteilsverkündung vor dem Abendgebet ab und erschossen ihn danach. Er war der Erste, an dem einer der Aufseher in Al-Shaddadi, der Emir aus Tunesien Abu Bilal al-Tunisi, seine neue Waffe ausprobierte – die Glock, die er auf dem Markt in Al-Shaddadi gekauft und uns, seinen Gefangenen, durch das kleine Zellenfenster gezeigt hatte.

»Und wisst, dass euer Besitz und eure Kinder eine Versuchung sind und dass es bei Allah großartigen Lohn gibt!« (Sure 8:28) Richtig verstanden, heißt das: Geld, Kinder und Familie sind ohne Wert im Vergleich zum Einsatz für Allah. Noch deutlicher wird das in Sure 6:32: »Das diesseitige Leben ist nur Spiel und Zerstreuung. Die jenseitige Wohnstätte ist für diejenigen, die gottesfürchtig sind, wahrlich besser. Begreift ihr denn nicht?«

Es ist die Aufforderung, alles hintanzustellen. Und genau das tun die Radikalen. Sie verlassen ihre Familien, um Allahs Ruf zu folgen. Manche muten ihren Frauen und Kindern auch ein Leben beim IS zu. Der Vorteil: Nach dem eventuellen Tod des Ernährers ist für die Familie gesorgt; ein »Bruder« wird die Frau heiraten – unmittelbar. Sie hat keine Wahl, sie muss. Rückkehr ist ausgeschlossen, der Versuch wegzulaufen wird mit dem Tod bestraft.

Aber halt, mögen diejenigen rufen, die ihre Religion von den Mördern missbraucht sehen, steht nicht auch in der Bibel geschrieben: »Welcher des Herrn Namen lästert, der soll des Todes sterben; die ganze Gemeinde soll ihn steinigen. Wie der Fremdling, so soll auch der Einheimische sein; wenn er den Namen lästert, so soll er sterben.« Ja, so steht es im 3. Buch Mose, Vers 24:16.

Christen und Muslims sind also gleich gewalttätig? Sind sie nicht. Die einen waren gewalttätig im Namen Gottes. Die andern sind es bis heute. Unter Christen wird schon lange nicht mehr gesteinigt. Kein Christ, der bei Verstand ist, lebt heute nach derartigen mittelalterlichen Gesetzen, das Neue Testament ist maßgebend, in dem der gütige Sohn des einst zornigen Gottes die Menschen anleitet. Dschihadisten jedoch glauben noch immer, mit Gottes Segen morden zu dürfen, ja: zu müssen; die Religion rechtfertigt aus ihrer Sicht bis heute Gewaltanwendung, übrigens auch gegen Frauen, die unter radikalen Muslimen bis heute diskriminiert und misshandelt, zwangsverheiratet und gesteinigt werden.

Natürlich kann, wer will, im Koran auch friedliche Verse finden: »O ihr Menschen, Wir haben euch ja von einem männlichen und einem weiblichen Wesen erschaffen, und Wir haben euch zu Völkern und Stämmen gemacht, damit ihr einander kennenlernt. Gewiss, der Geehrteste von euch bei Allah ist der Gottesfürchtigste von euch. Gewiss, Allah ist Allwissend und Allkundig.« (Sure 49:13)

Oder Sure 18:29: »Und sag: (Es ist) die Wahrheit von eurem Herrn. Wer nun will, der soll glauben, und wer will, der soll ungläubig sein.« Allerdings wird es, so die Prognose, den Ungläubigen nicht gut ergehen: »Gewiss, Wir haben den Ungerechten ein Feuer bereitet, dessen Zeltdecke sie umfangen hält. Und wenn sie um Hilfe rufen, wird ihnen mit Wasser wie geschmolzenem Erz geholfen, das die Gesichter versengt – ein schlimmes Getränk und ein böser Rastplatz!«

Am schönsten und kürzesten in diesem Sinne ist Sure 109:6: »Euch eure Religion und mir meine Religion.«

Solche Verse ermöglichen eine tolerante Auslegung des Islam. Aber leider haben derzeit die kriegerischen Verse Konjunktur. Auf der ganzen Welt wird im Namen des Islam gemordet und gebombt. Seit den Angriffen auf die Twin Towers in New York im September 2001 schlagen die Dschihadisten auch in Europa zu:

Am 23. Oktober 2002 stürmen rund fünfzig tschetschenische islamistische Separatisten, darunter 19 verschleierte, schwarz gekleidete Frauen (schwarze Witwen), das Moskauer Dubrowka-Theater und bringen 700 Menschen in ihre Gewalt. Beim Sturm nach vier Tagen sterben alle Attentäter und 129 Besucher – erstickt an einem von den Einsatzkräften ins Innere geleiteten Betäubungsgas.

Im Februar und Oktober 2004 verüben militante Islamisten Bombenanschläge in Moskaus Metro, 41 bzw. zehn Tote sind zu beklagen.

Am 1. September 2004 besetzen tschetschenische Terroristen eine Grundschule in Beslan (Russland). Wieder stürmen Sicherheitskräfte, es gibt bis zu 400 Tote.

Am 11. März 2004 töten Terroristen in Madrid bei einer Serie von Bombenanschlägen auf vier Nahverkehrszüge 191 Menschen und verletzen 1800 weitere. Die Täter sollen sich am Terrornetzwerk Al-Qaida orientiert haben.

Am 2. November 2004 schießt Mohammed Bouyeri in Amsterdam den Filmemacher Theo van Gogh nieder, Regisseur des Films »Submission« (Unterwerfung), der von der Unterdrückung von Frauen im Islam handelt. Anschließend schneidet er ihm in aller Ruhe die Kehle durch. Mit einem anderen, kleineren Messer befestigt Bouyeri schließlich ein Schreiben in holländischer Sprache an van Goghs Brust: »Der Islam wird siegen durch das Blut seiner Märtyrer. Sie werden sein Licht in jede dunkle Ecke dieser Erde verbreiten und das Übel, wenn nötig, mit dem Schwert in sein dunkles Loch zurücktreiben. Dieser Kampf unterscheidet sich von allen bisherigen. Die ungläubigen Fundamentalisten haben ihn begonnen, und die wahren Gläubigen werden ihn, so Gott will, jetzt beenden. Die Vertreter des Unrechts werden keine Gnade erfahren, das Schwert wird gegen sie erhoben. Keine Diskussion, keine Demonstrationen, kein Umzug, keine Bittschriften. Lediglich der Tod wird die Wahrheit von den Lügen trennen.«[30]

In London kommt es am 7. Juli 2005 zu weiteren Anschlägen, auf drei U-Bahn-Linien und einen Bus; 52 unschuldige Menschen sterben, Hunderte werden verletzt. Alle vier Attentäter (sie wurden getötet) lebten in England. Eine Gruppe namens »Geheimorganisation Al-Qaida in Europa« will diese Morde als Vergeltung für die britischen Militäreinsätze in Afghanistan und im Irak verstanden wissen. Der arabische Nachrichtensender *Al Jazeera* zeigt ein vor der Tat aufgenommenes Video von einem der Täter pakistanischer Herkunft, Mohammad Sidique Khan: »Bis wir uns sicher fühlen, seid ihr unser Ziel. Solange ihr nicht aufhört, meine Leute zu bombardieren, zu vergasen, einzusperren und zu foltern, werden wir kämpfen. Wir sind im Krieg, und ich bin ein Soldat.«[31]

Im August 2006 versuchen Muslime (die Haupttäter, darunter zwei Konvertiten, waren in Großbritannien geboren) in London, in Trinkflaschen verborgenen Flüssigsprengstoff an Bord von Flugzeugen nach Kanada und in die USA zu schmuggeln, um sie in der Luft explodieren zu lassen. Einer der Täter, Umar Islam, soll nach seiner Festnahme gesagt haben: »Es gibt viel mehr Leute wie uns, und viel mehr wie mich, die bereit sind zuzuschlagen, bis das Gesetz Allahs auf dieser Erde gilt.«[32]

2007 können Anschläge in London und Glasgow verhindert werden; eine Autobombe war vor einem Nachtclub und eine am Flughafen platziert worden.

Dann kommt es mehrfach zu gezielten Angriffen gegen Personen. Roshonara Choudhry sticht am 14. Mai 2010 ihren Wahlkreisabgeordneten nieder, Stephen Timms. Sie will ihre Aktion als Vergeltung für den Irakkrieg verstanden wissen, dem Timms zugestimmt hatte.

Am Flughafen in Frankfurt/Main erschießt Arid Uka aus dem Kosovo im März 2011 zwei US-Soldaten.

Im Mai 2013 ermorden zwei britische Konvertiten nigerianischer Abstammung den Soldaten Lee Rigby vor seiner Kaserne im Londoner Stadtteil Woolwich. Sie fahren ihn gezielt mit einem Auto an und metzeln den Verletzten anschließend mit Messern und einem Metzgerbeil nieder. Die Täter nennen sich »Soldaten Allahs«. Sie lassen sich anschließend von Passanten filmen, einer von ihnen, Michael Adebolajo, ruft: »Auge um

Auge, Zahn um Zahn. Es tut mir leid, dass auch Frauen das ansehen mussten. Aber in unserem Land müssen Frauen dasselbe ebenfalls ansehen. Ihr werdet nie sicher sein.«[33]

Aus Sicht der Attentäter zielten die Angriffe in den Jahren nach 2001 zunächst gegen »imperialistische Staaten«, die 2003 mit dem Angriff auf den Irak die bestehende »Ordnung« zerstört und die Länder in Chaos und Anarchie gestürzt hätten. In Europa traf es vor allem Frankreich und Großbritannien: In einer geheimen Übereinkunft (dem Sykes-Picot-Abkommen) verfügten die beiden Kolonialmächte im Mai 1916, die Grenzen im Nahen Osten neu zu ziehen – nach ihren eigenen machtpolitischen Interessen. Nach dem Zweiten Weltkrieg war erneut Großbritannien federführend bei der Schaffung neuer Staaten bzw. neuer Staatsgebiete auf dem Reißbrett. Beide Länder beteiligten sich später am Irakkrieg sowie an Einsätzen in Libyen.

In den letzten Jahren richteten sich die Angriffe verstärkt gegen die westliche Kultur, die Islamisten verdammen und in einer von ihnen bestimmten Welt nicht dulden. In Paris trifft der Angriff Anfang 2015 eine Zeitung, *Charlie Hebdo*; die Täter und ihre Brüder im Geiste werfen dem Satiremagazin Gotteslästerung vor. Die Täter hatten ihre Ausbildung im Jemen erhalten, in einem Trainingslager von Al-Qaida.

Der Angriff auf den Musikclub »Bataclan« in Paris am 13. November 2015 zielt auf die ungezwungene westliche Lebensart. Spätestens jetzt weiß »der Westen«, dass jedes Stadion ein Ziel sein kann, jede Bar und jede Massenveranstaltung.

Der algerische Schriftsteller Boualem Sansal schrieb in seinem 2015 erschienenen Buch »2084. La fin du monde«,[34] auch in Europa breite sich ein kriegerischer Islam aus. Er prophezeite muslimische Glaubensdiktaturen in arabischen Staaten und der Türkei. Und die Attentate, so der sehr weitsichtige Sansal, würden sich nicht auf Paris oder Brüssel beschränken, sondern »das wird bald auch in Deutschland zu spüren sein«.[35] Er sollte recht behalten.

Allein binnen meines ersten Jahres in Deutschland kam es in Europa und in den USA zu zahlreichen Anschlägen:

7. Januar 2016: Angriff mit einem Messer und einer Sprengstoffweste (Attrappe) auf die Polizeiwache im 18. Arrondissement in Paris. Der Täter stirbt.

26. Februar: Messerattacke in Hannover auf einen Polizeibeamten; die Tatverdächtige ist mutmaßliche Sympathisantin des »Islamischen Staats«.

22. März: Zwei tödliche Anschläge in Brüssel durch Selbstmordattentäter im Flughafen Zaventem und in der Metrostation Maelbeek. Der »Islamische Staat« bekennt sich zu den Anschlägen, bei denen 38 Menschen sterben und 340 Verletzungen davontragen.

16. April: Anschlag auf einen Tempel der Sikh-Gemeinde in Essen. Es gibt drei Verletzte. Die Tatverdächtigen, Sympathisanten des »Islamischen Staats«, sind inzwischen zu langen Haftstrafen verurteilt worden.

12. Juni: Schusswaffenanschlag auf einen Nachtclub in Orlando (USA), der vorwiegend von Homosexuellen besucht wird. Der »Islamische Staat« übernimmt auf ihm nahestehenden Webseiten die Verantwortung für die Tat. Zu beklagen sind 49 Tote und mindestens 53 Verletzte.

13. Juni: Mordanschlag auf einen Polizisten und eine Polizeisekretärin in Magnanville (Frankreich). Der Täter bekennt sich auf Facebook zum »Islamischen Staat«, der am Folgetag auf ihm nahestehenden Webseiten die Verantwortung übernimmt. Zwei Menschen sterben.

14. Juli: Ein LKW fährt auf der Promenade des Anglais in Nizza (Frankreich) in eine Menschenmenge. Der »Islamische

Staat« reklamiert den Anschlag für sich. Es gibt 86 Tote und mehr als 70 Verletzte.

16. Juli: Angriff eines Flüchtlings aus Afghanistan mit einem Beil und einem Messer auf Passagiere einer Regionalbahn bei Würzburg (Bayern). Der »Islamische Staat« leitete den Täter an, der von Polizisten erschossen wird, nachdem er fünf Menschen verletzt hat.

24. Juli: Selbstmordanschlag mittels einer Rucksackbombe durch einen syrischen Flüchtling in Ansbach (Bayern). Der Attentäter ist Sympathisant des »Islamischen Staats« und wird ebenfalls von diesem angeleitet. Der Täter stirbt, 14 Gäste eines Weinlokals werden verletzt.

26. Juli: Messerangriff in einer Kirche in Saint-Étienne-du-Rouvray (Frankreich), den der »Islamische Staat« für sich reklamiert. Die beiden Täter und ein Priester sterben, ein Kirchenbesucher wird lebensgefährlich verletzt.

6. August: Attacke mit einer Machete auf zwei Polizistinnen vor einer Polizeistation in Charleroi (Belgien). Der »Islamische Staat« übernimmt die Verantwortung für die Tat. Der Angreifer stirbt, die Polizistinnen erleiden Verletzungen.

17. September: Messerattacke in einem Einkaufszentrum in St. Cloud (Minnesota, USA). Der »Islamische Staat« übernimmt die Verantwortung. Der Angreifer verletzt neun Passanten, bevor ein Polizist ihn erschießt.

19. Dezember: Angriff mit einem Sattelschlepper samt Anhänger auf den Weihnachtsmarkt auf dem Berliner Breitscheidplatz. Der »Islamische Staat« bekennt sich zur Tat. Zu beklagen sind 12 Tote und 62 Verletzte. Am 23. Dezember töten italienische Polizisten den Täter, den Tunesier Anis Amri, in der Nähe von Mailand, als er sich mit Waffengewalt einer Personenkontrolle entziehen will.[36]

Im Laufe dieses ersten Jahres konnte ich mich der Erkenntnis nicht verschließen: Wohin ich auch gehe, der IS ist schon da. Ich sah radikale Fundamentalisten unbehelligt auf deutschen Straßen den Koran verteilen und für den IS werben und fragte mich, wie das möglich sein konnte; ich hörte von Predigern, die in irgendwelchen Hinterhofmoscheen zum Dschihad aufriefen; ich las von einheimischen jungen Männern und auch Frauen, die sich dem IS anschlossen oder seinen Kriegern »zu Diensten« waren. Und die, wenn sie später in ihre Heimat zurückkehrten, auf milde Urteile hoffen durften.

Ich fragte mich, warum Deutschland ins Fadenkreuz der Terroristen geraten war und was junge Männer und Frauen, darunter auch Konvertiten, dazu brachte, sich radikalen Kräften anzuschließen. Deutschland war in der arabischen Welt keine Kolonialmacht, lehnte 2003 die Teilnahme am Irakkrieg ab und beteiligte sich auch nicht an den Militäraktionen gegen Libyen. Rachegedanken können also kaum dazu geführt haben, dass auch Deutschland inzwischen ein Ziel von islamistischen Terroristen ist. Es liegt vielmehr daran, dass die Islamisten Deutschland zu den Gebieten zählen, auf die sie Anspruch erheben – weil hier Muslime leben. In ihren Videos haben die Propagandisten von Daesh das auch so formuliert. Das »Kalifat« sei die einzige und rechtmäßige staatliche und religiöse Islamistenorganisation, der Muslime zu folgen hätten, wo auch immer sie lebten.

Der Universalitätsanspruch des Islam und die Verdammung der Ungläubigen ist keine Erfindung des IS oder anderer radikaler Gruppierungen, sondern er stammt direkt vom Propheten. Mohammed führte Kriege, um seine Macht auszubauen und zu festigen – mit dem Ziel der Weltherrschaft. Dieses Ziel versuchen die Islamisten nun, beinahe 1400 Jahre nach Mohammeds »fruchtbarster« Zeit, erneut zu erreichen, mit aller Gewalt und überall auf der Welt.

4. Die Europäer beim IS

Drei Gruppen von Dschihadisten bedrohen die europäischen Gesellschaften als potenzielle Attentäter: Menschen, die in Europa aufgewachsen sind, sich aber mit dieser Gesellschaft nicht (mehr) identifizieren können; Europäer, die eine Weile unter den Mördern des »Islamischen Staats« gelebt haben und dann nach Europa zurückkehren; Eiferer, die Mitglieder islamistischer Terrorgruppen waren und inzwischen wie ich Asyl gesucht und gefunden haben.

Welche Gefahren durch einheimische Attentäter drohen, haben wir gesehen. Aber wer sind die europäischen Männer und Frauen, die sich Daesh anschließen? Als ich darüber nachzudenken begann, fiel mir ein Mann ein, den ich im Gefängnis in Al-Bab kennengelernt hatte. Er nannte sich Abu Youssef al-Almani, war Mitte dreißig, hatte blondes Haar und trug einen langen, schütteren, rötlichen Bart. Er war deutlich als Europäer zu erkennen, als er das erste Mal durch das Fensterchen in unsere Zelle blickte. Es war offenbar sein erster Rundgang durch das Gefängnis, er wirkte beeindruckt von der großen Zahl der Gefangenen und betrachtete uns, als wären wir eine seltene Attraktion.

Anders als die meisten der ausländischen Gaffer gehörte Abu Youssef zu denen, die auch mit uns sprachen. Besser gesagt: Er redete auf uns ein, in schlechtem Arabisch. Er sprach vom Islam und von der Scharia und glaubte offensichtlich, uns bekehren zu können. Er erzählte, dass seine Frau Fernsehen im ganzen IS-Land verbieten wolle, weil alle Sender falsch und negativ über den IS berichteten, die Gläubigen vom Gottesdienst abhielten und überall die Gesichter von Frauen zu sehen seien. (Am 18. Mai 2016 verbot der IS das Fernsehen tatsächlich. Weil sie das Signal nicht abschalten konnten, regelten sie die

Sache auf ihre Weise: Sie wiesen ihre Anhänger an, Fernsehgeräte und Satellitenanlagen zu zerstören. Manche filmten sich dabei und stellten den Beweis ihrer Glaubenstreue ins Netz.) Er nannte seine Frau Um-Youssef, Mutter von Youssef, was darauf hindeutete, dass sie einen Sohn hatten. Ich sollte ihn später, nach meiner Freilassung, erstmals zu Gesicht bekommen. Abu Youssef, der Vater von Youssef, stammte offenbar aus Deutschland, darauf deutete der Zusatz seines Kampfnamens hin: »al-Almani«. Woher seine Frau stammte, verriet er mit keinem Wort. Ich nahm an, sie müsse aus Syrien stammen. Ausländische IS-Männer heirateten häufig syrische Mädchen, deren Familien nicht davor zurückschrecken, ihre Töchter mit Terroristen zu vermählen. Möglich ist aber auch, dass sie Abu Youssef auf seiner Reise in den Dschihad begleitet hatte – mit ihrem Sohn.

Wir Gefangenen fragten uns damals, was diesen Mann aus Deutschland in diese verkommene Gegend geführt haben mochte. Wenige Wochen nach meiner Freilassung wunderte ich mich noch mehr. Ich sah ein Propagandavideo des IS, im Oktober 2015 vom IS-Medienbüro Aleppo ins Netz gestellt. Titel des knapp zehnminütigen, vermutlich in Manbidsch hergestellten Videos: »Eid Mujahid«. Hauptdarsteller: Abu Youssef al-Almani. Der Film zeigt ihn als Soldaten mit Kalaschnikow, der während einer Fahrt im Auto den Nashids eines IS-Radiosenders lauscht, nicht von Instrumenten begleiteten Gesängen, die zum Dschihad gegen die Ungläubigen aufrufen. Man sieht ihn auch beim Einkaufen in Manbidsch (Botschaft: Alles ist zu haben, auch internationale Marken) und wie er von der »Arbeit« an der Front nach Hause kommt, wo ein älterer Mann und sein Sohn auf ihn warten. Der Film soll Normalität suggerieren. Der Junge ist höchstens zwei Jahre alt. Wie konnte ein Mann mit einem Kleinkind durchs IS-Land reisen, in dem Krieg ist?

Erst in Deutschland erfuhr ich, dass Abu Youssef in Solingen geboren wurde und eigentlich Ahmad Abu-Ghazaleh heißt. Seine Familie stammt aus Palästina. Sein Vater, jener ältere Mann, der auf dem Video zu sehen ist, war stellvertretender Vorsitzender der Moschee Masjid ar-Rahma, in der sich regelmäßig Mitglieder des radikalen salafistischen Netzwerks Millatu Ibrahim trafen. Der damalige Bundesinnenminister verbot den Verein 2012.

Als Anführer wirkte Mohamed Mahmoud, Sohn eines aus Ägypten nach Österreich geflüchteten Muslimbruders. Schon in seiner Jugend radikalisierte sich Mahmoud, mit 18 suchte er ein Trainingscamp von Al-Qaida im Irak auf, mit zwanzig gründete er eine islamistische Jugendorganisation. 2007 fanden die Behörden heraus, dass er für die Zeit der Fußball-Europameisterschaft 2008 in Österreich und der Schweiz einen Anschlag vorbereitete; dafür musste er vier Jahre ins Gefängnis. Kaum auf freiem Fuß rief er 2011 unter dem Pseudonym Abu Usama Al-Gharib per Internetvideos zum Kampf gegen die Ungläubigen auf und zog nach Berlin. Dort lernte er den Rapper Denis Cuspert kennen, mit dem er nach Solingen zog, wo er bald als Imam von Millatu Ibrahim fungierte. Als Mahmoud nach dem Verbot mit einer Ausweisung aus Deutschland rechnen musste, setzte er sich nach Ägypten ab, verbrannte seinen österreichischen Pass (was er natürlich filmte und postete), wurde mit einem gefälschten libyschen Ausweis in der Türkei verhaftet und gelangte 2014 doch nach Syrien, wo er sich dem IS anschloss. Dort sollte er wenig später durch ein ekelerregendes Propagandavideo und seine Heirat mit Ahlam al-Nasr auffallen, bekannt als Propagandistin und »Dichterin des IS«.

Auf all diese Informationen stieß ich im Internet, teils auf ganz normalen Webseiten wie Wikipedia. Ich nutzte viele englische Quellen und mit wachsenden Deutschkenntnissen zunehmend auch deutsche. Ich wollte mehr wissen über die deutschen »Söldner«, die sich den Verbrechern angeschlossen hatten. Aber das Internet ist ein Irrgarten, ich las und las, ich kam von einem zum nächsten. Wer sich gezielt mit solchen Menschen beschäftigt, begibt sich in einen salafistischen Irrgarten.

Ich las von einem ehemaligen Prediger von Millatu Ibrahim, der in einem Propagandavideo Bundeskanzlerin Angela Merkel bedroht hatte: »Wir warten auf euch! Seit 1400 Jahren warten wir auf euch!«, sagt Michael N. alias »Abu Dawud« in dem rund zehnminütigen Film, zunächst an die USA gerichtet. »Das Gleiche gilt für euch, ihr Deutschen! Die schmutzige Merkel! Nachdem du deine Geschenke abgegeben hast an Israel. Versammelt ihr euch alle! Hollande, Cameron, Putin! Versammelt euch gegen die Muslime. Ihr werdet nur verlieren!« Und dann ruft der Islamist seine »Geschwister in Deutschland, Österreich, in der Schweiz« auf, sich dem IS anzuschließen. »Sitzt nicht mit den Schmutzigen«, verlangt er. »Kämpft auf dem Weg Allahs!«[37] So wie er es getan hatte, indem er 2012 mit seiner deutschen Ehefrau erst nach Ägypten ausreiste, dann nach Libyen ging und sich schließlich dem IS in Syrien anschloss.

Ich las mehr über Denis Cuspert, der sich als Rapper »Deso Dogg« genannt hatte und als Dschihadist »Abu Talha al-Almani«; der mit anderen in den Fußgängerzonen von Wuppertal, Hagen und Solingen den Passanten Exemplare des Korans (»Die ungefähre Bedeutung in der deutschen Sprache«) in die Hände gedrückt hatte und später, in Syrien, Abu Bakr al-Baghdadi die Treue schwor; der Propagandafilme in deutscher Sprache drehte und zweifelhaften Ruhm als Kämpfer (und »Märtyrer«) des IS errang. Er soll im Oktober 2015 bei einem amerikanischen Luftangriff umgekommen sein.

Dieses Schicksal ereilt viele Ausländer in Syrien und im Irak. Darüber berichten die Propagandaabteilungen von Daesh jedoch nur ungern. Sie berichten lieber über »Foreign Fighters« als Vorbilder für andere lebensmüde Rekruten, die sie mit ihren Videos anwerben. Und sie (ge)brauchen sie als Selbstmordattentäter. Wie den Pizzaboten und Callcenter-Mitarbeiter Philip Bergner alias »Abu Usama al-Almani«, der im August 2014 in der Nähe von Mossul mit einem Auto in einen kurdischen Militärposten raste und dabei eine Bombe zündete. Oder Robert Baum alias »Uthman al-Almani«, der bei einem Selbstmordattentat 20 Peschmerga-Kämpfer mit in den Tod riss.

Philip Bergner war Anführer der sogenannten Lohberger Brigade, einer Gruppe von mindestens 13 jungen Männern aus Dinslaken-Lohberg, die in den »Heiligen Krieg« des IS gezogen waren. Zur »Lohberger Brigade« gehörte auch Mustafa Kalayci, der sich in der syrischen Grenzstadt Azaz mit Köpfen von Enthaupteten fotografieren ließ.

Bergner und Baum waren nicht die einzigen Deutschen, die sich für den IS umbrachten, mindestens zehn Fälle sind bekannt.[38] Selbst Soldaten der Bundeswehr haben sich dem IS angeschlossen: »Abu Musab al-Almani« sprengte im April 2015 bei einem Angriff auf den Stützpunkt des 4. Regiments der irakischen Armee in Bagdad mit einem Truppentransporter das Kommandozentrum in die Luft; der Transporter war mit sieben Tonnen Sprengstoff beladenen. Das IS-Propagandablatt *Dabiq* fand in seiner 9. Ausgabe lobende Worte für den deutschen Kamikaze: »Sein Name wird mit Gottes Erlaubnis unter denen geschrieben stehen, deren Vergangenheit mit muslimischem Blut behaftet war, die das aber gesühnt haben, indem sie den Islam angenommen und bis zu ihrem Tod für die Sache Allahs gekämpft haben.« Aus diesen Zeilen lässt sich die Wandlung von »Abu Musab al-Almani« herauslesen. Mark K. aus Castrop-

Rauxel war Zeitsoldat bei der Bundeswehr und als Panzergrenadier in Afghanistan stationiert, an seinen Händen »klebte muslimisches Blut«. Später konvertierte er zum Islam, reiste im August 2014 in die Türkei und von dort weiter zum IS nach Syrien. Der Nachruf im IS-Propagandablatt *Dabiq* gemeindet den ehemaligen deutschen »Kreuzfahrer« nun in die Umma ein: »Zu seiner Gunst und Gnade hat Allah ihn geführt und das Übel durch das Gute ersetzt, indem er ihn zu einem Krieger gemacht hat, der sein Blut für die erhabene Sache vergoss.« Ihm gleich soll auch sein Zwillingsbruder Kevin (angeblich ein exzellenter Jurastudent) sich für ein Selbstmordkommando zur Verfügung gestellt haben.[39]

Der zuständige Militärische Abschirmdienst (MAD) habe, so meldete *Spiegel online*, bereits 25 Ex-Soldaten in Syrien und im Irak identifiziert. Experten warnen, dass »die militärische Ausbildung der Bundeswehr von Extremisten zur besseren Begehung von Anschlägen missbraucht werden« könnte.

Die Zwillinge jedoch standen, als sie im Sommer 2014 Deutschland verließen, nicht auf der Liste des Verfassungsschutzes mit mehr als 680 namentlich bekannten Islamisten. Die Brüder hatten ihre Reise offenbar gut getarnt. Sie sollen im August 2014 ihre Mutter im Urlaub in Alanya besucht und ihr gesagt haben, dass sie eine Rundreise durch die Türkei planten. Tatsächlich fuhren die Konvertiten weiter nach Syrien und schlossen sich der IS-Terrormiliz an.[40]

Ich hörte und las auch von einem jungen Österreicher, gerade 18 Jahre alt, Firas Houidi aus Wien-Floridsdorf, Sohn tunesischer Eltern. Er rief via Facebook zu Attentaten auf und postete dort auch eine Anleitung zum Bau einer Rohrbombe. In einem seiner Facebook-Einträge las ich: »Wie schön ist das Gefühl beim Einschlafen, wenn du weißt, dass unter dir im Keller 45 gefangene Soldaten des Assad-Regimes sind, die nur darauf warten, dass ihnen ein Messer an den Hals gedrückt wird. Nach dem Verhör wird, Inschallah, geschlachtet.«[41]

Das erinnerte mich an die Zeit im Gefängnis, wo sie uns, voller Begeisterung und um uns zu erschrecken, Bilder von Hinrichtungen gezeigt hatten: »Je mehr Köpfe wir abhacken, desto näher kommen wir Allah.«

Nicht genug also, dass Araber meine Heimat terrorisieren, nein, es reisen auch noch Europäer an, um sich an dem Gemetzel zu beteiligen. Zwar hatte ich bereits in den Gefängnissen Söldner des IS aus Staaten des Nahen Ostens, aus Saudi-Arabien, Tunesien, Marokko und aus dem Kosovo getroffen, auch Männer aus den ehemaligen muslimischen Sowjetrepubliken. Aber dass es so viele waren (und sind) und unter ihnen zahlreiche Europäer, das erfuhr ich erst, nachdem ich den Islamisten entkommen war und in Deutschland ein vermeintlich sicheres Asyl gefunden hatte. Es war ein schmerzhafter Lernprozess, in dessen Verlauf ich immer um eine einzige Frage kreiste: Warum?

Folgten diese Männer (und Frauen) den Lockrufen der Islamisten, weil sie dem Koran gehorchen wollten und es demnach als ihre Pflicht betrachteten, sich ins Scharia-Land zu begeben? Ganz so, wie es die schon genannten Suren 9:41 und 6:32 befehlen?

Ich will die Macht des Korans für Radikale nicht kleinreden, aber ich glaube, der Zulauf, den die Dschihadisten aus europäischen Gesellschaften bekommen, ist auch Ausdruck einer Revolte irregeleiteter Jugendlicher. Junge Menschen mit türkischen oder arabischen Eltern oder Großeltern tragen in Europa ihre Konflikte aus: jene mit ihren Eltern und Großeltern ebenso wie jene mit der Mehrheitsgesellschaft, von der sie sich nicht angenommen fühlen. Und für Jugendliche mit deutschem Stammbaum ist es die maximale Provokation, sich zum radikalen Islamismus zu bekennen, nichts schockiert Eltern und Gesellschaft heute mehr als die Zuwendung zu den Salafisten oder gar die Reise ins IS-Land.

Beim Österreicher Mohamed Mahmoud, dessen Vater Mitglied der ägyptischen Muslimbruderschaft war, mögen religiöse Gründe zum politischen Extremismus geführt haben. Aber viele der Europäer in Diensten des IS kennen den Koran kaum oder gar nicht. Ihr Daesh könnte auch jede andere Gruppe sein, die ihnen Identität gibt, Zugehörigkeit, ein Umfeld, in dem sie sich aufgehoben fühlen, in dem sie Aufmerksamkeit, Ruhm oder Bedeutung zu erlangen hoffen. Manchen geht es um ein Abenteuer, sie sind jung und voller Energie und suchen etwas, wobei sie sich austoben und ihre Kräfte messen können. Anderen geht es schlicht um Halt und Orientierungshilfe in einer zunehmend globalisierten Welt. Möglicherweise werden Menschen, die ihren Platz suchen und sich ausgeschlossen fühlen, nicht in ihrem religiösen Verständnis radikaler (das den meisten bislang ohnehin fehlte), sondern in ihrem Weltbild; sie finden im IS einen Gegenentwurf, ein System mit klaren Regeln. Und die Werber der Radikalen werden nicht müde, ihnen vorzugaukeln, durch die Hinwendung zu Allah ihrem bisherigen verpfuschten Leben einen Sinn verleihen zu können. Das Erwachen ist für viele ein böses.

Wir Kurden kennen ein Sprichwort, in dem heißt es: »*Dengê dîlanê ji dûr ve xweşe*« – »Eine Hochzeitsfeier klingt schön nur aus der Ferne«. Wir wenden es heute gern auf Europäer an, die sich islamistischen Terrororganisationen wie dem IS anschließen. Sie finden den »Islamischen Staat« aus der Ferne verlockend, aber wenn sie dann da sind, erkennen sie die bittere Wahrheit, merken schockiert, wie schrecklich die Lebenswirklichkeit im »Kalifat« ist. Vielleicht registrieren sie, wie befremdlich es ist, unter dem Gesetz der Scharia zu leben, aber zumindest können sie nicht übersehen, dass zahllose Menschen flüchten oder geflüchtet sind, wo der IS die Herrschaft übernommen hat oder sich anschickt, das zu tun. Und selbst unter denen, welche die Islamisten anfangs freudig begrüßten, wächst die Frustration. Ein Freund aus Al-Raqqa sagte mir vor einer ganzen Weile, die Menschen wünschten, der Teufel mit dem Dreizack räumte in ihrer Stadt auf, das wäre weit besser als der IS.

Auch Harry Sarfo aus Bremen ist den lockenden Tönen der Feier gefolgt, die er aus der Ferne zu vernehmen glaubte. Als der Jugendliche mit ghanaischen Wurzeln nach einem Überfall auf einen Supermarkt mit einer Bewährungsstrafe davonkommt, zieht die alleinerziehende, strenggläubige christliche Mutter mit ihm nach London. Weil er dort zum Islam konvertiert, wirft sie ihn aus der Wohnung. Harry kehrt nach Bremen zurück, wird wegen eines Einbruchs erneut festgenommen und trifft im Gefängnis René Marc Sepac. Der Salafist und Dschihadist mit Kontakten zu Al-Qaida versorgt Sarfo mit Büchern und spricht mit ihm über die Lektüre – täglich. »Die Bücher erklärten alles«, so Sarfo später gegenüber den Behörden.

Nach seiner Entlassung aus dem Gefängnis verkehrt Sarfo häufig in einer kleinen Moschee radikaler Salafisten am Stadtrand von Bremen, dem inzwischen geschlossenen Islamischen Kultur- und Familienverein (IKF). Schließlich reist er im April 2015, den Reisepass eines Bekannten in der Tasche, gemeinsam mit seinem salafistischen Freund Adnan Sutkovic nach Syrien, um dem »Kalifen« den Treueeid zu schwören und in einem Propagandavideo zu erscheinen, in dem der schon genannte Mohamed Mahmoud sowie Yamin Abou-Zand zwei gefangene Soldaten der syrischen Regierungstruppen erschießen.

Harry Sarfo, so sagen manche, sei immer ein »Mitmacher« gewesen, einer, der etwas naiv-treu seiner Gruppe folgte. Nach einer geglückten Flucht in die Türkei und einem Flug nach Bremen sitzt er nun in einem deutschen Gefängnis, wo er der *New York Times* ein Interview gewährte. Was er da im August 2016 sagte, beunruhigte mich sehr. Der IS, so Sarfo, habe »eine Menge Leute in Europa, die auf das Kommando warten, Europäer zu attackieren«. Der IS habe zu diesem Zweck Hunderte Agenten nach Europa zurückgeschickt. Auch ihn hätten maskierte IS-Männer im April 2015 gefragt, ob er nicht wieder nach Hause fahren wolle. Sie würden planen, in mehreren Ländern gleichzeitig etwas anzustellen. Nach Deutschland und Großbritannien hätten sie bereits Freiwillige geschickt, aber einer nach dem anderen habe kalte Füße bekommen. Auf die Frage eines Freundes, so Sarfo, ob sie sich nicht nach Frankreich abkommandieren wollten, seien die IS-Leute in Lachen ausgebrochen. »Macht euch um Frankreich keine Sorgen«, hätten sie gesagt und dabei so heftig gelacht, dass sie Tränen in den Augen hatten.[42]

Während ich versuchte, mich in meinem Exil einzurichten, waren Tausende Europäer den entgegengesetzten Weg gegangen: Sie waren nach Syrien oder in den Irak gereist, um die zu unterstützen, denen ich entkommen war. Mehr als 4000 »Foreign Fighters« aus Europa zählte das »International Centre for Counter-Terrorism« in Den Haag zu Beginn des Jahres 2016. Drei von vier stammten aus Frankreich, Deutschland, Großbritannien und Belgien, wobei Belgien, gemessen an der Bevölkerungszahl, den höchsten Anteil stellte. Knapp ein Drittel der Männer und Frauen kehrten später zurück, 14 Prozent starben. Aus Österreich kamen 300, aus Belgien rund 500, aus Dänemark 125, aus Frankreich mehr als 900, aus Deutschland und

Großbritannien jeweils etwa 750, aus den Niederlanden 220, aus Spanien an die 140.[43]

Nicht alle europäischen Dschihadisten stammen aus der Unterschicht, nicht alle sind Abgehängte, Perspektiv- und Zukunftslose, Gescheiterte oder Frustrierte. Der britische IS-Scharfrichter »Jihadi John« etwa war nie mit dem Gesetz in Konflikt geraten und verfügte über einen Hochschulabschluss in Wirtschaftsinformatik. Die Männer um Mohammed Atta, die am 11. September 2001 weltweit traurige Berühmtheit erlangten, waren Akademiker; drei der vier Piloten, welche die Flugzeuge ihren Zielen entgegensteuerten, stammten aus Deutschland. Sie hatten sich in der Hamburger al-Quds-Moschee getroffen und nach einem »Trainingsaufenthalt« in einem Camp in Afghanistan eine Terrorzelle gebildet.

Allerdings hatten etwa zwei Drittel der europäischen Islamisten, die ins IS-Land reisten, schon in jungen Jahren mit der Polizei zu tun, als Kriminelle, Diebe, Räuber und Drogendealer; nur selten waren sie wegen politisch motivierter Straftaten auffällig geworden. Während meiner Internetstudien in Deutschland lernte ich, dass bei 57 Prozent der ausgereisten Männer und 39 Prozent der ausgereisten Frauen Strafverfahren anhängig waren.[44] Ähnliche Zahlen gibt es aus Belgien, Frankreich, den Niederlanden und Norwegen, weshalb Alain Grignard, Chef der belgischen Bundespolizei, den IS als »Super-Gang« bezeichnete.[45]

Eine kriminelle Vergangenheit oder eine Herkunft aus prekären Verhältnissen ist kein Hindernis, dschihadistische Organisationen sogar anzuführen. Das traf schon – anders als auf den Unternehmersohn Osama bin Laden – auf den Anführer von Al-Qaida im Irak zu, den Jordanier Abu Musab al-Zarqawi (2006 bei einem Luftschlag der USA getötet). Als Jugendlicher saß er wegen Drogenhandels im Gefängnis, dort radikalisierte er sich und wandte sich dem Salafismus zu. Al-Zarqawi enthauptete eigenhändig mehrere amerikanische Geiseln, darunter Jonas Berg.

Auch »Jihadi Johns« Landsmann Ali al-Manasfi aus dem Londoner Stadtteil Acton geriet früh auf die schiefe Bahn: Drogen, Diebstahl, Alkohol. Wegen eines Raubüberfalls, bei dem er einen alten Mann schwer verletzte, musste er ein paar Jahre ins Gefängnis. Dort gelangte er unter den Einfluss von Salafisten, und nach seiner Entlassung sagte er laut einem Freund: »Ich möchte einmal etwas Gutes tun. Ich möchte etwas Reines tun.«

Das, was er darunter verstand, kostete letztlich nicht nur ihm das Leben. Vermutlich über die Türkei gelangte er nach Syrien, in die Heimat seines Vaters, wo er sich radikalen Gruppierungen anschloss, die gegen Assad kämpften. Die Quellen sind hier widersprüchlich, es könnte sich sowohl um den IS als auch um die Al-Nusra-Front gehandelt haben. Eine Al-Nusra-Fahne wurde in seinem Wagen gefunden, mit dem er versehentlich einen Kontrollpunkt der Regierungstruppen angesteuert hatte. Assads Soldaten erschossen ihn und seine Begleiter, die amerikanische Konvertitin Nicole Mansfield und einen Kanadier.[46]

Ähnlich wie Ali al-Manasfi begründete auch Reda Nidalha aus Leiden seine Reise ins IS-Land, ein Gewalttäter und Drogenhändler, der seine Vergangenheit »tilgen« wollte. »Schau, Vater, ich gehe in die Moschee. Ich tue endlich etwas Gutes. Ich bin endlich auf dem rechten Weg.«[47] Dieser Weg führte ihn zum IS, der ihm bereitwillig eine neue Chance gab: Der IS wirbt sogar mit dem Spruch: »Manchmal können Menschen mit der schlechtesten Vergangenheit die beste Zukunft erschaffen.«[48]

5. Die Frauen beim IS

Was mich entsetzte, waren die vielen Frauen. Wieso wandten sich Hunderte, manche noch nicht einmal volljährig, einer Organisation zu, die ihresgleichen als Menschen zweiter Klasse betrachtet?

Die Gymnasiastin Sarah O. aus Konstanz, Mutter Deutsche, Vater strenggläubiger Algerier, ist erst 15 Jahre alt, als sie im November 2013 aus der elterlichen Wohnung verschwindet und in Syrien den Islamisten Ismail S. heiratet, ebenfalls ehemaliges Mitglied von Millatu Ibrahim. Sie hatte sich bei einem mehrwöchigen Sommeraufenthalt in Algerien radikalisiert. Und nun schickt sie über die sozialen Netzwerke Fotos, die sie in einem langen violetten Gewand, verschleiert und mit schwarzen Handschuhen zeigen, mit Maschinenpistole im Anschlag oder einer Pistole in der Hand. »Meine neue Perle«, hat sie daruntergeschrieben. Ein andermal lautet die Botschaft: »Bin jetzt übrigens bei Al-Qaida.«[49]

Und was trieb Samra K. (16) und Sabina S. (15), Töchter bosnischer Einwanderer aus Wien, im April 2014 zum IS? Wie konnten diese Mädchen auf die Idee verfallen, dort Glück zu finden? Wie konnten sie ihren Eltern nichts als Unglück und einen naiven Abschiedsbrief hinterlassen? »Wir sind auf dem richtigen Weg. Wir gehen nach Syrien, kämpfen für den Islam. Wir sehen uns im Paradies«, schreiben die Mädchen. Wissen sie nicht, dass sie dort mit IS-Kämpfern verheiratet werden? Wissen sie nicht, dass sie sich in ein Gefängnis begeben, aus dem es keinen Ausweg gibt – es sei denn durch den Tod? Den heißen sie in einer kindlich-naiven Attitüde willkommen: »Wir fürchten nicht den Tod, der Tod ist unser Ziel.«

Anfang August desselben Jahres postet eine junge Frau in einem Niqab und mit einer Waffe in der Hand auf Instagram

Fotos – wahrscheinlich Sabina S. Propaganda, wie auch ihre Berichte über das Leben im Krieg; kriminell ihre Tipps für die Reise nach Syrien, die sich an andere Jugendliche richten.

Dass diese beiden jungen Frauen aus Sicht des IS ihren Zweck erfüllten, dazu haben auch die Medien in Europa maßgeblich beigetragen. Mit ihren Berichten erlangten Mädchen wie Samra und Sabina unbeabsichtigt so etwas wie Starruhm, zumindest im Kreise derer, die erwogen, ihrem Beispiel zu folgen. Je mehr Berichte, je größer die Aufregung, umso besser für den IS.

Die beiden Mädchen bezahlten einen hohen Preis für ihren jugendlichen Nonkonformismus. Sabina S. soll bei einem Luftangriff gestorben, Samra K. beim Versuch, aus Al-Raqqa zu flüchten, gefangen und getötet worden sein – öffentlich, angeblich durch Schläge mit einem Hammer, weil sie dem IS den Rücken kehren wollte.[50]

Auch aus Großbritannien machten sich junge Frauen und Mädchen nach Syrien auf, mehr als hundert. Ich las über die beiden 15-Jährigen Salma und Zahra Halane, gute Schülerinnen, die im Juni 2014 aus Manchester verschwinden und zwei Wochen später in Al-Raqqa auftauchen, wo sie ihren Bruder treffen, der ihnen das Flugticket geschenkt hat. Mit 16 sind beide Witwen. Seit Februar 2015 sind sie verschwunden.[51]

Sharmeena Begum ist erst 15 Jahre alt, als sie Ende 2014 nicht mehr in ihrer Schule in East London erscheint. Nach dem frühen Krebstod der Mutter im Jahr zuvor und der erneuten Heirat des Vaters hatte sie Halt in der Moschee gesucht, wo sie sich zunehmend radikalisierte und begann, Arabisch zu lernen. Sie verschwindet im Dezember 2014, gelangt über die Türkei nach Syrien. Von dort informiert sie ihren Vater telefonisch, sie befinde sich im »Islamischen Staat Irak und Levante« (ISIL) und würde nicht mehr zurückkehren. Ihre muslimischen Freundinnen Shamima Begum, Kadiza Sultana (16) und Amira Abase (15) folgen ihr im Februar 2015.[52] Kadiza soll 2016 angeblich bei einem russischen Luftangriff ums Leben gekommen sein.

Wovor laufen sie weg? Vor einem als unerträglich empfundenen Leben? Vor einem Leben als Frau im Westen, das im IS-Staat so viel besser sein soll? In der IS-Propagandaschrift *Dabiq* könnten sie nachlesen (oder besser: hätten sie vorher lesen können), wie die Dschihadisten über Frauen denken und was sie von ihnen verlangen: Ja, schreibt der Autor in Ausgabe 9 ganz ungeniert, wir haben Jesidinnen »gejagt und gefangen genommen«. Das sei kein Grund, sich zu schämen. Sie gefangen zu nehmen und zu heiraten sei – und er benennt zahlreiche Suren und Lehrmeinungen – im Koran ausdrücklich vorgesehen. Unter anderem in Sure 2:221: »Und heiratet Götzendienerinnen nicht, bevor sie glauben. Und eine gläubige Sklavin ist fürwahr besser als eine Götzendienerin, auch wenn diese euch gefallen sollte.«

Die Scheinheiligen, die das kritisierten, fährt der Autor fort, hätten keine Ahnung: »Was ist besser: Sklavinnen, die wir auf Allahs Befehl nahmen, oder Prostituierte?« Letztere seien ein Übel, das die Pharisäer im Land der *Kuffar*, der Ungläubigen, nicht anprangerten. »Eine Prostituierte in eurem Land kommt und geht und begeht öffentlich eine Sünde. Sie lebt, indem sie ihre Ehre verkauft.« Bei Sklavinnen, die sich Mohammeds Nachfolger mit dem Schwert erobert haben, so klagt der Autor, »soll es sich dagegen um Vergehen gegen die Menschenrechte handeln, und die Kopulation eine Vergewaltigung sein? Was stimmt mit euch nicht? Wieso urteilt ihr so? Was ist eure Religion? Und was ist euer Gesetz? Und, sagt mir, wer ist euer Gebieter?«[53]

Samra K. hatte den Lärm der Party aus der Ferne gehört und als verlockend empfunden, dann hatte sie erleben müssen, dass das Leben beim IS kein besseres war. Den Versuch einer Rückkehr bezahlte sie mit dem Leben. Ähnlich wie die junge Britin Kadiza Sultana, die nach dem Tod ihres Mannes (eines IS-Kämpfers, den sie in Syrien geheiratet hatte) wiederverheiratet werden sollte. Einiges deutet darauf hin, dass sie möglicherweise nicht durch einen russischen Luftangriff ums Leben kam, wie behauptet.

Auch von anderen Frauen ist bekannt, dass sie zurückkehren wollten. Andrea B. aus Immenstadt gelingt die Heimkehr. Sie war 2012 zum Glauben ihres damaligen Ehemannes konvertiert. Später reiste sie mit ihren drei- und siebenjährigen Töchtern nach Syrien, um dort angeblich die Zweitfrau eines Al-Nusra-Kämpfers zu werden. Ende Mai 2014 kehrt sie nach Deutschland zurück, offenbar hatte sie festgestellt, dass das Paradies auf Erden beim IS nicht zu finden ist. Sie wird am Flughafen festgenommen. Angeklagt wird sie jedoch nicht, weil sie sich den Terroristen angeschlossen hatte, sondern weil der türkischstämmige Exmann, Vater der Kinder und Sorgerechtsinhaber, sie angezeigt hatte – wegen Kindesentzug. Sie erhält lediglich eine Bewährungsstrafe von 18 Monaten, die auch der Bundesgerichtshof bestätigt. Die Richter glauben ihr, dass sie aus Mitleid nach Syrien gereist sei.

Dass sie ihrer kleinen Tochter ein Gewehr umgehängt und ein Foto davon verschickt hatte mit der Nachricht »Wenn die Ungläubigen kommen, schieße ich ihnen mit der Kalaschnikow den Kopf ab«? Zu vernachlässigen. Das Gericht hat ihr im Namen des Volkes verziehen. Dass sie davon gesprochen hatte, sie wolle »als Märtyrerin sterben«?[54] Unbedeutend. Dass sie sich den Dschihadisten angeschlossen hatte? Eine kurze Verirrung, aus Mitleid, in diesem Fall kein Anlass, ein Verfahren einzuleiten. Und was ihre Kinder dort möglicherweise gelernt haben, darüber denkt offenbar niemand nach.

Ich habe in den zurückliegenden Monaten erschütternde Bilder von Kindern gesammelt, die von verantwortungsvergessenen Eltern in mein von Gewalt, Krieg und Terror gebeuteltes Land geschleppt worden sind. Ich sah das Video eines Vaters, der eine Pistole entsichert und sie seinem Dreijährigen reicht. Der zielt auf einen an einen Zaun gefesselten Mann, drückt mehrfach ab und ruft »Allahu Akbar«. Der IS macht schon aus Kindern Killer, und europäische Eltern stellen ihren Nachwuchs dafür zur Verfügung. Das ist empörend. Ich empfinde es als sehr bedrückend, dass Deutschland Menschen, die sich radikalen, extremistischen Gruppen angeschlossen haben, so milde behandelt. Natürlich spielt in einem Rechtsstaat das Prinzip Reue eine Rolle. Ich frage mich nur, ob man solchen Erzählungen angeblich Geläuterter Glauben schenken darf.

6. Die Kinder beim IS

Am 26. August 2016 empfing ich einen Tweet mit dem Hinweis auf einen Zeitungsartikel, der über ein Video des IS informierte. Es hieß, darauf sei zu sehen, wie fünf Kinder in Al-Raqqa fünf kurdische Soldaten hinrichten. Ich hatte sofort ein ungutes Gefühl. Ich wusste, dass die Terroristen zahlreiche Kurden in ihrer Gewalt hatten. Und ich hatte immer befürchtet, dass sie eines Tages ein entsprechendes Hinrichtungsvideo ins Netz stellen würden, um uns Kurden und der Welt zu zeigen, wie unerschrocken und stark sie waren.

Ich starrte auf mein Smartphone und zögerte. Meine Hände zitterten, ich begann zu schwitzen. Etwas in mir wehrte sich dagegen, das zu tun, was ich schließlich doch tat: Ich tippte auf den Link.

Ein kleines Foto zeigte fünf auf dem Boden kniende Männer in orangen Overalls. Ihre Gesichter waren unkenntlich gemacht. Hinter jedem von ihnen stand ein Junge, eine Pistole gen Himmel reckend. Der Artikel berichtete, dass fünf Kinder in Militäruniform – ein Brite, ein Ägypter, ein Türke, ein Tunesier und ein Usbeke – fünf »atheistische« Kurden getötet hätten, die angeblich im Kampf festgenommen worden waren. Ihre Namen blieben ungenannt.[55]

Ich wollte wissen, wer diese kurdischen Landsleute waren, ich wollte wissen, ob ich sie kannte. Ich rief einen befreundeten Journalisten in Kurdistan an und bat ihn, das Originalvideo des IS zu recherchieren. Es dauerte weniger als zehn Minuten, bis ich einen Link erhielt und den Propagandafilm ansehen konnte: Zwischen Szenen von Luftangriffen der »Ungläubigen« war das Filmmaterial von drei Exekutionen hineingeschnitten, bei denen insgesamt 14 Männer hingerichtet werden. Zuerst enthaupten vier Maskierte vier Gefangene in orangen Overalls, ein fünfter Mann muss bei der Schlachterei zusehen, bevor der hinter ihm wartende Dschihadist ihn erschießt. In der zweiten Hinrichtungssequenz sieht man die fünf Jungen hinter je einem Gefangenen stehen. Eines der Kinder ruft mit heller Stimme: »Der Krieg mit euch hat erst begonnen. Weder Amerika noch Frankreich, Großbritannien und Deutschland werden euch nützen.« Dann drücken die Buben ab. In der dritten Sequenz erschießen vier alte, bärtige Männer vier Soldaten, die angeblich der syrischen Armee und rivalisierenden islamistischen Gruppen angehörten.

Die Bilder verschwammen vor meinen tränenden Augen, und ich spürte Stiche wie von Messern in meinem Körper. Meine Lippen bewegten sich, aber sie sprachen nicht. Ich kannte zehn der Hingerichteten persönlich, ich hatte sie in den Gefängnissen des IS getroffen. Unter den Opfern der Kinder, die selbst Opfer sind, waren Hagi, Yehya und Khaleel. Wir hatten vier Monate gemeinsam in den Zellen von Al-Bab und Manbidsch verbracht, vom 21. Mai bis zum 15. September 2015. Sie waren dort so etwas wie meine Familie gewesen.

Als die Kamera Hagis Gesicht einfing, so jung, so stark und so traurig, sah ich mich selbst in seinen Augen, wie in einem Spiegel, denn er wusste, dass ich ihm beim Sterben zusehen würde. Das Leben dieses Jungen, der studieren wollte, der so sanft erzählen und so fein singen konnte, der so gern Fußball spielte und seine Freundin so sehr vermisste, ging nach 700 Tagen in IS-Gefangenschaft zu Ende. Er sagte kein Wort, aber seine Augen waren ein offenes Buch, in dem ich lesen konnte: »Das also soll es nun gewesen sein. Ich knie vor einer Kamera, und die ganze Welt wird gleich dabei zusehen, wie ich sterbe. Hätte ich zehn Sekunden der freien Rede, ich würde meinen Eltern und meiner Familie sagen, wie sehr ich sie liebe. Ich hoffe, ihr seid alle stark und werdet diesen Feind mit aller Kraft bekämpfen. Und wenn ihr das nicht könnt, dann seid ihr verantwortlich für meinen Tod und alle weiteren. Ihr müsst diese Geißel der Menschheit beseitigen.«

Wie oft hatte er sich die Frage gestellt, wie lange er wohl noch zu leben haben würde. Nun war sie beantwortet. Auch wenn wir während unserer Haft immer wieder damit gerechnet hatten, dass es jeden Moment zu Ende sein konnte, war es entsetzlich für mich, Hagis Sterben anzusehen. Ich brach in diesen Sekunden zu einer Erinnerungs-, zu einer Trauerreise durch all die Gefängnisse auf, in denen sie mich, Hagi, Khaleel, Yehya und all die anderen gequält hatten. Und ich spürte all die Schmerzen noch einmal, die sie uns zugefügt hatten.

Auch die Gesichter von Khaleel und Yehya erzählten stumm ein letztes Mal von der Tortur, von den Schlägen, die sie ihnen beigebracht hatten, vom alltäglichen Terror. Ihre Qual endete, als die Schüsse der Mörder mit den Kindergesichtern und hellen Stimmen ihre Köpfe von hinten trafen. Es war die letzte Peinigung von vielen, die der IS ihnen zugemutet hatte. Ihre Körper fielen nach vorn, ihr Blut mischte sich mit der staubigen Erde, es war der letzte Akt einer langen Tragödie des Leidens, an dessen Ende Yehya bekam, was er sich damals im Gefängnis gewünscht zu haben schien, als er mich fragte: »Ist der Tod gut oder schlecht?« Nun musste er Folter und Willkür nicht länger ertragen. Ich war unendlich traurig.

Ich habe an jenem Tag eine Collage aus fünf Bildern erstellt, die ich immer bei mir trage. Sie besteht aus den Fotos von fünf Männern in orangen Overalls: Hagi, Yehya, Khaleel, Bavê (dessen Verbleib fraglich ist) und mir. Wann immer ich das Bild auf meinem Smartphone aufrufe, erinnere ich mich daran, wie wir beim Essen auf dem Boden zusammensaßen und heimlich und leise in kurdischer Sprache miteinander redeten.

Der IS veröffentlichte das zusammengeschnittene Video der 14 Morde im Internet. Um die Bilder zu dramatisieren, nutzten sie Zeitlupe und andere Techniken. Die Terroristen geben sich viel Mühe, sich groß darzustellen, größer, als sie sind.

Das Video war eine klare Drohung gegen die Kurden. Gleichzeitig war es voller Lügen. Unter den angeblichen »atheistischen Kurden« waren auch zwei Araber, die ich ebenfalls kannte. Shams Al-deen Khaleel hatten sie in seinem Haus im Umland von Manbidsch verhaftet, niemand konnte sagen, weshalb. Mahmoud Al-Saleh stammte aus Homs, der IS hatte ihn gefangen genommen, als er versuchte, in die Türkei zu flüchten. Beide Männer hatten 400 Tage in IS-Gefangenschaft verbracht, bevor sie von Kinderhand sterben mussten. Sie waren ebenso wenig wie meine drei kurdischen Freunde während eines Kampfes gefangen worden, wie der IS behauptete.

Fünf der anderen neun Ermordeten waren Soldaten islamischer Truppen, die zur syrischen Opposition gehörten; sie waren zwischen 20 und 55 Jahre alt und seit Anfang 2014 in Gefangenschaft, als der IS sich in Al-Bab und Manbidsch ausgebreitet hatte.

Das sind nur einige wenige Belege dafür, wie der IS in seinen Propagandavideos lügt. Häufig finden diese Lügen ungeprüft Eingang in die Berichterstattung westlicher Medien. Das allein ist für mich schwer genug zu ertragen, doch was mich in diesem Fall besonders traf, war die Tatsache, dass sie sich ausschließlich mit einem der Mörder beschäftigten: mit dem gehirngewaschenen, hellhäutigen und blauäugigen Jungen aus Großbritannien, den die Zeitungen »Abu Abdullah al-Britani« nannten. Es war ernüchternd, feststellen zu müssen, dass die Opfer kaum mehr als Nummern waren. In diesem Fall waren es 14 Leben, die der IS ausgelöscht hatte. Wo waren ihre Geschichten? Statt einen eigentlich bemitleidenswerten jungen Killer unfreiwillig zum Star der Islamistenszene zu machen, sollten die Medien die Wahrheit über das Leben seiner Opfer verbreiten.

Abu Abdullah Al-Britani war kein Abu, was sie mit Sohn übersetzten, er war kein Abu, was Vater heißt, er war nicht der Vater von Abdullah. Der IS hatte ihm den Namen Abu gegeben, der Junge sollte sich erwachsen fühlen, erwachsen genug, um zu töten. Ein kurdisches Sprichwort sagt: »Serî lê mezin dike« – »Sie setzen ihnen etwas Großes in den Kopf, damit sie sich groß fühlen können«. Und wenn sie sich groß fühlen, dann tun sie unverantwortliche Dinge.

Damit aber war diese Geschichte nicht zu Ende. Wenig später meldete sich via Presse ein Engländer, der behauptete, der Junge auf dem Video sei sein Sohn. Die Mutter sei 2013 mit dem damals Neunjährigen nach Syrien gereist, um sich Daesh anzuschließen und einen Kämpfer zu heiraten, den Briten Junaid Hussein, der wenig später einem amerikanischen Drohnenangriff zum Opfer fiel. Sein Sohn sei ein großartiger Junge gewesen, der im Park Käfer gesammelt habe, sagte der Brite. Er müsse einer Gehirnwäsche unterzogen worden sein. Nach drei Jahren habe er ihn erstmals wiedergesehen – auf dem Video. Die Mutter heiße Sally Jones, sei Gitarristin einer Punkrockband gewesen und habe in Kent/England von Sozialhilfe gelebt.

Es dauerte nicht lange, bis sich via Twitter eine Person meldete, die behauptete, Sally Jones zu sein. »Er ist nicht mein Sohn«, schrieb sie, was sie offensichtlich bedauerte. Denn: »Wäre der Junge auf dem Video mein Sohn, wäre ich sehr stolz.« Ihr Sohn sammle dagegen nur Granaten. »Gott sei Dank«, schloss sie, »ist mein schöner Sohn nun beim IS.«

Zuvor war Sally Jones alias »Umm Hussain al-Britani« aufgefallen, weil sie in den sozialen Medien IS-Anhänger in den USA und Großbritannien zu Attentaten aufgerufen, eine Liste potenzieller Ziele und eine Anleitung zum Bombenbau veröffentlicht sowie Frauen dazu aufgefordert hatte, sich dem IS anzuschliessen.

Sally Jones ist nicht die einzige Frau aus Großbritannien, die ihr Kind zum IS entführte. Im Januar 2016 war bereits Grace Dare bekannt geworden. Ihr fünfjähriger Sohn ist ebenfalls in einem IS-Propagandavideo zu sehen, bekleidet mit Militäruniform und schwarzem Stirnband. Er ruft: »Wir werden die *Kuffar* (Ungläubigen) töten.« Dann sprengten IS-Terroristen einen Wagen, in dem mehrere Gefangene sitzen.[56]

Solche Terrorvideos sind noch immer im Netz zu finden, unter anderem bei Youtube, Facebook, Twitter und auf Webseiten, die behaupten, es wäre Zensur, solche Videos nicht zeigen zu dürfen. Das ist eine grandiose Fehleinschätzung.

7. Die Rückkehrer

Harun Pashtun war offenbar langweilig. Seine Ausbilder nahmen ihm während der Übungen das Smartphone ab, dann mussten er und seine »Brüder« Waffen putzen, Arabisch lernen und beten. Wie fad. Und rauchen durfte er auch nicht. Seine tschetschenischen Anführer waren »arrogante Arschlöcher«, wie er es nannte, die ihn spüren ließen, dass er nichts wert war.

Pashtun, geboren und aufgewachsen in München, hat im Frühjahr 2013 in Deutschland zum Dschihad aufgerufen. Ein halbes Jahr später reist er nach Syrien, wo er sich der tschetschenischen Islamistenmiliz Junud al-Sham (Soldaten Syriens) anschließt und eine Ausbildung an der Waffe erhält. Am 6. Februar 2014 nimmt er am Versuch teil, das Zentralgefängnis in Aleppo zu stürmen. Dabei fährt ein Selbstmordattentäter einen mit Sprengstoff beladenen Lkw vor das Haupttor, Panzer und Fahrzeuge mit Maschinengewehren und 1600 Kämpfer folgen, unter ihnen auch Pashtun. Es gelingt, das Gefängnis zu besetzen, doch die syrische Armee erobert es tags darauf zurück. Mindestens zwei Regierungssoldaten sterben, außerdem fünf Gefängnisinsassen und 22 Angreifer. Wegen Mitgliedschaft in einer ausländischen terroristischen Vereinigung und versuchten Mordes verurteilt ihn nach seiner Rückkehr ein deutsches Gericht zu einer Haftstrafe von elf Jahren.[57]

Vielleicht ist das in einem Rechtsstaat eine angemessene Strafe. Humaner als die Urteile, die in Scharia-Gerichten gesprochen werden, ist es zu Pashtuns Glück allemal. Hätte er eine Kaserne der Islamisten gestürmt und säße als »Angeklagter« vor einem IS-Schariagericht, käme er so glimpflich nicht davon.

Auch Kreshnik B. aus Bad Homburg wollte seinen muslimischen Brüdern beim Kampf gegen Assad beistehen. Im Sommer 2013 fährt er mit sechs Freunden per Bus in die Türkei und von dort über die Grenze nach Aleppo, wo er sich dem IS anschließt und offenbar nach einer Waffenausbildung an Kämpfen in Hama teilnimmt. Nach fünf Monaten kehrt er nach Deutschland zurück. Er ist der erste Deutsche, der wegen Mitgliedschaft in der terroristischen Organisation IS verurteilt wird – zu drei Jahren und neun Monaten Gefängnis.

Nils Donath, Mitglied der »Lohberger Brigade«, setzt sich Ende 2014 nach mehr als einem Jahr im IS-Staat nach Deutschland ab. Vor Gericht gibt er zu, einer IS-Einheit angehört zu haben, die Abtrünnige aufspürte und in die Foltergefängnisse brachte. Nach seiner Verhaftung in Deutschland behauptet er, nur durch einen Trick sei es ihm gelungen, dem IS und Syrien den Rücken zu kehren: Er habe sich für einen »Auslandseinsatz« zur Verfügung gestellt. Ein Gericht verurteilt ihn zu milden viereinhalb Jahren Haft.

In Deutschland wurden Mitglieder einer terroristischen Vereinigung schon deutlich härter bestraft, selbst wenn sie glaubhaft versicherten, der Gewalt abgeschworen zu haben. Bei Kreshnik B. dagegen hatten die Richter sogar erhebliche Zweifel, ob er sich wirklich von der islamistischen Ideologie abgewandt hatte. Auf die Frage des Richters, ob es richtig sei, einen Menschen zu enthaupten, antwortete er: »Das kommt auf die Sünde an.«[58]

Wer erwartet, ein Islamist könne seine Ideologie ohne Weiteres ablegen, ist naiv. Vielleicht entscheidet er sich im Gefängnis dafür, künftig ein guter Mensch im Sinne der hiesigen Auffassung zu sein. Wahrscheinlicher ist das Gegenteil, zumal wenn er dort auf Gleichgesinnte trifft.

Für mich stellt sich außerdem die Frage, wie Menschen, die unter IS-»Recht« verurteilt und bestraft worden sind, solche milden Urteile verarbeiten sollen. Natürlich will ich nicht den

Rechtsstaat abschaffen und einem Willkürstaat das Wort reden. Aber es ist schwer zu ertragen, dass Menschen so glimpflich davonkommen, die es gutgeheißen haben oder noch gutheißen, wenn Zivilisten jahrelang in Gefängnissen des IS sitzen, weil sie mit einem Mitglied des kurdischen Militärs verwandt sind. Einen meiner Mithäftlinge in Manbidsch hatten sie unter Folter dazu gebracht, den Besitz von Waffen zum Kampf gegen den IS zu bestätigen. Belege dafür gab es nicht. Er kam nach 1098 Tagen frei, ich erhielt die erfreuliche Nachricht in Deutschland. Aber drei Jahre und drei Tage für nichts! In einem der miesesten Gefängnisse dieser Welt, wo er mit Dutzenden Männern einer Baueinheit Tunnel hatte graben müssen, in denen die Terorristen Waffen lagerten.

Die in Deutschland verurteilten Dschihadisten können sich glücklich schätzen, ihre vergleichsweise kurze Haft in deutlich komfortableren Gefängnissen absitzen zu dürfen. Aber viel wichtiger ist: Was werden sie nach ihrer Entlassung tun? Wissen wir, weshalb und mit welchen Vorstellungen diese Männer zurückgekehrt sind? Sind sie alle vom Dschihad geheilt? Kommen sie alle geläutert zurück? Können wir den Beteuerungen des einen oder anderen vertrauen, sie hätten sich von den Islamisten und vom Dschihad abgewandt? Sind ihre Gedanken gereinigt und frei von den Lehren, die sie von den Islamisten erhalten haben? Oder werden sie versuchen, im Gefängnis Mitinsassen zu indoktrinieren?

All diesen Fragen liegt eine entscheidende Frage zugrunde: Werden alle Rückkehrer von den Sicherheitsbehörden in Europa erfasst? Und weitere stellen sich: Wie hoch ist die Dunkelziffer derer, die nach ihrem Einsatz in Syrien oder anderswo unerkannt in ihre Heimat zurückgekehrt sind? Wer kann mit Sicherheit sagen, dass ein angeblich gefallener Kämpfer tatsächlich tot ist? Ein toter IS-Kämpfer wird nicht mehr gesucht. Was aber, wenn er mit neuer Identität in seine Heimat zurückkehrt, um sein Mordhandwerk nun dort auszuüben, wo ein wahrer Muslim eigentlich nicht leben, aber offenbar sehr wohl töten darf? Was, wenn zuträfe, was Ende 2015 Gerüchte in Österreich besagten: dass Ali Musa Al-Shawakh alias Abu Luqman, der Emir von Al-Raqqa und vielfacher Mörder, der mich in Al-Shaddadi besucht und mich in sein Revier verlegt hatte, sich wenige Tage vor den Pariser Anschlägen vom November 2015 in Wien aufgehalten haben soll?[59] Es wäre ein Grund zur Sorge und ein Szenario, das keinesfalls auszuschließen ist.

Schon gar keinen Grund zur Entwarnung gäbe es, sollte der »Islamische Staat« in Syrien und im Irak zurückgedrängt und möglicherweise zerschlagen werden. Die ausländischen Kämpfer des IS werden aus ihren letzten, nun gestürmten Festungen fliehen und nach Europa zurückkehren – an die 2000 »Krieger«, die gelernt haben zu schießen, zu bomben, zu köpfen und die einer verbrecherischen Ideologie fest verhaftet sind. Mag sein, dass sie in Staaten gehen würden, in denen der IS noch reüssiert, nach Afrika oder Asien. Doch auch das sollte alle Menschen in Europa in Sorge versetzen.

Laura Passoni war Täterin und Opfer zugleich. Schon als Jugendliche konvertierte die Belgierin zum Islam. Mit 29 Jahren heiratete sie einen Mann, der sich dem IS anschloss. Im Juni 2014 reisten die beiden mit ihrem damals vierjährigen Sohn nach Syrien. Laura Passoni hielt es nur neun Monate aus, dann floh sie, erneut schwanger, über die türkische Grenze. Sie wolle nicht, dass ihr Sohn Terrorist wird, ließ sie das Publikum bei der Vorstellung ihres Buches *Au cœur de Daesh avec mon fils* (»Mit meinem Sohn im Herzen des IS«) wissen.

Sie hatte in Syrien mit anderen Müttern und Kindern in einem bewachten Haus gelebt, das sie nicht verlassen durfte, wie

181

und wann sie es wünschte. Ihr fehlte ihre Arbeit. Nur »Gebär-maschine« zu sein und für den IS-Nachwuchs zu sorgen genüg-te ihr nicht. Sie hatte Glück, dass ihr Mann offenbar ebenfalls litt. Gemeinsam gelang beiden die Rückkehr nach Belgien. Dort traf sie auf verständnisvolle Richter, die es bei einer Be-währungsstrafe beließen. Zu ihrem Mann, der für vier Jahre in Haft musste, darf sie fünf Jahre lang keinen direkten Kontakt pflegen. Das Sorgerecht für ihre beiden Söhne ging auf ihre El-tern über.[60]

Laura Passoni ist offenbar eine Frau, die dem IS abgeschwo-ren hat. Aber ich war kaum in Deutschland, als Safia S., eine 16-jährige Syrerin, in Hannover einem Polizisten ein Messer in den Hals rammte. Wie konnte es dazu kommen? Ihre Verbin-dung mit Salafisten und ihre Besuche im einschlägig bekannten »Deutschsprachigen Islamkreis« (DIK) waren ebenso bekannt gewesen wie ihre Verbindung zum Salafistenprediger Pierre Vo-gel und ihre begeisterten Chats nach den Attentaten in Frank-reichs Hauptstadt: »Allah segne unsere Löwen, die gestern in Paris im Einsatz waren.« Großmutter und Mutter hatten die Behörden über die Radikalisierung des Mädchens informiert, das dennoch in die Türkei fliegen konnte, um sich nach Syrien durchzuschlagen und dem IS anzuschließen. Die Sicherheits-behörden hätten bei genauerer Durchsuchung des Mobiltele-fons des Mädchens wissen können, dass ihr die Rückkehr nach Deutschland befohlen worden war, um dort für eine »Über-raschung für die Ungläubigen« zu sorgen.[61]

Auch Mehdi Nemmouche, verantwortlich für den Anschlag auf das jüdische Museum in Brüssel im Mai 2014, kam mit Auftrag des IS zurück. Die Liste ließe sich verlängern. Ich fürchte, wir werden in Deutschland, ja in ganz Europa noch jahrzehntelang mit islamistischen Terroristen kämpfen müssen. Die Rückkehrer werden mit verfälschten, geschönten, heroisierenden Berichten begeisterte Zuhörer finden und damit Menschen blenden und möglicherweise zu Taten animieren. Je mehr der Westen sich in die Konflikte der arabischen Welt einmischt, desto größer wird die Zahl derer sein, die bereit sind, dafür Rache zu nehmen – in den beteiligten Ländern.

Das Bundesamt für Verfassungsschutz zählte zu Beginn des Jahres 2017 rund 900 Männer und Frauen aus Deutschland, die sich seit 2012 in Syrien und im Irak terroristischen, islamistischen Gruppen angeschlossen haben. Eine im Auftrag der Innenministerkonferenz erstellte Analyse berücksichtigt 784 bis Ende Juni 2016 nach Syrien und in den Irak ausgereiste Personen, vier Fünftel (79 Prozent) davon Männer, ein Fünftel Frauen (nach Ausrufung des »Kalifats« stieg der Anteil auf ein Drittel). Ein erheblicher Teil unter ihnen (mindestens 537 der 784) werden dem salafistischen Spektrum zugerechnet, mindestens 134 davon sind Konvertiten. Die meisten (80 Prozent) schlossen sich dem IS an, 8 bzw. 6 Prozent der Al-Nusra-Front und der tschetschenischen Miliz Junud al-Sham von »Muslim Abu Walid al-Shishani« (Murad Margoshvili). Etwa jeder Zweite war an Kampfhandlungen beteiligt. Die Hälfte der Ausgereisten war zuletzt in 13 deutschen Städten und Gemeinden gemeldet, in sogenannten Hotspots. Knapp 70 Prozent waren bei der ersten Ausreise maximal 25 Jahre alt (darunter 56 Minderjährige). 61 Prozent der 784 Personen waren in Deutschland geboren, der Rest (etwa 300) in 27 weiteren Ländern, von denen 60 Prozent auch einen deutschen Pass besitzen.

Jeder sechste dieser Ausgereisten war inzwischen tot, mindestens 37 Prozent lebten am Stichtag der Erhebung (30. Juni 2016) noch in Syrien oder im Irak. Ein gutes Drittel (274 Personen) war zurückgekehrt, von denen 12 Prozent inhaftiert waren. Die deutschen Sicherheitsbehörden gehen davon aus, dass sich nur ein geringer Teil (9 Prozent) gesichert vom salafistischen, extremistischen Milieu losgesagt hat, aber etwa die Hälfte dahin zurückgekehrt ist.[62]

Diese Rückkehrer waren und sind Dschihadisten, und nicht nur die deutschen Behörden sollten sie im Auge behalten. Unbegreiflicherweise hat der deutsche Staat nur einen kleinen Teil dieser Rückkehrer vor Gericht gebracht. Weshalb nur so wenige? Wo doch der Verfassungsschutz weiß, dass diese Personen »ein hohes Risiko« bergen. Sie verfügen über eine terroristische Ausbildung und Kampfpraxis sowie »eine Reihe weiterer Qualifikationen, die dem aktuellen Anforderungsprofil islamistischer Organisationen für potenzielle Operateure in westlichen Staaten entsprechen«. Die Verfassungsschützer nennen außerdem »westliches« Aussehen, das Wissen über unauffälliges Verhalten im Alltag sowie den Besitz westlicher Reisepässe und Ausweise. Und sie sind Teil eines internationalen Netzwerks, woraus »perspektivisch die Gefahr einer grenzüberschreitenden Vernetzung zurückgekehrter Syrien-/Irak-Reisender« resultiere.

Dass ein erheblicher Teil der Rückkehrer weiterhin islamistisch denkt, hat auch ein französischer Journalist nachgewiesen. In seinem Buch *Les Revenants* gibt David Thomson seine Gespräche mit Rückkehrern wieder; darunter ist auch eine junge Dschihadistenwitwe, die darauf hofft, dass das nächste Attentat in Frankreich von einer Frau ausgeübt wird. Das als Beweis für die Gleichberechtigung muslimischer Frauen zu werten wäre eine grobe Fehlinterpretation.[63]

Weil Rückkehrer eine große Gefahr darstellen, überlegen Politiker in allen europäischen Staaten, wie sie dagegen vorgehen sollen. Die deutschen Behörden scheinen seit den Anschlägen von Würzburg und Ansbach, und verstärkt nach dem Attentat auf den Weihnachtsmarkt in Berlin, schneller zuzugreifen:

Ende Januar 2017 ließ die Bundesanwaltschaft im Großraum Bonn zwei Männer festnehmen, denen sie die Mitgliedschaft in einer ausländischen terroristischen Vereinigung vorwirft, Al-Nusra-Front und IS. Die beiden Brüder, 24 und 25 Jahre alt, besitzen die deutsche und die marokkanische Staatsbürgerschaft. Der ältere soll 2013 in Syrien eine Kampfausbildung erhalten haben, beide sollen an bewaffneten Auseinandersetzungen beteiligt gewesen sein.[64]

In Hessen verhafteten die Behörden einen Tunesier, der in seinem Heimatland an zwei Attentaten mit mehreren Dutzend Opfern beteiligt gewesen sein soll. Derartige Anschläge soll er auch in Deutschland geplant haben. Er verkehrte in der Frankfurter Bilal-Moschee, die der Verfassungsschutz als »islamistisch beeinflusst« einschätzt, nicht zuletzt, weil dort Prediger auftraten wie der im November 2016 verhaftete mutmaßliche Chefideologe des IS in Deutschland, Ahmad Abdulaziz Abdullah A. alias »Abu Walaa«.

Zur gleichen Zeit kam es in Berlin und Nürnberg zu Festnahmen von Männern, die in Syrien und im Irak gekämpft hatten oder das planten. Auch in Göttingen führte eine groß angelegte Razzia am 9. Februar 2017 zu Festnahmen von Gefährdern.[65]

Ebenfalls im Februar begann in Frankfurt ein Prozess gegen einen im September 2016 festgenommenen 28-Jährigen, der sich 2013 in Syrien Junud al-Sham angeschlossen und sich auf Einsätze vorbereitet haben soll.[66] Insgesamt laufen mehrere Dutzend Ermittlungsverfahren gegen zurückgekehrte Deutsche wegen des Vorwurfs der Mitgliedschaft in einer ausländischen Terrororganisation und Vorbereitung schwerer staatsgefährdender Gewalttaten.

Auch in Österreich kam es 2017 zu Festnahmen und Anklagen wegen des Verdachts der Mitgliedschaft in einer terroristi-

schen Vereinigung. Die Gruppe, zu der die inhaftierten elf
Männer und drei Frauen gehörten, soll auch etwa vierzig
Kämpfer für den IS angeworben haben.[67]

Italiens Sicherheitsbehörden scheinen ebenfalls aufgewacht
zu sein. Und weil in der Lombardei bekannt war, dass sich in
einer Mailänder Moschee in der Viale Edoardo Jenner Islamisten trafen, die in Afghanistan, Bosnien und im Irak gekämpft
hatten, konnte dort der Attentäter von Berlin gestellt werden,
der zuvor in Italien vier Jahre lang inhaftiert war und dessen
Gefährlichkeit die Behörden kannten.[68]

Es ist so erfreulich wie notwendig, dass Staatsschützer die
Bedrohung erkannt haben. Aber die Konsequenzen für die Terroristen und Terrorhelfer sind nicht hart genug. Ich würde ja
gern glauben, dass die meisten Rückkehrer desillusioniert sind
und ihre Entscheidung für den IS bedauern, dass sie von einer
Verirrung geheilt sind und nicht unheilbar verroht. Aber deswegen sind sie noch lange nicht unschuldig. Wer zum IS gehört
oder gehörte, hat sich an den Taten einer Terrororganisation beteiligt, sie unterstützt. Das sind keine Mitläufer, die unfreiwillig
in etwas hineingeraten sind, was sie nicht verhindern konnten.
Es war ihre Entscheidung, nach Syrien zu gehen, wo Tausende
massakriert werden. Dafür müssen sie adäquat bestraft werden – durchaus auch zur Abschreckung; nicht jeder junge
Mensch muss jede Erfahrung selbst machen müssen.

Nicht auszudenken, einer dieser Killer würde eines Tages in
meine Nachbarschaft einziehen. Ich könnte das keinesfalls akzeptieren. Und ich kann mir nicht vorstellen, dass irgendjemand
das akzeptieren könnte oder gar gern Tür an Tür mit solch einer
tickenden Zeitbombe leben wollte. Wenn nur jeder Zehnte von
ihnen »rückfällig« wird, wäre das sehr besorgniserregend.

Doch das ist leider nicht alles. Der IS denkt bereits einen
Schritt weiter. Seine Propagandisten fordern die »Westler« in-

zwischen auf, nicht mehr in »ihr« Land zu kommen, sondern sagt: Bleibt, wo ihr seid, dient unserer Sache dort.

8. »Bleibt fort, tötet zu Hause«

Die Zahl der Europäer, die sich im Nahen Osten dschihadistischen Organisationen anschließen, nimmt seit Mitte 2015 ab. Der Zauber des IS scheint gebrochen, seit er in Syrien und im Irak an Boden verliert und auch Russland Luftangriffe gegen seine Stellungen fliegt. Aber für eine Entwarnung gibt es keinen Grund. Im Gegenteil: Der »Islamische Staat« hat seine Strategie erweitert. Am 21. März 2016 rief IS-Sprecher Abu Mohammad al-Adnani (Geburtsname: Taha Sobhi Falaha) in einer Videobotschaft europäische Anhänger dazu auf, erst gar nicht nach Syrien zu reisen, sondern zu Hause zu bleiben und dort Anschläge zu verüben. Die kleinste Tat in der Heimat der Ungläubigen sei »wirkungsvoller für den ›Islamischen Staat‹ und schmerzvoller für sie«.

Zuvor hatten bereits zwei Europäer in einem Video unmaskiert ihre »Brüder« und »Schwestern« zu Terroranschlägen in Deutschland aufgefordert. »Greift die *Kuffar* an, in ihren eigenen Häusern! Tötet sie dort, wo ihr sie findet!«, fordert einer, erstmals in deutscher Sprache, der sich »Abu Umar al-Almani« nennt. Dabei handelt es sich vermutlich um den in Stuttgart geborenen 28-jährigen Deutschen Yamin Abou-Zand aus Königswinter im Rhein-Sieg-Kreis, der wenige Monate zuvor über die Türkei nach Syrien gereist war. Im Film greifen er und der aus Dinslaken bekannte Österreicher Mohamed Mahmoud alias »Abu Usamah al-Gharib« anschließend zur Waffe und erschießen zwei am Boden kniende, gefesselte syrische Regierungssoldaten. Unmittelbar darauf sieht man den bereits erwähnten Bremer Harry Sarfo mit einer IS-Fahne durchs Bild laufen.[69]

Binnen des ersten Jahres, das ich in Deutschland verbrachte, mordeten Islamisten in Brüssel, Nizza, Würzburg, Ansbach und Berlin – um nur einige der weiter oben aufgezählten Anschläge des Jahres 2016 in Europa zu nennen; die Reihe setzte sich 2017 in Jerusalem, London, St. Petersburg, Stockholm, Paris, Mailand und Manchester sowie rechtzeitig verhinderten Attentaten auf dem Flughafen Paris-Orly und einer Einkaufsstraße in Antwerpen fort. Die meisten dieser islamistischen Attentäter in Europa stammen aus dem Land, das sie angreifen, viele von ihnen kamen dort zur Welt. Und fast alle waren in ihrem bisherigen Leben nicht durch einen tiefen Glauben an Allah aufgefallen. Ich wollte wissen, wieso diese Menschen sich dem IS zur Verfügung stellten. Und so begann ich im März 2016, alles über den IS in Deutschland und anderen von diesem Virus befallenen Staaten Europas zu sammeln, was ich in überwiegend englischen, später auch deutschen Zeitungen sowie im Internet fand.

Erstes Ergebnis meiner Recherchen: Auf zu Hause gebliebene islamistische Terroristen trifft tendenziell zu, was auch für ihre ins IS-Land gereisten Brüder und Schwestern gilt: Ein erheblicher Teil von ihnen war bereits mit dem Gesetz in Konflikt geraten.

Mohammed Bouyeri, der Mörder von Theo van Gogh in Amsterdam, war ein guter Schüler, bis sein Jugendclub geschlossen wurde. Dann verfiel er dem Alkohol und den Drogen, und nach einer Messerstecherei saß er drei Monate im Gefängnis, wo er sich der Religion zuwandte und sich im weiteren Verlauf seines Lebens von der »demokratischen Folterkammer« abnabelte, als die er die Niederlande empfand, weil Muslime keine Chance hätten.

Die beiden Maskierten, welche die Redaktion von *Charlie Hebdo* überfielen, Chérif und Saïd Kouachi (geboren in Paris,

Eltern aus Algerien) waren Heimkinder, die sich 2003 in einer Moschee radikalisierten. Chérif Kouachi versuchte schon 2005, in den Irak zu reisen, um sich dem Widerstand gegen die Besatzer und die Machthaber anzuschließen. Gemeinsam besuchten die Brüder im Jemen ein Trainingslager von Al-Qaida.

Amedy Coulibaly erschoss am 8. Januar 2015 in Paris eine Polizistin und stürmte tags darauf in den koscheren Supermarkt »Hyper Cacher«, wo er vier weitere Menschen tötete und mehrere Geiseln festhielt. Mit ihnen wollte er die Kouachi-Brüder freipressen, die Attentäter von *Charlie Hebdo*, die er aus dem Gefängnis kannte. Er war schon als Jugendlicher in die Kriminalität abgerutscht, dealte mit Rauschgift und überfiel bewaffnet eine Bank. Er, der Kriminelle, und Chérif Kouachi, der radikale Islamist, hatten sich 2007 im Gefängnis Fleury-Mérogis in der Nähe von Paris kennengelernt. Später trafen sie dort Djamel Beghal, einen Anwerber von Al-Qaida, mit dem sie auch nach ihrer Entlassung in Kontakt blieben. Acht Jahre später, im Januar 2015, koordinierten die beiden die Terroranschläge von Paris.[70]

Auch Salah Abdeslam und Abdelhamid Abaaoud, Drahtzieher der Pariser Attentate vom 13. November 2015, beide Kinder von Marokkanern, waren Kriminelle, Räuber, Einbrecher, Drogenhändler. Abaaoud hatte sich von 2012 an mehrfach in Syrien aufgehalten, wo er sich islamistischen Organisationen anschloss, zuletzt dem IS. Er wurde fünf Tage nach dem Attentat erschossen, Abdeslam tauchte unter – und im Zusammenhang mit den Anschlägen in Brüssel im März 2016 wieder auf.

Brahim Abdeslam, der sich vor dem »Café Comptoir Voltaire« mit einer Sprengstoffweste selbst in die Luft sprengte und drei Passanten verletzte, war Betreiber einer Bar in Molenbeek, in der auch Rauschgifte konsumiert wurden. Er war, so sagte seine Frau später, ein Kiffer und Faulenzer. In der Moschee war er nie, auch betete er nicht.

Omar Ismaël Mostefaï, einer der Mörder, die im Musikclub »Bataclan« 89 Menschen töteten, war ebenfalls als Kleinkrimineller bekannt – um das Mindeste zu sagen.

Die Attentäter, die sich am 22. März 2016 am Brüsseler Flughafen in die Luft sprengten, Najim Laachraoui und Ibrahim el-Bakraoui, waren Schwerkriminelle, die mehrere Jahre im Gefängnis verbracht hatten. Für beide hatte die Religion keine Bedeutung. Ibrahim el-Bakraoui hatte ein Jahr vor der Tat versucht, nach Syrien einzureisen, um sich dem IS anzuschließen, weshalb die Türkei ihn nach Europa zurückschickte. Sein Bruder Khalid el-Bakraoui, der seine Bombe im U-Bahnhof Maelbeek zündete, war durch Bankraub und Autodiebstähle aufgefallen.

Najim Laachraoui hatte ein Studium der Ingenieurwissenschaft abgebrochen, reiste 2013 nach Syrien und wurde bei einem Gefecht des IS gegen die Al-Nusra-Front am Bein verletzt. Er stellte offenbar die Bombenwesten von zwei der Pariser Attentäter her, die am 13. November 2015 das Stade de France und den Musikclub »Bataclan« angriffen. Laachraoui kannte Salah Abdeslam aus Syrien und fuhr mit ihm im September 2015 (wohl unter dem Alias Soufiane Kayal) in einem gemieteten Mercedes über Ungarn und Österreich nach Belgien zurück. Abdeslams Fingerabdrücke fanden sich später in einem Brüsseler Appartement, das Laachraoui unter seinem Aliasnamen gemietet und in dem er Bomben gebaut hatte, sowie in einer weiteren von Khalid el-Bakraoui gemieteten Wohnung. In einem Haus, das Bakraoui gemietet hatte, fanden sich die Fingerabdrücke der Pariser Attentäter Bilal Hadfi and Abdelhamid Abaaoud. Abaaoud und Abdeslam kannten sich schon zu Jugendzeiten und hatten 2010 eine Haftstrafe im selben Brüsseler Gefängnis abgesessen.[71]

Der Lastwagen-Attentäter von Nizza, Mohamed Lahouaiej Bouhlel, war ebenfalls ein Straftäter; er trank Alkohol und rauchte Haschisch, galt nicht als religiös, aber als gewalttätig. Er handelte als Erster nach der IS-Empfehlung, alltägliche Gegenstände zum Mord an Ungläubigen zu benutzen. Abu Mohammad al-Adnani hatte die Alternativen benannt: »Wenn du keine Kugel hast, dann wirf ihm Steine an den Kopf, schlachte ihn mit einem Messer, fahre ihn mit deinem Auto über den Haufen, wirf ihn von einem hohen Platz zu Boden, erdrossle ihn oder vergifte ihn.«[72]

Der in Tunesien geborene Anis Amri schließlich, der einen Sattelschlepper in den Weihnachtsmarkt am Berliner Breitscheidplatz steuerte, war als Jugendlicher als Krimineller bekannt und setzte diese Karriere nach seiner Ankunft in Europa im Jahr 2011 fort. Er soll sich im Gefängnis radikalisiert haben, die Abschiebung nach seiner Entlassung 2015 scheiterte.

Menschen mit schlechter Vergangenheit waren und sind in Gefängnissen anfällig für »alternative« Lebensentwürfe. Das gilt auch für junge Muslime, die den Staat und die Gesellschaft hassen. Wer die Welt als Ort sieht, an dem kein Platz für ihn ist, dem erscheint eine neue Welt schnell attraktiv. Dazu gehört die Religion, zu der sie bisher vielleicht so wenig Neigung verspürten wie Durchschnittschristen in Mitteleuropa. Im Gefängnis werden sie von Anwerbern des IS gezielt angesprochen. Hier lernen sie aber nicht nur einen »Kümmerer« und die Religion kennen und vielleicht sogar schätzen, sondern auch, wie sie ihre besonderen Fähigkeiten in einem scheinbar positiven Sinn sanktionsfrei anwenden können. In diesem Sinne sind Gefängnisse so etwas wie Durchlauferhitzer, in die Kriminelle eingewiesen wurden und aus denen künftige Dschihadisten entlassen werden.[73] Daraus den Schluss zu ziehen, sie nicht einzusperren, wäre allerdings falsch gedacht.

Dem IS ist gleichgültig, dass diese Männer nicht nach den strengen Regeln des Ur-Koran leben. Die Religion ist unbedeutend, für Salafisten ist ohnehin kein richtiger Muslim, wer in den Staaten der Ungläubigen lebt. Diese Helfer sind für den IS nützliche Idioten, die seinem »Call of duty« folgen und glauben dürfen, ihre Gewaltneigung nunmehr für eine gute Sache legal und legitim auszuleben. Allein darauf kommt es dem IS an: Kriminelle und Gewalttätige verfügen über »Fachkenntnisse«, die für das Planen und Organisieren von Attentaten nützlich sind – Beschaffung von Geld bis Fluchtautos, Erfahrung im Gebrauch von Waffen sowie Rücksichtslosigkeit und Kampferfahrung gegenüber der Staatsmacht.

Bei diesen »einheimischen« Terroristen wird es nicht bleiben. »Schuld daran« ist eine große humanistische Tat, von der auch ich profitiert habe. Angela Merkel hat ihr Herz geöffnet und die Schlagbäume hochgezogen, um Menschen in Not Obdach zu geben. Damit hat sie ein Beispiel an Mitmenschlichkeit gegeben, für das der große Staatsführer Baschar al-Assad nicht ein gutes Wort gefunden hat. Er hat sich nicht bedankt, dass europäische Staaten seine Landsleute aufgenommen haben, um die er sich nicht im Geringsten gekümmert hat. Im Gegenteil: Assad ist froh, dass all diese Menschen verschwinden. Er betrachtet sie als seine Feinde – was viele von ihnen auch sind. Seine Entourage hatte seit 2012 mehrfach versprochen, die Population Syriens wieder auf die sechseinhalb Millionen zu reduzieren, die dort zu Regierungszeiten seines Vaters in den Siebzigerjahren lebten.

Ich bin Deutschland sehr dankbar, dass es die Tür für eine fast unübersehbare Zahl von Flüchtlingen geöffnet und ihnen sehr schnell Aufenthalt gewährt hat. Aber ich fürchte, es war ein Fehler, alle diese Menschen auf dem Höhepunkt der Flüchtlingswelle weitgehend unkontrolliert in ein dann doch etwas überfordertes Land gelassen zu haben. Überfordert, weil die meisten anderen europäischen Staaten Deutschland damit allein gelassen haben. Wären sie diesem bemerkenswerten Beispiel an Humanität gefolgt und wären die Hilfesuchenden in ganz Europa verteilt worden, wären die Folgen sicher beherrschbarer gewesen – und vielleicht auch die Gefahren. Leider war (und ist) die Bereitschaft dazu gering. So, wie man die Jahre zuvor schon bereitwillig weggesehen hatte, wenn etwa vor Lampedusa oder der griechischen Küste Hunderte ertranken und Tausende die Ufer erreichten. Die übrigen Europäer betrachteten das weitgehend als italienisches oder griechisches Problem.

Möglicherweise hätte Solidarität mit Deutschland auch nicht viel geändert, denn die Bundesrepublik war das erklärte Ziel der Mehrheit der Flüchtlinge aus dem Nahen Osten. Weil kein Land als so sicher galt, keines so sehr die Menschenrechte zu achten schien und keines derartig gute berufliche Chancen zu bieten versprach.

Für den IS eröffneten sich durch die Flüchtlingswelle ebenfalls Chancen: Wie bereits erwähnt, begnügt sich der IS nicht mehr damit, sein Mordhandwerk in Europa Sympathisanten zu überlassen, die in den betroffenen Ländern geboren oder aufgewachsen sind, Muslimen oder Konvertiten, die nach einer kurzen Schulung zurückkehren oder ferngesteuert über das Internet oder die sozialen Medien handeln. Der IS will Europa gezielt auch mit Männern und Frauen aus den eigenen Reihen attackieren. Versteckt im großen Strom der Flüchtlinge erreichten sie Europa. Einige von ihnen kenne ich aus den Gefängnissen des »Islamischen Staats«, als Täter oder überzeugte Angehörige. Sie leben inzwischen mitten unter uns.

9. Mitten unter uns: Ausländische Islamisten in Europa

In den Gefängnissen des IS prahlten dessen Emire immer wieder mit Plänen, Europa anzugreifen und Terroranschläge zu verüben. »Wir werden euch bald zeigen, wie stark wir sind«, musste ich schon am zweiten Tag in Tal Hamis hören. In Al-Shaddadi war die Freude unserer Bewacher und der IS-Gefangenen über das, was drei Wochen später in Paris geschah, groß. Und in Al-Tabqa drehten die Wächter die Radios so laut auf, dass ich Reden von al-Baghdadi und al-Adnani hörte, die Europa mit Anschlägen drohten. Ich erinnere mich an al-Adnanis Worte: »Ich verspreche euch, wir werden Rom erobern, und wir werden ihre blonden Frauen als *Sabaya* nehmen. Wir werden die Zentren der Ungläubigen, die europäischen Hauptstädte, attackieren.« Mehrfach hörte ich sie sagen, dass sie ihre »Märtyrer« bereits nach Europa geschleust hätten, um dort Anschläge zu verüben. Ich glaubte ihnen damals kein Wort.

Dabei hatte schon kurz nach Ausbruch der Revolte in Syrien Großmufti Ahmad Badr ad-Din Massoun, obwohl Sunnit engster Vertrauter von Baschar al-Assad, Europa und den USA Selbstmordattentate angedroht: »Mit der ersten Bombe, die auf Syrien oder den Libanon abgeworfen wird, wird jeder Sohn und jede Tochter in Syrien und im Libanon ein Märtyrer«, warnte er im Oktober 2011 in einer Rede, die der regimetreue Sender »Syrian News Channel« ausstrahlte. Ihre Ziele, so sagte er, werden Europa und Palästina sein. Den Europäern und den Amerikanern versicherte er: »Wir haben bereits Selbstmordattentäter in euren Ländern.« Sollten Bomben in Syrien fallen, versprach er: »Dann wird gelten: Auge um Auge, Zahn um Zahn. Ihr habt damit angefangen.« Die Rächer, Araber oder Muslime, seien dann die neuen Jules Jammals (er soll im Suezkrieg im Oktober

1956 ein französisches Kriegsschiff gerammt und auf diese Weise versenkt haben), die neuen Muhammed al-Durras (ein Zwölfjähriger, der am 30. September 2000 im Gazastreifen in ein Kreuzfeuer geriet, sich hinter seinem Vater und einem Poller duckte und doch erschossen wurde – vermutlich von israelischen Soldaten).

Stimmte das? Warteten in Europa Islamisten tatsächlich darauf, ihren Auftrag auszuführen? Den ersten Hinweis auf mögliche »Schläfer« hatte ich bereits kurz nach meiner Entlassung in Qamishlo erhalten. Und Ende 2015 hatte mir ein Bekannter in Erbil von einem Mann aus Al-Raqqa berichtet, der dort wegen der Mitgliedschaft in der Al-Nusra-Front inhaftiert war. Ich kannte ihn zwar nicht persönlich, wusste aber, dass er in einer Nachbarzelle untergebracht war. Ich hatte mehrfach gehört, wie die Wärter seinen Namen riefen. Dieser Mann, so hatte mein Freund erzählt, lebe nun in Deutschland.

Damals hatte ich ihn tatsächlich in den sozialen Medien gefunden. In seinen Facebook-Posts nannte er auch den Namen der Stadt, in der er inzwischen lebte. Alle Postings, die ich dort las, drehten sich um den Dschihad. Unter anderem schrieb er: »Das Gewehr ist das Parfüm des Dschihadisten.«

Während der Flucht und in den ersten Wochen in Deutschland hatte ich diese Episode fast vergessen. Erst im Laufe einer meiner vielen schlaflosen Nächte unter dem Zeltdach der Sammelunterkunft fiel er mir wieder ein. Ich stand auf und schaltete mein Notebook ein. Seine Facebook-Seite war noch aktiv, auch die Postings über den Dschihad und Al-Nusra sah ich schwarz auf weiß. Ich dachte: Diese einfältigen, ungebildeten Esel! Sie leben in Deutschland, aber wer Arabisch versteht, kann sie jederzeit finden. Sie sind zu dumm, um ihre Accounts für Außenstehende zu sperren, sie sind ein offenes Buch.

Wegen seines Spruchs: »Das Gewehr ist das Parfüm des Dschihadisten«, gab ich ihm in jener Nacht den spöttischen Spitznamen »der Poet«.

Aber ein kleiner Scherz wie dieser hilft nicht, den Schrecken zu überwinden, der mich erfasst hatte, weil dieser Mann nun in Deutschland war. Er war einer von denen, die in meinem Land noch immer Angst und Schrecken verbreiteten, einer von denen, die an ihrem alten Denken festhielten, die vor nichts zurückschreckten und die nun ihren Terror in dieses friedliche Deutschland brachten. Was bedeutete das für die Menschen, die wie ich vor seinesgleichen geflüchtet waren? Und was bedeutete es für meine Gastgeber, die Deutschen, die offenbar keine Ahnung hatten, wer da unter ihnen weilte? Ich speicherte Screenshots der Posts des »Poeten« in einem Ordner auf meinem Laptop, ohne zu wissen, weshalb und wofür ich das tat.

Der Poet war der erste Fall eines Islamisten, dessen Aufenthalt in Deutschland ich sicher nachweisen konnte. Ich wollte fest daran glauben, dass es eine Ausnahme war. Doch dann fand ich (und finde ich noch immer) auf Facebook und Twitter weitere Einträge mit IS-Propaganda von Dschihadisten in Deutschland wie diesen: »Heiliger Allah, lass den Islamischen Staat siegen! (…)« Sie warnen die Ungläubigen, den IS anzugreifen. Sie werden Al-Raqqa nicht erobern können. Sie äußern sich erfreut über jeden »gelungenen« Anschlag. Ich habe Dutzende dieser Propagandisten in Deutschland gefunden. Ich beobachte solche Accounts. Diese Männer sind gefährlich. Ihre Tweets und Posts sind ernst zu nehmen.

Eines Tages erhielt ich einen Anruf von einem befreundeten Journalisten, der mir im Laufe des Gesprächs von einem Erlebnis in einem Flüchtlingscamp mitten in Europa erzählte. Er hatte das Camp im Jahr zuvor besucht, als ich noch in der Zelle in Manbidsch saß. »Ich habe dort vor ein paar Monaten einen merkwürdigen Mann getroffen«, sagte er nach einer Weile. »Er hat sich benommen wie diese Eiferer vom IS, ständig gebetet und über den Islam gesprochen, und zwar in sehr radikaler Weise; auch über den IS selbst und die dort lebenden Menschen hat er immer wieder geredet.«

»Weißt du, wie er heißt?«

»Ja«, sagte er.

Als er seinen Namen nannte, zuckte ich zusammen. Mit diesem Mann hatte ich im Gefängnis in Al-Shaddadi gesessen. Es war der Kerl, der dem IS die Koordinaten für Bombenziele in kurdischen Städten übermittelt hatte. Heute bin ich überzeugt, dass er nicht nur die Kurden verraten hat, sondern auch in die Zelle geschickt worden war, um mich auszuhorchen und zu bespitzeln.

Dieser Mann hatte mir kurz vor unserer Flucht in Erbil via Facebook besagte Freundschaftsanfrage geschickt. Schon damals hatte ich mir die Frage gestellt, wie ein Radikaler wie er nach Europa hatte gelangen können. Die Schilderung meines Freundes belegte, dass er seiner Einstellung treu geblieben war. Ich konnte mir nicht vorstellen, dass er sich in den zurückliegenden Monaten davon abgewandt hatte.

Dieser Mann war verantwortlich für zahlreiche Bomben, die auf kurdische Städte abgeworfen worden waren, ihn traf zumindest eine Teilschuld am Tod von unzähligen Zivilisten. Was würde er hier tun? Für einen wie ihn, der das Kriegshandwerk beim IS gelernt hat, wäre es leicht, hier eine Bombe zu bauen und zur Explosion zu bringen. Zumal, wenn er inzwischen als Asylbewerber anerkannt war und sich frei im Land bewegen konnte.

Ich wollte mehr über ihn herausfinden, öffnete meinen Laptop, loggte mich bei Facebook ein und fand das Profil des merkwürdigen Gläubigen, den mein Kollege in einem Flüchtlingscamp getroffen hatte. Seine Einschätzung, der Mann rede wie ein Eiferer des IS, wunderte mich nicht. Ich sah, dass er noch immer mehr als 300 Freunden folgte, fast allesamt Mitglieder des IS. Wie so viele Dschihadisten in den sozialen Netzwerken huldigten die meisten Saddam Hussein, und ich fragte mich wieder einmal, was so attraktiv daran ist, einen toten Diktator zu lieben. Aber das war nicht das Schlimmste. Dieser Mann arbeitete inzwischen in einer Moschee, er missionierte und versuchte Menschen dafür zu gewinnen, zum Islam zu konvertieren. Er hatte Karriere gemacht in einem Land mitten in Europa. Er war Imam geworden, Standort und Namen der Gemeinde darf ich nicht nennen.

In seinen Posts und sicher auch wenn er in der Moschee predigt, sagt er, Muslime sollten *gute* Muslime sein. Aber wissen wir, was er darunter versteht? Er könnte das anders meinen als wir. Männer wie er sind wie Schlangen; sie halten sich versteckt im Hintergrund, und sie beißen zu, wenn sie die Gelegenheit dazu haben, und niemand kann ihnen trauen.

Als ich die Seite einige Tage später noch einmal besuchte, hatte er mich von der Liste seiner Freunde verbannt, auch die Kontakte zu Salafisten und Dschihadisten waren mit einem Mal verschwunden. Er hatte wohl nicht übersehen, dass ich mir seine Facebook-Seite genauer angesehen hatte.

Dass sich unter die Flüchtlinge Menschen gemischt haben, die definitiv bereit waren, Terror und Gewalt in ihr Gastland zu tragen, ist trauriger Fakt. Mohammed Daleel, der Attentäter von Ansbach, war Syrer. Er war schon 2013 nach Deutschland gekommen, zuvor hatte er für den IS im Irak gekämpft. Flüchtling zu sein, behauptete auch der Attentäter von Würzburg, Riaz Khan Ahmadzai, der in einer Regionalbahn vier Menschen mit einem Beil und einem Messer zum Teil lebensgefährlich verletzte. Er kam im Juni 2015 über Ungarn und Österreich nach Deutschland – aus Afghanistan.

Dschaber al-Bakr, der im Verdacht steht, Anschläge vorbereitet zu haben, (unter anderem auf den Flughafen Berlin-Tegel), war im Februar 2015 als Flüchtling nach Deutschland gekommen. Im Herbst desselben Jahres fuhr er in die Türkei und von dort weiter nach Al-Raqqa, um sich dem IS anzuschließen. Nach einem Aufenthalt in Idlib kehrte er nach Chemnitz zurück, wo der Verfassungsschutz ihn observierte. Er traf sich in Berlin mehrfach mit Imamen, die für den Dschihad warben, und suchte im Internet nach Anleitungen zum Bombenbau. Einer Verhaftung konnte er sich entziehen, wurde aber auf der Flucht von drei Syrern überwältigt und der Polizei ausgeliefert. Al-Bakr erhängte sich im Oktober 2016 im Gefängnis in Leipzig.[74]

Im Juni 2016 nahmen deutsche Sicherheitsbehörden drei Mitglieder einer »Schläferzelle« fest. Die Staatsschützer hatten offenbar genügend Beweise gesammelt, dass Adb Arahman A. K. und seine Komplizen im Auftrag des IS einen Anschlag in Düsseldorf geplant hatten. Zwei Selbstmordattentäter sollten sich in der Innenstadt in die Luft sprengen, an den vier Ausgängen der Altstadt je zwei Männer mit Gewehren möglichst viele flüchtende Passanten erschießen. Alle Beteiligten sollen als Mitglieder der Al-Nusra-Front an Kriegsverbrechen beteiligt gewesen sein, darunter die Ermordung von 36 gefangenen Mitarbeitern der syrischen Regierung.[75]

Und in einem Kölner Flüchtlingsheim nahmen die Sicherheitskräfte im September 2016 den 16-jährigen Syrer Mohammad J. fest, der offenbar ein Attentat plante und via WhatsApp mit einem sogenannten IS-Mentor in Verbindung stand.[76]

Das alles sind Zufallsfunde aus Zeitungen und aus dem Netz, die Liste ist unvollständig. Aber es kann keinen Zweifel geben, dass unter den Flüchtlingen, die Deutschland in den vergangenen Jahren erreichten, auch Menschen sind, die dem IS angehör(t)en.

Niemand kann sagen, ob diese Islamisten, die bei den Aufnahmegesprächen ihre Vergangenheit natürlich für sich behalten, von ihrem Wahnsinn geheilt sind.

Wer fremd und neu in einem Land ist, sucht häufig den Kontakt zu Gleichgesinnten. Ein Bindeglied, das zuvor möglicherweise keine besondere Rolle gespielt haben mag, kann dabei die Religion sein. Viele der muslimischen Neuankömmlinge suchen Halt in Moscheen. Dagegen spräche eigentlich nichts, fände sich nicht auf den Facebook- und Webseiten zahlreicher Imame, Moscheen und Kulturvereine eine Fülle von Hinweisen auf Umtriebe, die mit der freiheitlich-demokratischen Grundordnung nicht vereinbar sind. Wir wissen alle, was in einigen – bei Weitem nicht allen – muslimischen Gebetshäusern in Europa gepredigt wird: mehr Politik als Barmherzigkeit, mehr Aufstachelung zum Hass als Werben für Frieden. In Hildesheim stürmte die Polizei im März 2017 einen »Hotspot der radikalen Salafistenszene«, so Niedersachsens Innenminister Boris Pistorius. In der Moschee wurden offenbar junge Menschen dazu verleitet, sich dem IS anzuschließen. Aus diesem und anderen Gründen überwacht der Verfassungsschutz rund hundert Moscheen in Deutschland.

Auch in den Räumen der Moscheegemeinden der Türkisch-Islamischen Union der Anstalt für Religion e.V. (Diyanet İşleri Türk İslam Birliği, Ditib) in Dinslaken-Lohberg haben sich die jungen Männer radikalisiert, die nach Syrien zogen und sich dem »Islamischen Staat« anschlossen. Aus dem Umfeld der Wolfsburger Ditib-Moschee gingen mindestens 15 Gläubige nach Syrien, darunter Sofian Khebbache, der mit zwei weiteren jungen Männern aufgebrochen war und seinem Leben bei Ramadi als Selbstmordattentäter ein Ende setzte.[77]

Immer wieder rufen im Internet sogenannte Informationskrieger in Deutschland lebende Jugendliche zu den Waffen. Der Imam der Berliner »Hicret-Camii«-Moschee in der Perleberger Straße (Moscheeverein »Fussilet 33 e.V.«), der zudem per Internet-Video Verbrechen des IS rechtfertigte, wurde dafür vom Berliner Kammergericht im Juni 2016 wegen Unterstützung einer terroristischen Organisation im Ausland sowie der Billigung von Kriegsverbrechen zu zweieinhalb Jahren Haft verurteilt. Schon Jahre zuvor war der russische Staatsangehörige dagestanischer Herkunft durch Predigten in einem Moscheeverein in Berlin-Moabit aufgefallen, aus dessen Umfeld mehrere Salafisten festgenommen worden waren.[78]

Zwei weitere Mitglieder dieses Moscheevereins wurden 2015 verhaftet, weil sie IS-Kämpfer angeworben und mit Geld, Flugtickets und Technik versorgt haben sollen. Und im Januar 2016 setzten die Behörden den selbst ernannten »Emir von Wedding« fest wegen des Verdachts der Vorbereitung einer schweren staatsgefährdenden Gewalttat in Syrien. In dieser Moschee verkehrte auch Anis Amri, der Attentäter von Berlin.[79] Moschee und Verein haben sich inzwischen aufgelöst.

Hassprediger und Dschihadisten scheinen in ganz Europa ihr Unwesen zu treiben. In Großbritannien berichtete die Zeitung *The Guardian* schon 2014, dass die Islamisten zunehmend Moscheen statt das Internet als Plattform zur Werbung für den Dschihad und Kampfwillige wählten.[80] Anfang Januar 2016 sorgte auf der Insel eine Dokumentation mit dem Titel »The Jihadis Next Door« für Furore. In London hatten radikale Muslime vor einer Moschee »demonstriert«. Einer der Demonstranten rief: »Die Scharia kommt nach Großbritannien«, die schwarze Fahne des IS »wird eines Tages auf der Downing

Street 10 wehen«. Der Film zeigt einen Prediger, der ein Exekutionsvideo ansieht und lacht. Passanten fordert er auf, »nicht mehr den falschen Gott Demokratie, sondern wieder Allah anzubeten«. Dass etliche Muslime den Männern lautstark widersprachen, ist zwar ein gutes Zeichen, aber davon lassen sich die Hassprediger sicher nicht beeindrucken.[81]

In der Schweiz ermittelten die Behörden Anfang 2017 gegen 480 mutmaßliche Dschihadisten. Die An-Nur-Moschee in Winterthur hat den Ruf, immer wieder radikale Imame predigen zu lassen. Zahlreiche junge Hörer radikalisierten sich und schlossen sich in Syrien und im Irak islamistischen Gruppierungen an.[82]

Überhaupt scheint es innerhalb Europas einen Imam- und Predigertourismus zu geben. So sprach in etlichen deutschen Moscheen Tarik Chadlioui, alias Tarik Ibn Ali, ein radikalislamistischer Imam aus Antwerpen, den die Zeitung *Daily Mail* »Terrorprediger« nannte. Er soll Teil eines inzwischen verbotenen Islamisten-Netzwerks gewesen sein, das auch in Deutschland Muslime zum Kampf in Syrien rekrutierte, jahrelang Spenden für Syrien gesammelt und den Attentäter aus dem Bataclan, Omar Mostefaï, in einer Pariser Moschee radikalisiert hat.[83]

Auch diese kleine Liste von Berichten ist unvollständig, sie ist nicht Ergebnis einer systematischen Recherche. Ich durchwachte Nächte mit dem Surfen im Internet, es vertrieb die Zeit bis zum Morgen. Und je mehr solcher Hinweise, Reports und Nachrichten ich las, desto weniger war es mir möglich, doch noch Schlaf zu finden. Es drängten sich Fragen auf, die mich immer wieder beschäftigten: Warum laden Moscheevorstände Islamisten, Hassprediger und Gewalt befürwortende Prediger ein? Mit welchem Ziel? Ein Versehen, wie eine beliebte Ausrede lautet? Warum dürfen Imame unter dem Deckmantel der Religionsfreiheit gegen Ungläubige hetzen und den Märtyrerkult predigen?

Ein Ruf, der offenbar gehört wird. Mit Entsetzen erlebe ich in Deutschland, dass überraschend viele junge Männer und Frauen mit deutschem Pass (und türkischen oder arabischen Wurzeln) derartigen Parolen folgen und sich mit den Dschihadpredigern identifizieren statt mit dieser Demokratie, die ihnen so viel zu bieten hat.

Das alles beschäftigte mich Tag und Nacht, die potenziellen »Schläfer«, die ich im Internet gefunden hatte, der Imam, der in seinem vorherigen Leben dem IS half, kurdische Stadtviertel in Hasaka zu bombardieren, sowie die Anschläge, begangen von Flüchtlingen, ließen mir keine Ruhe. Wenn der IS und andere radikal-islamistische Organisationen tatsächlich ihre Terroristen in Flüchtlingsgruppen versteckte und nach Europa schickte, was konnte ich dann tun? Wie konnte ich meinen Gastgebern und gleichzeitig meinesgleichen helfen, den Gejagten und Vertriebenen, die vor diesen Mördern geflohen waren und nun wegen der zunehmenden Radikalisierung, der Gewalt und des Terrorismus in Europa allesamt unter Generalverdacht gerieten?

10. Mein Entschluss

Die Dschihadisten sind allgegenwärtig, sie sind mitten unter uns. Wir dürfen keine Angst vor ihnen haben. Wir dürfen nicht weich sein. Niemals. Wir müssen Selbstbewusstsein ausstrahlen, denn wenn wir Schwäche zeigen, fühlen sie sich stark.

Ich weiß aus persönlicher Erfahrung, dass Angst ein Gefühl ist, das sich nur schwer unterdrücken lässt. Nicht umsonst habe ich lange versucht, meine Erinnerungen zu verdrängen und zu vergessen. Doch was, wenn mir das tatsächlich gelänge? Wem wäre damit geholfen? Nicht einmal mir selbst. Denn das, was ich erlebt habe, hat tiefe Wunden auf meiner Seele hinterlassen.

Ich war Zeuge furchtbarer Verbrechen, begangen im Namen einer Religion, eines Gottes und eines vermeintlichen Staates, in Wahrheit aber von Menschen, denen gewissenlose Ideologen erlauben, ihre niedrigsten Instinkte auszuleben. Wer gesehen hat, was ich sehen musste, darf nicht schweigen. Ein Zeuge muss reden. Zu schweigen hieße, einverstanden zu sein mit dem, was sie tun. Und das bin ich ganz und gar nicht.

Es dauerte, bis ich bereit war, den nächsten Schritt zu gehen. Ich musste mich meinen Erinnerungen stellen, ich musste Informationen sammeln und weitergeben. Ich vertraute zwar darauf, dass die deutschen Behörden wissen: Die Dschihadisten sind überall, auch in Europa. Dass sie Verdächtige beobachten und diejenigen einsperren, die schuldig geworden sind – hier wie im IS-Land. Aber ich wusste auch, dass Polizei und Staatsschutz gegen diese Verbrecher nur vorgehen können, wenn es einen begründeten Verdacht gibt.

Ich wollte den Behörden dabei helfen, diese Verdachtsmomente zu finden. Also nahm ich Kontakt auf zu Menschen, die mit mir eine Zelle geteilt hatten. Sie alle kannten Namen von IS-Mitgliedern, die mit den Flüchtlingen nach Europa aufgebrochen waren. Ich fand auch die Kraft, wieder in meine Aufzeichnungen der Informationen zu blicken, die ich im Gefängnis gesammelt und nach meiner Freilassung niedergeschrieben hatte. Ich vernetzte mich außerdem mit mir bekannten kurdischen Militärführern. Von dort erhielt ich aktuelle Informationen, die sie bei gefangenen IS-Mitgliedern abschöpften oder von anderen ausgetauschten kurdischen Gefangenen erhalten hatten. Ich griff auf die Hinweise der Volksverteidigungseinheiten YPG zurück, die ich vor meiner Abreise erhalten hatte. Und ich bat kurdische Sicherheitskräfte in Qamishlo, die ich über meine Unterstützung der deutschen Behörden informierte, um neue Informationen über den IS in Syrien sowie um Hinweise zu ausgetauschten IS-Kämpfern, die das Land möglicherweise in Richtung Europa verlassen hatten.

Dank dieser Hinweise fand ich in den sozialen Netzwerken Bilder und Posts von Männern, die – zeitweise oder nach wie vor – Mitglieder von islamistischen Organisationen waren. Unter ihnen waren Männer, denen ich in den Gefängnissen begegnet war – Täter, Terroristen. Es war eine schockierende Erkenntnis, dass sich einige derjenigen, die mich in Syrien gequält hatten, nun in Europa befinden.

Es war mein Bruder, der mich auf einen Mann aus Qamishlo aufmerksam machte, der an einer Narbe im Gesicht erkennbar sei. Erst jetzt berichtete er mir von dem vergeblichen Versuch meiner Familie, von ihm Hilfe zu erhalten, nachdem sie erfahren hatten, dass ich Gefangener des IS war. Sie hatten via Facebook ihre Bitte vorgetragen, sich für mich einzusetzen. Aber er hatte sie eiskalt abblitzen lassen. Sie sollten nie wieder versuchen, mit ihm in Kontakt zu treten, ließ er mit drohendem Unterton verlauten.

Obwohl er in Qamishlo nur wenige Häuser entfernt gewohnt hatte, kannte ich ihn nicht persönlich. Er war 2013 aus der Stadt verschwunden, nachdem die kurdischen YPG auch die Kontrolle über unseren Bezirk übernommen hatte. Später gepostete Fotos zeigen ihn neben IS-Kämpfern posierend, eine Kalaschnikow in Händen. Es war offensichtlich, dass er zu ihnen gehörte.

Die Nachricht, die mein Bruder nun übermittelte, war schockierend: Inzwischen befinde sich dieser Mann in Deutschland. Und tatsächlich: Ich fand ihn ebenfalls auf Facebook, eine Sonnenbrille verdeckte die Stelle, an der ich die Narbe suchte. Außerdem kam sein neues Facebook-Profil ohne martialische Bilder mit Gewehren und IS-Männern aus.

Ich wollte sicher sein, dass dieser Mann der Kerl aus Qamishlo war, der sich dem IS angeschlossen und meiner Familie, seinen ehemaligen Nachbarn, die Hilfe verweigert hatte. Bevor ich den Mann mit der Narbe anzeigen konnte, wollte ich völlige Gewissheit haben.

Ein befreundeter deutscher Journalist, Mitarbeiter der Zeitschrift *Der Spiegel*, half mir bei der Recherche. Schließlich glaubten wir, seinen Wohnort zu kennen. Gemeinsam fuhren wir per Bahn in eine Stadt in Süddeutschland. Dort legten wir uns auf die Lauer. Mein Begleiter wollte ihn ansprechen, wozu ich nicht bereit war; ich wollte nicht, dass er mich sieht und möglicherweise erkennt.

Also standen wir im Frühsommer 2016 zwischen den Autos auf dem Parkplatz eines Gewerbegebiets. Die Geschäfte dort interessierten uns nicht, wir richteten unseren Blick auf die Flüchtlingsunterkunft. Wann immer ein Mann sich dem Eingang näherte oder das Haus verließ, duckten wir uns hinter den Autos, um nicht entdeckt zu werden. Aber der Mann aus Qamishlo ließ auf sich warten. Sieben Stunden waren vergangen, es ging schon dem Abend entgegen, da fuhr er, auf einem Fahrrad sitzend, direkt auf uns zu. Ich ballte die Faust und beugte mich vor, um besser sehen zu können. Die Narbe in seinem Gesicht war deutlich zu erkennen, es gab keinen Zweifel. Ich konnte mich nicht von der Stelle rühren. Mein Begleiter bereitete sich darauf vor, ihn anzusprechen und mit seiner Vergangenheit zu konfrontieren. Doch dann radelte der Kerl, statt auf den Hof der Unterkunft einzuschwenken, gemächlich an uns vorüber und entschwand unseren Blicken.

Am nächsten Tag unternahmen wir einen neuen Versuch. Als der Mann zum Rauchen vor die Tür der Unterkunft trat, ging der Journalist zu ihm. Er stellte auf Englisch zwei entscheidende Fragen: »Kommst du nicht aus Qamishlo?«

»Ja«, antwortete der Mann mit der Narbe leise und gepresst, »woher weißt du das?«

Er zog eine weitere Zigarette aus der Schachtel, zündete sie aber nicht an. Er schwieg.

Zweite Frage: »Warst du jemals Mitglied des IS?«

»Bullshit«, sagte er grimmig und warf wütend seine Zigarette auf den Boden. Seine Hände zitterten, und er schob sie eilig in die Taschen seiner Hose.[84]

Nach dieser aufschlussreichen Begegnung konnte ich die Behörden auf den Mann aufmerksam machen. Und ich würde ihnen alles sagen, was ich über den IS, seine Anhänger, Mitglieder und Förderer wusste. Wieso hätte ich mein Wissen für mich behalten sollen? Wozu hatte ich das alles gesammelt? Es jetzt nicht preiszugeben, das wäre feige gewesen. Ich wollte dazu beitragen, dass die deutschen Sicherheitskräfte Leute seines Schlages unter Kontrolle bekommen. Der Journalist half mir, die richtigen Stellen zu erreichen, Menschen, denen ich vertrauen konnte und kann. Und sie waren bereit, meine Hilfe anzunehmen.

Auf einer Polizeidienststelle traf ich Ermittler zweier Dienste, die mich zunächst verhörten. Sie fragten, weshalb ich ihnen helfen möchte, und als ich es ihnen erklärt hatte, schienen sie von meiner Ehrlichkeit überzeugt zu sein. Ich müsse nichts sagen, was mich belasten könnte, sagten sie. Das war ein sehr freundliches, für einen Menschen aus dem Nahen Osten ungewöhnliches Angebot, das mich einen Moment verwirrte. Aber ich hatte nichts zu verbergen, und so erzählte ich ihnen, was ich über den Mann mit der Narbe wusste. Ich gab ihnen außerdem alle Namen von Verdächtigen, die ich als Gefangener kennengelernt und die ich inzwischen in den sozialen Medien gefunden hatte, sowie alle meine Screenshots.

Ich informierte sie auch über den Imam. Ich gab den Staatsschützern alle Informationen, bat sie damals jedoch, meinen Namen geheim zu halten. Würde er meinen Namen erfahren, dann wäre das nicht nur gefährlich für mich. Auch meine Familie wäre bedroht – mein Vater zu Hause und meine Geschwister in Deutschland.

Im Fall des Mannes mit der Narbe musste ich leider lernen, dass einem demokratischen Rechtsstaat Grenzen gesetzt sind. Anders als im IS-Land dürfen Sicherheitskräfte in Demokratien Verdächtige nur bei ausreichender Beweislage festnehmen. Eine Narbe und ein Flüchtling als Zeuge reichen nicht aus für eine Anklage oder gar Verurteilung. Die Ermittler sagten mir, sie hätten in den vergangenen Monaten mehr als dreißig solcher Hinweise untersucht. Nur einer der Verdächtigen musste ins Gefängnis. Auch der Mann mit der Narbe darf weiterhin unbehelligt in Deutschland leben. Auf seinem Laptop und seinem Smartphone, so erfuhr ich, hätten die Sicherheitsbehörden nichts Verdächtiges gefunden. Nun können sie ihn bestenfalls beobachten. Oder, besser gesagt: Immerhin geschieht das nun.

Ich weiß nicht, was die deutschen Behörden mit meinen Informationen machen. Ich hoffe, sie suchen und observieren die Verdächtigen. Ich nehme an, sie kontrollieren sie. Ich war und bin glücklich, bei der Aufklärung zu helfen. Das sollten alle meine Landsleute tun. Leider geben die meisten vor, nichts gesehen und gehört zu haben, weder in Syrien noch hier. Das ist verständlich, denn sie fürchten Schwierigkeiten für den Fall, dass sie aussagen. Aber es ist falsch. Die deutschen Behörden beschützen nicht nur die Einheimischen, sondern alle Menschen, auch Flüchtlinge.

Während sie den hiesigen Behörden nicht vertrauen, kann ich denen, die schweigen, nicht vertrauen. Schon gar nicht kann ich denen vertrauen, die in den sozialen Netzwerken noch Fotos aus ihrem Leben beim IS posten. Ich fürchte jeden, der aus dem IS-Land kommt; und ich vermeide jeden Kontakt.

Indem ich mein Wissen öffentlich mache und mein Gesicht zeige, hoffe ich, auch andere zu ermutigen, den Behörden zu sagen, was sie wissen. Manche Freunde warnten mich, das zu tun. Die Islamisten könnten dich finden, sagten sie. Sie könnten dich angreifen. Doch ich habe keine Wahl. Wenn sie mich finden, sich rächen möchten und mich töten, dann soll es so sein. Sie können das, sie haben die Macht dazu, ob ich ihnen entgegentrete oder nicht. Ich war und bin ihr Feind. Aber ich zeige mich, weil ich der Überzeugung bin, dass das richtig ist. Ich will helfen, Menschenleben zu retten, Menschen vor den Terroristen zu schützen.

Ich möchte dazu beitragen, den islamistischen Terror zu bekämpfen. Nicht mit Gewehren. In Syrien wird der IS mit Waffen bekämpft. Ich hasse es, mit Waffen zu kämpfen. Aber in Europa helfen ohnehin keine Bomben gegen den IS. Hier muss der IS mit Intelligenz bekämpft werden. Mit dem Kopf. Mit Argumenten, sofern das möglich ist. Die Ideologie des Dschihad muss aus der Welt geschafft werden. Dazu können alle beitragen: die Flüchtlinge, alle Menschen in den Moscheen und Muslimverbänden, und ich kann das auch. Wenn ich den deutschen Behörden dabei helfen kann, diese Mörder unschädlich zu machen, dann werde ich es tun.

Ich hoffe, dass sie mithilfe meiner Informationen ein Auge auf diese gefährlichen Menschen werfen. Sie sollten alle observieren, die in Syrien gemordet, anderen dabei geholfen oder Menschen dazu ermuntert haben. Sie sind und bleiben eine Gefahr für uns alle. Sie haben mein Leben und das von Millionen anderen Menschen in Syrien ruiniert, und sie sollten keine Gelegenheit erhalten, das zu wiederholen.

Ich hoffe außerdem, dass die Behörden auf der Hut und in der Lage sind, zwischen »guten« und »schlechten« Flüchtlingen zu unterscheiden. Denn nicht alle Flüchtlinge sind gefährlich, die meisten sind sogar gute Menschen, die es verdient haben, in einem sicheren Land in Frieden zu leben. Aber wann immer ein Flüchtling etwas Schlimmes tut, fällt das auf alle anderen zurück. Es ist also im eigenen Interesse der Flüchtlinge, sich für die Sicherheit in diesem Land mitverantwortlich zu fühlen. Leider fürchten sich viele vor Staatsbeamten, sie haben schlechte Erfahrungen gesammelt und wissen nicht, dass die Behörden in diesem Land keine Monster sind wie diejenigen in unserer Heimat. Wir alle müssen mithelfen und uns gemeinsam mit unseren Gastgebern dem Terror entgegenstellen. Denn wenn der IS auch dieses Land zu einem unsicheren machte, zerbräche nicht nur unsere Hoffnung auf ein neues Leben. Wenn die Behörden dagegen dank unser aller Mithilfe einen Dschihadisten festnehmen können, ist das für alle ein Sieg. Ein Sieg über die Verbrecher und ein Sieg für Demokratie und Freiheit.

TEIL IV

Ich habe den sogenannten Islamischen Staat am eigenen Leib gespürt, ich habe in seinen Gefängnissen den Monologen seiner Gefolgsleute zugehört, habe ihre Willkür erlitten und ihre engstirnige Arroganz kennengelernt. Aus Erfahrung und Wissen kann ich sagen: Der IS ist kein Staat, schon gar kein Rechtsstaat, mit dem Verträge geschlossen werden können, und er ist kein Partner, mit dem über eine künftige politische Ordnung gesprochen werden könnte.

Der IS ist eine Terrororganisation, die sich ihren Namen gegeben hat, um die islamische Seele zu streicheln; denn wenn überzeugte Muslime von einem Staat hören, dem nur Gleichgläubige angehören (sollen), dann, so die Erwartung, werden sie nicht zögern, diesem beizutreten. Der IS ist nur stark, wo seine Gegner sich schwach zeigen – in von Sunniten bewohnten Gebieten im Nordwesten des Irak und im Norden und Osten Syriens mit sechs bis acht Millionen Einwohnern (2015).

Die meisten Menschen in Deutschland fürchten Daesh (und vergessen die anderen islamistischen Milizen); sie überschätzen dessen Macht und Stärke. Zum Beispiel glauben viele – auch Experten –, die *Dschizya*, die Kopfsteuer für Nichtmuslime, insbesondere Christen, sei eine wichtige Geldquelle des IS. So viele Christen leben aber gar nicht mehr in den besetzten Gebieten. Wer noch dort ist, hatte entweder keine Gelegenheit zur Flucht oder wurde gezwungen zu bleiben, damit der IS den Medien vorgaukeln konnte, auch Christen hätten bei ihm ihren Platz. Zu Waffenkäufen jedenfalls trägt die *Dschizya* nicht wirksam bei; es waren Ölverkäufe und Mittel aus der Türkei, Saudi-Arabien, Katar und auch des syrischen Regimes, die dem IS die massive Bewaffnung ermöglichten.

Gleichzeitig können Europäer sich kaum vorstellen, wozu der IS in der Lage ist, wenn wir seine »Soldaten« gewähren lassen. Das ist nicht verwunderlich, weil Deutschland nicht vom IS kontrolliert wird und bisher nur selten mit dessen Gewaltpotenzial konfrontiert war. Das allerdings ist beträchtlich, unmenschlich, rücksichtslos. Deshalb muss seine Ausbreitung verhindert werden, und ich bin dankbar für alle, die dieses Ziel verfolgen.

Auch wenn ich den IS sehr nah kennengelert habe, ist es sicher nicht meine Aufgabe, meinen deutschen Gastgebern und den Europäern insgesamt zu raten, was sie nun tun sollten, um den Islamismus in ihren Ländern einzudämmen. Das zu versuchen wäre wohl auch anmaßend. Aber darf ich sagen, was mich befremdet?

1. Jürgen Todenhöfer besucht den IS

Als ich zum ersten Mal von Jürgen Todenhöfer hörte, fragte ich mich, ob der Mann wusste, was er tat: Er hatte sich freiwillig in die Hand des »Islamischen Staats« begeben. Begleitet von seinem Sohn ließ er sich von bewaffneten Aufpassern, darunter Christian Emde[85] aus der »Millatu Ibrahim«-Moschee in Solingen und so etwas wie der deutsche Sprecher des IS, sowie – nach Todenhöfers Worten – vermutlich »Jihadi John« quer durch

das vom IS besetzte Gebiet chauffieren, nach Al-Raqqa, Al-Shaddadi und Mossul. Er glaubte, mit einer zehntägigen Reise durch
das IS-Land die Wahrheit über die Organisation und deren Repräsentanten ergründen zu können. Dort und an anderen Orten
zeigten ihm seine Begleiter dieses oder jenes, aber nur wenig von
dem, was ihm versprochen worden war, und natürlich nicht die
Gefängnisse, in denen ich wenige Tage später eingekerkert, gefoltert und mit dem Tod bedroht werden sollte.

Todenhöfer verließ das vom IS kontrollierte Gebiet am 15.
Dezember 2014, just an dem Tag, an dem IS-Schergen mich
und Farhad gewaltsam verschleppten. Während sie uns auf der
Straße nach Tal Alo abfingen, wartete Todenhöfer in einem
Rekrutierungszentrum nahe der türkischen Grenze auf seine
Ausreise, vermutlich ganz zufrieden mit dem Ausgang seines
Abenteuers. Während ich die Blutspuren an der Wand unseres
ersten Gefängnisses studierte, beobachtete Todenhöfer, wie immer wieder Minibusse eintrafen, die junge Rekruten aus aller
Welt anstandslos und von den türkischen Grenzsoldaten gänzlich ignoriert über die Grenze nach Syrien schafften: Afrikaner,
Russen, Türken, auch ein Deutscher war an diesem Tag dabei.
Während unsere Entführer uns in Tal Hamis bedrohten (»Wir
werden euch köpfen! Wir werden eure enthaupteten Körper zu
euren Familien schicken!«), entließen Todenhöfers Begleiter
ihre Gäste. Gegen 15 Uhr liefen sie zum Stacheldrahtzaun und
robbten hinüber in die Türkei. Ich dagegen saß auf dem kalten
Steinboden der zu einer Gefängniszelle ausgebauten vormali-
gen Küche in Tal Hamis, wo ein alter Mann mir empfahl, meine
Uhr gut zu verstecken, ohne dass ich damals verstand, wofür sie
mir noch nützen könnte. Denn ich schloss zu dieser Stunde
innerlich mit meinem Leben ab.

Auch Todenhöfer mag hin und wieder Angst verspürt haben,
so jedenfalls stellt er es dar. Sie war wohl unbegründet. Nicht

er, ich musste davon ausgehen, dass sie mich töten würden. Ihn brauchten sie, ihn wollten sie benutzen. Denn er sollte im Westen verbreiten, was er vom »Islamischen Staat« hielt und während seiner Reise zwischen Al-Raqqa und Mossul erfahren hatte. Sie wussten, dass ihr Gast ihnen gute Dienste erweisen würde.

Und so sollte es denn auch kommen. In seinem Buch klagt Todenhöfer den Westen an, der im Nahen Osten zuerst seine wirtschaftlichen Interessen verfolgt habe, gemeint ist vor allem der Zugang zu Öl. Tatsächlich mischte sich »der Westen« wegen dieses Rohstoffs stets in die Entwicklungen im Nahen Osten und auf der arabischen Halbinsel ein, etwa mittels willkürlicher Grenzziehungen nach dem Niedergang des Osmanischen Reichs mit dem sogenannten Sykes-Picot-Abkommen vom Mai 1916, nach dem Zweiten Weltkrieg durch die Inszenierung von Putschen gegen gewählte Regierungen in Syrien (1949) und im Iran (1953) bis hin zu den Kriegen im Irak, welche die Basis für das Entstehen des »Islamischen Staats« schufen.

Dabei, so Todenhöfers erweiterter und zu weit gehender Vorwurf, habe der Westen alle Mittel genutzt und auf die »Gnadenlosigkeit seiner Armeen« gesetzt. Die westliche Gewalttätigkeit habe alle Grenzen gesprengt. Und dann schreibt er wörtlich: »Sie ging sogar über das hinaus, was uns der bestialische IS-Terrorismus heute vorführt.«[86]

Solche Vergleiche sind unsinnig, sie führen zu nichts. Saddam Hussein ließ während seiner Herrschaft Hunderttausende Menschen in Gefängnisse werfen, foltern (übrigens auch in Abu Ghuraib, wo Zehntausende eingekerkert waren, oft ohne Anklage und Urteil) und ermorden. Dasselbe lässt sich über Baschar al-Assad sagen, in dessen Gefängnissen die späteren Terroristen das Folterhandwerk erlernten. Allein solche massenhaften Menschenrechtsverletzungen mögen ein militäri-

214

sches Eingreifen von außen rechtfertigen. Dabei macht es einen Unterschied, ob sich Angriffe gegen militärische Ziele richten oder die pure Willkür wütet wie bei den Dschihadisten.

Entscheidend ist, dass die Invasion der USA dazu geführt hat, dass alle Sunniten sich solidarisierten – gegen die USA, gegen deren Eingreifen und gegen die von den Vereinigten Staaten geduldete oder geförderte Umkehr der bisherigen Machtverhältnisse: indem die Sunniten aus den Staatsämtern vertrieben und das von ihnen bestimmte Militär beseitigt wurde, ohne für die nun Ausgegrenzten Alternativen zu schaffen. Am daraus resultierenden Aufstand beteiligten sich auch all jene radikalen Sunniten, die wegen des Kriegs aus Saddam Husseins Gefängnissen hatten entkommen können, und Saddams Offiziere, die sich im US-Gefängnis Camp Bucca mit Dschihadisten getroffen und radikalisiert hatten. Darin liegt die Verantwortung der USA: dass sie nicht für einen Ausgleich zwischen den Gruppen gesorgt haben. Darin liegt die Ursache, dass in der Region bis heute Bomben fallen, Raketen lanciert werden und Tausende Menschen sterben.

Wenig später lese ich in Todenhöfers Buch: »Nicht ein einziges Mal hat in den letzten 200 Jahren ein arabisches Land ein westliches Land angegriffen. Angreifer waren immer die europäischen Großmächte. Millionen arabische Zivilisten wurden dabei brutal ermordet. Das Gerede von der Grausamkeit der Muslime stellt alle Fakten auf den Kopf. Der Westen war viel grausamer als sie.«[87]

Nun, Araber besetzten (freilich vor erheblich mehr als zwei Jahrhunderten) Teile Italiens und die Iberische Halbinsel, die Türken – keine Araber, aber auch Muslime – Konstantinopel, im 17. Jahrhundert belagerten sie Wien. Heute greifen Araber den Westen an, keine Staaten, sondern Terroristen. Todenhöfer hat auch dafür eine Erklärung, ja sogar eine Entschuldigung:

»Terroristen verstehen ihre Anschläge als berechtigte Antwort auf die aggressive, ausbeuterische Politik der USA, die ihre Länder als amerikanische Tankstellen betrachten. Und dabei brutalste Methoden anwenden. Junge Muslime in Deutschland und im Irak sehen Tag für Tag, Jahr für Jahr, wie in Afghanistan, Pakistan, im Irak, Jemen, in Somalia oder Palästina muslimische Frauen, Kinder und Männer durch westliche Waffen, westliche Verbündete und westliche Soldaten schwer verletzt und getötet werden. Bis einige von ihnen irgendwann reagieren. Niemand kommt als Terrorist zur Welt.«[88]

Ich frage mich als einer, den der IS als seinen Feind betrachtet hat, was ich, ein Kurde aus Nordsyrien, mit den USA zu tun habe, an denen sich der IS rächen will? Was haben die versklavten und vergewaltigten jesidischen Frauen mit den USA zu tun? Was hatten die 21 ägyptischen Kopten mit den USA zu tun, denen die Islamisten in Libyen im Februar 2015 orange Overalls und Ketten anlegten, bevor sie sie an den Strand des Mittelmeers führten und enthaupteten?[89]

Der IS hat Jürgen Todenhöfer zu einem Werkzeug für seinen Propagandafeldzug gemacht. Bei dieser Einschätzung bleibe ich, obwohl der Autor sich auch kritisch äußert: »Terrorismus lässt sich nicht rechtfertigen. Der des IS schon gar nicht. Wenn Zivilisten getötet werden, handelt es sich immer um Mord. Darüber kann es keine Diskussion geben.«[90] Er nennt den IS eine »mörderische Terrororganisation, für die es Erklärungen, aber keine Rechtfertigung gibt«. Aber dann vergleicht er doch wieder und relativiert damit die IS-Gräuel: »Wenn die westliche Politik ehrlich wäre, müsste sie zugeben, dass Politiker wie Bush jr., Cheney, Rumsfeld und Blair nach der Zahl ihrer Opfer noch schlimmere Terroristen sind.«[91]

Todenhöfer glaubte, sich darauf verlassen zu können, was der IS ihm vor seiner Einreise versprochen hatte: freies Geleit, freie Wahl der Orte, die er besichtigen, und der Personen, die er sprechen wollte. Statt jedoch frei recherchieren und berichten zu dürfen, wie es Journalisten in Demokratien gewohnt sind, musste Todenhöfer erkennen, wie wenig er dieser Garantie vertrauen konnte, wie nonchalant seine »Reiseführer« Zusagen zurücknahmen, wie sehr sie ihn hin und wieder in Schrecken versetzten. Das mag den einen oder anderen deutschen Leser gegen den IS einnehmen, aber der »Kalif« zeigte damit, wie mächtig er ist. Er kann in seiner Einflusssphäre westlichen Berichterstattern vorschreiben, worüber sie berichten können und worüber nicht. Er zeigt damit, wie mächtig er ist, und das wird ihm weitere Anhänger aus Europa in die Arme treiben.

Der IS setzte Todenhöfer klare Grenzen. Seine Aufpasser zeigten ihm vor allem, dass sie auch vor einem westlichen Reporter, einem ehemaligen Politiker und Medienmanager keinen Respekt haben. Sie zeigten ihm nicht viel von ihrem »Kalifat«, aber sehr deutlich ließen sie ihn ihre Macht spüren. Todenhöfer berichtete – neben allen Beschönigungen – auch davon. Damit hat er bereitwillig ihr Image bestätigt. Seinem Besuchswunsch entsprochen zu haben erwies sich für Daesh als richtig, und die Visite wurde zu einem großen propagandistischen Erfolg des »Islamischen Staats«.

Todenhöfers Reise zeigt beispielhaft, wie die Deutschen, die Europäer der Propagandamasche der Terroristen auf den Leim gehen. Die europäischen Medien machen den IS durch alarmistische Berichte und durch Veröffentlichung von martialischen Bildern größer und gefährlicher, als er ist. (Das macht übrigens auch *Al Jazeera*.) Es beginnt mit der sich wiederholenden Behauptung, der IS sei so groß wie England, dabei besetzen seine Soldaten lediglich Städte und Dörfer und richten auf den Straßen dazwischen, in der Wüste, Kontrollstellen ein. Und es endet mit dem Senden oder Drucken von Bildern der IS-Propaganda, von Sprengstoffanschlägen mit gepanzerten Autos und Lastkraftwagen bis hin zu Hinrichtungsvideos.

Kurdische Sender und Zeitungen zeigen dagegen keine Triumphbilder, sie zeigen Daesh nicht größer und mächtiger, sie werben nicht für den IS, weder unfreiwillig noch freiwillig. Kurdische Zeitungen und Sender berichten ausschließlich die Fakten, ohne reißerische Überhöhung. Daesh ist ein Feind, und niemand sollte einen Feind groß(artig) inszenieren.

Im Westen aber geschieht genau das! Politiker und Medien stellen die IS-Kämpfer mit ihrer Maskerade so mächtig dar, so gewaltbereit, skrupellos und gefährlich, als kämen sie von einem anderen Planeten, und erzeugen damit unter der eigenen Bevölkerung Angst. Mit Angst aber ist kein Krieg zu gewinnen.

Todenhöfers zweite Fehleinschätzung, formuliert in einem im Buch abgedruckten Brief an den »Kalifen des ›Islamischen Staats‹«, lautet: »Terror hat mit Islam so wenig zu tun wie Vergewaltigung mit Liebe.« Das ist zwar schön formuliert, fast poetisch, aber politisch naiv. »Terrorismus ist nie religiös«, behauptet Todenhöfer. »Es gibt in Wirklichkeit keinen ›islamischen Terrorismus‹, so wie der Terrorismus der nordirischen IRA oder des Norwegers Anders Breivik nie christlich war. Der Terror von Muslimen wird von uns islamistisch genannt. Westlichen Terror würden wir jedoch nie christlich nennen – oder christ-istisch. (…) Wer sich als Terrorist teuflischer Methoden bedient, kann sich nicht auf Gott berufen.«[92]

Aber genau das tun sie. Muslime, die glauben, sie könnten erzwingen, dass die westliche Welt sich an ihren Vorstellungen orientiert, begründen ihre Bombenanschläge mit ihrem Glauben, ihrem Gott und ihrem Propheten. Alles, was nicht in ihr enges Weltbild passt, zerstören sie, selbst wenn es einst von Muslimen erschaffen worden war: Weltkulturerbe in Bamiyan,

Mossul, Palmyra und Timbuktu, Bibliotheken, Gräber und Mausoleen, aber auch Kirchen, Klöster und Museen. Sich auf Allah berufend, unterdrücken sie die Menschenrechte, verdammen alles, was Zivilisation und Demokratie repräsentiert, Gleichheit und Freiheit. Wer etwas anderes glaubt oder an nichts und niemand, wird getötet, sogar andere Muslime. Das geschieht längst auch mitten in Europa.

Auch eine dritte Behauptung Todenhöfers basiert auf einem Irrtum. Ob der IS unter Flüchtlingen rekrutieren werde, fragte er sich selbst. Um folgende Antwort zu geben: »Ich glaube nicht, dass sie unter den Flüchtlingen damit viel Erfolg haben werden.« Schließlich seien diese »aus Angst vor dem Tod geflohen«.[93]

Das trifft sicher auf die große Zahl der aus ihrem Land Vertriebenen zu. Sie suchen Frieden auf fremdem Territorium und sind weit entfernt davon, Terroristen zu sein oder zu werden. Aber Muslime, die sich in Europa fremd fühlen und keinen Draht zur Aufnahmegesellschaft finden, banden und binden sich häufig eng an ihre Religion und die Moscheen, häufig enger als im Herkunftsland. Leider predigen auch dort – wie ich erfahren musste – hin und wieder radikale Islamisten den Dschihad. So erreichen sie auch Flüchtlinge und insgesamt diejenigen, die sich allein gelassen fühlen. In dieser Frage macht Todenhöfer die Terroristen und die von ihnen ausgehende Gefahr kleiner, als sie sind.

2. Was mich in Europa irritiert

Für einen Flüchtling wie mich, der seine Heimat wegen der Bedrohung durch Salafisten und Dschihadisten verlassen musste, ist es irritierend, im vermeintlich sicheren Exil erkennen zu müssen, dass ich ihnen nicht entkommen bin. Daesh ist da, mitten unter uns, und die Islamisten beanspruchen auch Deutschland als ihm zustehendes Gebiet.

Ich hätte nicht erwartet, dass in Deutschland 570 islamistische »Gefährder« leben; so viele hat das Bundeskriminalamt im Februar 2017 gezählt.[94] Die Hälfte befindet sich im Land, 90 von ihnen sind inhaftiert. Es laufen also etwa 200 potenzielle Terroristen frei herum. Dazu kommen an die 400 »relevante Personen«, also Unterstützer von politisch motivierten Straftaten oder terroristischen Handlungen von Islamisten. Seit Berlin wissen wir, dass es offenbar nicht möglich ist, sie lückenlos zu kontrollieren. Und wären es nur fünf Gefährder, es wären fünf zu viel. Sie sind tickende Zeitbomben.

Offenbar laufen auch in Großbritannien Menschen frei herum, die sich als Terroristen erweisen. Zwischen 1998 und 2015 kam es zu 269 Verurteilungen wegen islamistischem Terrorismus sowie Selbstmordanschlägen – von Bombenanschlägen, Enthauptung und Messerattacken bis zu Reisen in Kriegsgebiete zu Kampf- oder Trainingszwecken. Wie die deutschen, so sind auch die britischen Attentäter überwiegend jung und männlich. (Aber die Frauen holen auf: So verhafteten Sicherheitsbehörden in Paris im September 2016 drei Frauen und vereitelten damit einen Anschlag auf einen Bahnhof. In Mombasa in Kenia griffen im selben Monat drei vollverschleierte Frauen eine Polizeistation an. In Marokko nahm die Polizei kurz vor den Wahlen im Oktober 2016 zehn Frauen fest, die dem IS nahestanden und sich darauf vorbereitet hatten, Selbstmordanschläge zu verüben.) Drei Viertel der Täter waren bereits polizeilich bekannt, davon die Hälfte schon einmal im Gefängnis. Unter 25 Jahre alt waren jedoch nur 43 Prozent. Nur ein Viertel hatte eine höhere Ausbildung abgeschlossen, jeder zweite war ohne Arbeit (38 Prozent) oder Student (12 Prozent), jeder sechste Konvertit. Die meisten Angreifer hatten (auch) einen britischen Pass (72 Prozent) und/oder waren im Land geboren (47 Prozent) oder aufgewachsen (insgesamt mindestens 67 Prozent). 20 Prozent hatten ein terroristisches Training im Ausland durchlaufen. Während die Täter in Deutschland hauptsächlich arabischer oder türkischer Herkunft sind, überwiegen auf der Insel die Nachkommen von Asiaten, in erster Linie Pakistanis.[95]

Frankreichs damaliger Premierminister Manuel Valls nannte im Mai 2016 die Zahl von 9300 Franzosen, die als »gewalttätige radikale Islamisten« angesehen werden. Mehr als 600 von ihnen hielten sich im IS-Land auf (insgesamt damals 5000 Europäer). Großbritannien und Frankreich kämpfen hier ein wenig mit ihrem Erbe des Kolonialismus und wohl auch mit sozialen Folgen unzureichender Integrationsanstrengungen. Nicht zu vergessen, dass beide Staaten den Zorn vieler Araber auf sich gezogen haben, weil sie sich in die Kämpfe im Nahen Osten und in Nordafrika (Mena, Middle East and North Africa) militärisch eingemischt haben.

In den Niederlanden nannte der Nationale Antiterrorismuskoordinator Dick Schoof 2016 die Zahl von 260 Möchtegern-Dschihadisten, die seit 2012 nach Syrien und in den Irak gereist seien. 170 waren noch dort, mindestens 42 tot, vierzig zurückgekehrt.[96] Für Inhaber zweier Pässe immerhin soll künftig die Rückkehr nach Holland nicht mehr möglich sein. Wer sich Terrororganisationen wie dem IS oder Al-Qaida angeschlossen hat, soll die holländische Staatsbürgerschaft verlieren.

In Österreich, Belgien und Großbritannien gilt ein derartiges Gesetz schon seit 2015. François Hollande konnte dagegen 2016 nicht durchsetzen, dass in Frankreich Geborenen mit »Doppelpass« die französische Staatsangehörigkeit entzogen werden kann. Bundesinnenminister Thomas de Maizière hat im Herbst 2016 einen Vorstoß unternommen, der aber scheiterte, unter anderem weil die Aberkennung schon möglich ist –

gegenüber Soldaten, die sich einer ausländischen Armee angeschlossen hatten. Da der IS wie auch andere Terrororganisationen kein Staat ist, kann das Gesetz jedoch nicht auf dessen Mitglieder angewendet werden. Das ist bedauerlich.

Immerhin: Die Zahl der europäischen Islamisten, die nach Syrien und in den Irak reisen, nimmt ab, auch weil die Heimatländer das gezielt unterbinden, etwa indem sie deren Reisepass einziehen. Die Überlegung, sie doch besser gehen zu lassen, weil sonst die Gefahr besteht, dass diese Leute als Einzeltäter Anschläge in ihren Heimatländern verüben, ist zynisch und im Ansatz falsch. Denn das Problem verschärft sich, wenn trainierte, ausgebildete Dschihadisten zurückkehren, um mittels Anschlägen die zunehmend multiethnischen Gesellschaften des Westens weiter zu spalten.[97]

Hinweise auf derartige Pläne sind vielfältig: Wer sich unter den Flüchtlingen zu verbergen versucht, wer gestohlene Reisepässe benutzt, wer auf verworrenen Wegen mit unterschiedlichen Transportmitteln (»broken travel«) ins Herz von Europa reist und über verschlüsselte Kanäle kommuniziert, ist verdächtig. Jeder Rückkehrer, vor allem wenn er dank falscher Papiere illegal und unerkannt einreist, birgt Gefahren: Er könnte Anschläge im Sinn haben oder neue Dschihadisten anwerben.

Dem wollen Terrorismusexperten mit einem Mix von Maßnahmen begegnen: präventiven, administrativen und die Wiedereingliederung fördernden. Dazu gehört in Deutschland, Menschen auszuweisen, die potenziell gefährlich sind. Zahlreiche Afghanen wurden Anfang 2017 abgeschoben, vor allem alleinstehende Männer. Auch Bilel A., Freund von Anis Amri, wurde im Januar 2017 nach Tunesien gebracht.[98] Das ist gut und sollte forciert werden.

Wo das nicht möglich ist (z.B. in Syrien wegen des Krieges), müssen sie verurteilt und eingesperrt werden. Richtig ist die

Überlegung, islamistische Straftäter im Gefängnis getrennt von anderen Gefangenen unterzubringen, um Radikalisierung und Anwerbung zu unterbinden.

Dass aber so viele dieser Terroristen, dieser »Gefährder«, in ganz Europa frei herumlaufen, ist entsetzlich. Dass nur ein Teil der europäischen Islamisten nach ihrer Rückkehr mit empfindlichen, abschreckenden Strafen wegen terroristischer Straftaten belangt werden können, ist offenbar ein Umstand, den die Bürger in liberalen Gesellschaften akzeptieren müssen. Ich kann es nur schwer ertragen. Es erscheint mir außerdem unverständlich, dass es nicht möglich zu sein scheint, den Missbrauch der sogenannten sozialen Medien zu unterbinden.[99] Dass Unternehmen wie Youtube und Facebook nichts dagegen unternehmen, die Propagandavideos der Dschihadisten auf ihren Kanälen zu verbreiten, sondern damit Geschäfte machen, ist empörend. Sie bannen Sexvideos, aber die Veröffentlichung von viel gefährlicheren Propagandafilmen wollen sie nicht unter Kontrolle bekommen. Das ist kaum zu glauben.

Es ist verstörend zu sehen, zu lesen und zu hören, dass es auch hier »Fans« der Islamisten gibt, die offenbar lieber in einer mittelalterlichen Religionsdiktatur leben möchten als in einem liberalen Staat, der ihnen alle Freiheiten lässt, nach ihren Wünschen zu leben – allerdings innerhalb eines vernünftigen, die Menschenrechte und die demokratischen Gesetze respektierenden Rahmens. Ich hätte niemals für möglich gehalten, dass auch in Deutschland ein Imam Sätze spricht, Sätze sprechen darf wie diesen: »Ich spucke auf das Gesicht der Türken und Kurden, die nicht den Islam leben.« Und er ergänzte. »Was für einen Wert haben sie schon, wenn sie keine Muslime sind.« Dieser Mann sagte mitten in Deutschland: »Demokratie ist für uns nicht bindend, uns bindet Allahs Buch, der Koran.« So geschehen im Februar 2017 in Hamburg.[100]

Und offenbar ist auch für manche Religionslehrer die Demokratie nicht das Maß der Dinge: Ich las online von einer Umfrage unter muslimischen Religionslehrern und -lehrerinnen an Österreichs öffentlichen Schulen, wo seit 1982/83 islamischer Religionsunterricht angeboten wird: 20 Prozent dieser Religionspädagogen lehnen die Demokratie ab, weil sie nicht mit dem Islam zu vereinbaren sei. 28 Prozent sagen sogar, Muslim-Sein und Europäer-Sein gehe nicht zusammen. 15 Prozent lehnen die österreichische Verfassung ab, weil sie im Widerspruch zum Islam stehe. 18 Prozent finden die Todesstrafe beim Abfall vom Glauben gerechtfertigt. Das sind Ergebnisse aus dem Jahr 2008![101] Die Zahlen dürften sich seither erhöht haben. Wenn diese Zahlen für muslimische Religionslehrer in Europa repräsentativ sind – und ich fürchte, das sind sie –, dann frage ich: Auf welche Wege werden solche Vorbilder die Jugend führen?

Auch wir hatten in der Schule Religionsunterricht, erteilt von Muslimen. Manche unterrichteten eine moderate Auslegung des Islam. Aber in der achten Klasse, ich war 14 Jahre alt, sprach unser Lehrer häufig über den Dschihad. Als die Schule uns einen Trip nach Latakia ans Meer ermöglichte, fragten einige von uns diesen Lehrer, ob er uns begleiten wolle. Seine Antwort: »Eine Reise ans Meer ist *haram*. Ihr werdet dort Frauen in kurzer Kleidung sehen, und diese Frauen werden in der Hölle enden.«

Es ist verstörend, dass die meisten Deutschen politisch-religiöse Bekenntnisse in Form von Kleidung dulden. Dabei meine ich weniger die Toleranz gegenüber den Frauen, die ihr Gesicht nahezu vollständig verhüllen (müssen) und an den Regeln ihres Herkunftslandes festhalten; das mag nicht zu einer freien Gesellschaft passen, in der man seinem Gegenüber in die Augen schauen möchte, doch ich war daran gewöhnt. Aus Damaskus kenne ich Frauen, die den Hidschab trugen, aber keinesfalls immer den Regeln des Islam folgten, sondern hin und wieder privat ein Bier tranken. Was mich in Deutschland viel mehr befremdet, sind die männlichen Islamisten, die ihre Gesinnung zur Schau tragen. Ich sehe Männer in der Kleidung des Dschihadismus: überlange, weite Shirts, Pluderhosen, die über den Knöcheln enden, Sandalen oder weiße Turnschuhe an den Füßen. Ich will nicht behaupten, dass jeder Mann, der solche Kleidung trägt, ein Terrorist ist. Aber in Syrien und im Irak trugen von 2013 an immer mehr Männer auf den Straßen Kleidung, die wir bis dahin nur aus den Fernsehberichten aus Afghanistan oder Tschetschenien kannten. Wir fragten uns damals, wozu das gut sei. Heute weiß ich: Sie wollten zeigen, dass sie Dschihadisten sind; sie wollten sich abheben. Wenn so jemand aus Russland, aus den kaukasischen Republiken nach Syrien kam, wollte er signalisieren: »Schaut her, hier bin ich. Ich bin ein Dschihadist. Ich bin anders als ihr. Fürchtet euch.« Niemand hätte sie beachtet, wenn sie das Übliche getragen hätten. So aber wollten sie sich Respekt verschaffen, zum Beispiel in Al-Raqqa.

Es ist nicht schwer, sie zu erkennen. Aber die Mehrheit der Deutschen scheint diese Zeichen noch nicht entschlüsseln zu können. Mag sein, dass das sogar etwas Gutes hat, weil sie sich sonst noch mehr vor den Islamisten fürchten würden. Doch vielleicht wäre es nicht schlecht, die »Islamisten-Mode« zu kennen, um zu wissen, wem sie mit Misstrauen und Vorsicht begegnen sollten.

Es ist verstörend, dass ein islamistischer Autokrat wie Recep Tayyip Erdoğan unter den Deutschtürken so viele Anhänger hat – prozentual anscheinend sogar mehr als in der Türkei. Erstaunlich ist auch, dass Erdoğan bzw. seine politischen Abgesandten hierzulande gegen Deutsche, den deutschen Staat und seine Repräsentanten hetzen und für seine totalitären Ziele werben darf und seine Zuhörer, die meisten mit deutschem Pass, ihn als »unseren Präsidenten« feiern. In »ihrem« Land wäre das Umgekehrte nicht möglich. Diese Menschen nutzen die Vorteile der Demokratie in den Staaten, in denen sie leben, und unterstützen gleichzeitig einen Autokraten.

Es ist verstörend, dass fast die Hälfte der Deutschtürken der Aussage zustimmt, »die Befolgung der Gebote meiner Religion ist wichtiger als die Gesetze des Staates, in dem ich lebe«; dass ein Drittel sich die Gesellschaftsordnung aus Mohammeds Zeiten zurückwünschen und 13 Prozent ein verfestigtes fundamentalistisches Weltbild haben.[102]

Verstörend ist auch, dass viele Deutsche den Zusammenhang von IS und Religion nicht zu erkennen scheinen. Dabei ist das Gewaltpotenzial, das radikale Muslime unter Berufung auf Koranverse entfalten, doch unübersehbar. Es ist das gleiche Potenzial, das die mittelalterlichen Demagogen einst unter Missbrauch der Bibel entfalteten. Unzweifelhaft ist der Koran heute das Schwert der Dschihadisten. Die Bibel taugt dazu nicht mehr. Es gibt keine Kreuzfahrer mehr, kein Christ verbrennt mehr Hexen im Namen des Herrn, und kein Missionar verrichtet seine Aufgabe mit dem Schwert. Die Christen haben das Mittelalter überwunden, die Gedanken der Aufklärung inhaliert, und manche schämen sich für die Untaten ihrer Vorfahren. Wer heute die Bibel liest, empfindet keinerlei heilige Verpflichtung, Ungläubige zu töten. Niemand bedroht, verfolgt, drangsaliert und ermordet Menschen im Namen des christlichen Gottes und der Bibel. Leider wächst unter Muslimen die Zahl derer, die den Koran auch heute noch als Auftrag zum gewalttätigen Missionieren verstehen wollen. Ich war ja schon in Syrien daran gewöhnt, von den Muslimen als Ungläubiger denunziert zu werden. In einem Staat, in dem Religionsfreiheit gilt, erwarte ich, diesen Vorwurf nicht mehr hören zu müssen.

Nicht nur verstörend, sondern persönlich verletzend ist es, wenn meine Gastgeber, denen ich für die Aufnahme in ihrem Land sehr danke, mich, den Flüchtling, zunehmend misstrauisch beäugen:

Wenige Tage nach dem Attentat von Berlin begleitete ich meine Mutter zu einem Arzt. Als ich ihm erklären wollte, was meiner Mutter fehlte, unterbrach er mich: »Woher stammen Sie?« (Es könnte auch bedeutet haben: »Woher kommst du?« oder »Woher kommt ihr?« Wir sprachen englisch.)

»Aus Syrien«, antwortete ich.

»Können Sie/Kannst du ein Auto fahren?«

Ich bejahte und ahnte, in welche Richtung das Gespräch sich entwickeln würde.

»Können Sie/Kannst du auch einen Lastwagen fahren?«

»Ja, das kann ich.«

»Dann nimm zusammen mit deiner Mutter einen Lastwagen, suche einen belebten Platz und fahre mitten in die Menschenmenge hinein.« Es war nicht zu missverstehen, er verdächtigte alle Flüchtlinge des Terrorismus.

Ich brachte keinen Ton heraus. Ich fühlte mich, als würde ich mich langsam in ein sehr tiefes Loch zurückziehen. Und als ich mich schließlich doch sagen hörte, das sei Terrorismus, da wusste ich sogleich, dass er seine Meinung nicht durch ein paar Worte eines Flüchtlings ändern würde. Meine Mutter saß neben mir, sie blickte vom einen zum anderen, und sie verstand wohl, dass etwas nicht stimmte, dass der Doktor etwas Verletzendes gesagt hatte. Aber ich behielt es für mich, sie war doch schon krank.

Dieser Arzt begeht denselben Fehler wie viele andere Europäer, die Terroristen als Repräsentanten eines Volkes, einer Gesellschaft oder einer Religion betrachten. Ich habe nie verallgemeinert. Dass Europäer sich den radikalen islamistischen

Organisationen in Syrien angeschlossen hatten, war mir schon vor meiner Gefangenschaft bekannt gewesen. Ich wäre jedoch nie auf den Gedanken gekommen, sie als Repräsentanten der europäischen Völker zu verstehen. Wieso aber betrachten viele Europäer Ausländer wie mich als Repräsentanten von kriminellen Terrororganisationen? Wieso nehmen sie mich in Sippenhaft, noch dazu für einen Tunesier, der Anis Amri war?

Terroristen repräsentieren kein Volk und keine Gesellschaft. Sie sind Irregeleitete, Außenseiter. Nicht einmal die Regierungen von Staaten wie Syrien, der Türkei oder dem Iran repräsentieren deren Völker. In diesen Staaten sind Regierungen eine Art Mafia, die nur für ihre eigenen Interessen eintreten, nicht für die Interessen des Volkes. Regierungen im Nahen Osten gleichen Schafhirten, die versuchen, die Völker an einen gewünschten Platz zu lenken und in einen Pferch zu sperren.

Ich kann die Sorge der Europäer vor Anschlägen sehr gut verstehen. Damit will der IS seinen Krieg in westeuropäische Städte tragen und auf diese Weise die Gesellschaft spalten. Letzteres gelingt, wenn alle Muslime im Land als potenzielle Terroristen unter Generalverdacht gestellt werden. Das gelingt, wenn auch alle Flüchtlinge derart verdächtigt werden. Und das gelingt, wenn die Einheimischen sich in extremen Lagern gegenüberstehen, wenn die einen alle Menschen willkommen heißen, die anderen alle aussperren möchten.

Weil die Medien so exzessiv über Flüchtlinge berichteten, hat sich ein falsches Bild über sie entwickelt. Den einen bestätigten schlechte Taten von Flüchtlingen, dass alle Flüchtlinge Verbrecher seien; den anderen bestätigten gute Taten das Gegenteil. Die Wahrheit aber ist: All das sind Taten von Einzelnen; wir aber müssen jeden Menschen für sich beurteilen.

Ich weiß, dass Terroristen sich unter die Flüchtlinge gemischt haben, und Deutschland hätte nicht so viele Menschen ohne ausreichende Prüfung ins Land lassen dürfen. Ich selbst bin erst nach sechs Monaten von den Sicherheitsbehörden vernommen worden. Dabei beschränkten sie sich auf persönliche Daten, die Frage, weshalb ich Asyl beantrage und nicht zurückgeschickt werden könne und ob ich Augenzeuge von Morden geworden war. Alle Flüchtlinge aus Städten, die der IS (und andere islamistische Organisationen) kontrolliert, müssten viel tiefer und schneller durchleuchtet werden. Es ist wichtig zu wissen, ob jemand unter dem IS gelebt und was er zu dieser Zeit getan hat.

Und doch gibt es keinesfalls Grund für einen Generalverdacht. Vertriebener ist nicht gleich Terrorist. Fakt ist zudem: Die meisten Attentäter in Europa sind Kinder von einstigen Zuwanderern, die in den sozial vernachlässigten Vororten von Birmingham und London, Antwerpen und Brüssel, Paris und Marseille aufgewachsen sind. Islamistische Hassprediger stacheln sie an, sie rufen zur Unterstützung des »Islamischen Staats« auf und begründen das mit Allah und dem Koran.

Werden alle Asylsuchenden oder alle hier lebenden Muslime unter Generalverdacht gestellt, hat das einen Effekt, der wiederum dem IS zugutekommt: Die zugewanderten Muslime fühlen sich von den Mehrheitsgesellschaften benachteiligt und diskriminiert, sie fühlen sich als Opfer. Und auf der Suche nach einem Ausweg finden wieder neue Irregeleitete den Sinn des Lebens im Kampf ihrer »Geschwister« gegen das Böse: Das sind, in ihren Augen, die USA und Großbritannien, deren Soldaten in Afghanistan und im Irak Muslime töten, die Juden, die Muslime in Palästina foltern und einmauern, Frankreich wegen seiner Kolonialgeschichte, der militärischen Einmischung in Libyen und Mali und der Vernachlässigung ihrer muslimischen Bevölkerung in den Vororten von Paris und Marseille sowie Deutschland, wofür die Gründe ein wenig nebulös sind. Und ihr Hass gegen »den Westen« treibt sie in die Selbstisolation und in Institutionen, die das schwarz-weiße Weltbild unterstützen, einige Moscheen sowie Politiker, die dem »Westen« auf ebenso unerschrockene wie unverschämte Weise die Stirn bieten.

Die Angst vor eingeschlichenen Terroristen und die Vorbehalte gegen Flüchtlinge sind in ganz Europa allgegenwärtig, und sie werden sich verstärken, sollte der »Islamische Staat« zusammenbrechen. Das Fatale ist die Spirale, die sich dreht und dreht. Die Anschläge der Islamisten haben Vorbehalte und Vorurteile gegen alle Muslime geschürt – und gegen alle Flüchtlinge. Dabei sind die Asylsuchenden gerade vor diesen Terroristen davongelaufen. Sie können nichts dafür, dass Syrien im Chaos versinkt. Dass sie zu Hunderttausenden nach Europa aufgebrochen sind, ist unter anderem Ergebnis einer falschen Interventionspolitik sowie eines Festhaltens an Autokraten, für die Menschen dort wie auch in Europa den Preis bezahlen.

In Syrien wäre es in den ersten Monaten möglich gewesen, Assad durch ein militärisches Eingreifen aus dem Amt zu treiben und eine demokratische Teilhabe aller Ethnien durchzusetzen. Im Jahr 2012 und in den ersten Monaten 2013 gab es außer der Armee des Regimes nur die Freie Syrische Armee und die kurdischen Kräfte der YPG. Es gab keine terroristische islamistische Gruppe in Syrien. Die Türkei, Saudi-Arabien und Katar spielten noch keine Rolle. Leider haben die USA sich nicht entscheiden können, Assad aus dem Spiel zu nehmen. Ergebnis sind Gewalt und Terror, die sich inzwischen auch über Europa ausbreiten.

Später, als diese Chance vertan war, hätten die Amerikaner mit etwas Druck wenigstens verhindern können, dass Assad Giftgas einsetzt. Jeder Diktator hat eine weiche Stelle, und die von Assad sind die USA. Assads Albtraum ist Amerika – war Amerika. Der Respekt war endgültig verspielt, als Barack Obama nichts unternahm, nachdem Assad die vom US-Präsidenten gezogene »rote Linie« überschritten hatte, indem er das Gas einsetzte. Inzwischen hat Assad Syrien an Moskau und den Iran verkauft: Sie verteidigen den Diktator und dessen Regime und bekommen dafür keinen sunnitischen Präsidenten und Öl. Für den Iran ist es eine Frage der Religion, für Russland eine der wirtschaftlichen (und auch der machtpolitischen) Interessen. Ende 2013 schloss Assad einen Vertrag mit Russland über die Erkundung und gemeinsame Ausbeutung von Gas- und Ölvorkommen vor der Mittelmeerküste. Er gilt 25 Jahre. Deshalb werden die Russen bleiben, wo sie sind, um das zu verteidigen, was sie besitzen, was Assad ihnen verkauft hat.

Wenn die USA und Europa weiter darauf bestehen, dass es mit Assad keine Zukunft geben kann – stattdessen muss er zur Rechenschaft gezogen werden, denn jeder Präsident ist verantwortlich für das Geschehen in seinem Land –, dann müssen die westlichen Mächte Russland und den Iran davon überzeugen. Denn das Kernland, das Assad noch kontrolliert, ist voller iranischer und russischer Soldaten, von denen – immerhin – jeder mit dem geringsten Rang mehr wert ist als jeder beliebige syrische Unteroffizier.

3. Was mich an Muslimen verstört

Saudi-Arabien nimmt keine Flüchtlinge auf – außer sie sind bereit, dafür zu bezahlen. Würden sich alle 22 arabischen Staaten an der Versorgung der Flüchtlinge und Vertriebenen aus Syrien und dem Irak beteiligen, die meisten wären in der Region geblieben und nicht nach Europa ausgewandert. Man muss Donald Trump nicht mögen, aber seine Frage ist berechtigt: Wieso sollten wir Muslime aufnehmen, wenn nicht einmal alle arabischen Staaten ihren »Brüdern« und »Schwestern« Obdach geben? Trump sagte eindeutig Nein zur Zuwanderung aus »muslimischen« Staaten. Auch wegen dieses Versprechens haben die Amerikaner ihn zu ihrem Präsidenten gewählt. Deshalb unterschrieb er eine »Executive Order«, der zufolge Menschen aus sieben – in einem späteren Anlauf aus sechs – muslimischen Staaten nicht mehr in die USA einreisen dürfen. Trumps Begründung für dieses Dekret war so einfach wie verständlich: »Weil wir keine radikalen islamistischen Terroristen im Land wollen.«

Allerdings hat diese Anweisung Schaden angerichtet. Wir wissen, dass der IS die USA und auch Europa zerstören bzw. ihrem islami(sti)schen Staat einverleiben möchte. Während der neun Monate, die ich im Gefängnis saß, hörte ich IS-Männer immer wieder dafür beten, Allah solle die USA vernichten, das Zentrum der Ungläubigen. Trumps Bann wird daran nichts ändern, sondern den Hass weiter schüren. Und er wird keinen Schläfer abschrecken, sondern eher erwecken, das zu tun, was er ohnehin plant.

Ich frage mich: Wo bleiben die Stimmen aus den muslimischen Ländern, die etwas gegen die Terroranschläge in Europa oder die widerlichen Massaker an den kurdischen Jesiden in Sindschar unternommen hätten? Wo ist das islamische Land, das glaubwürdig versprochen und unzweideutig gehandelt hätte, um den IS am Boden militärisch anzugreifen und zu bekämpfen? Stattdessen sähen sie es gern, wenn die USA und Europa diese schmutzige Arbeit übernähmen.

Mehr noch: Statt konstruktiv an einer Lösung mitzuarbeiten, den Kriegsopfern humanitär zu helfen und Terrorakte von Muslimen gegen Gläubige und Andersgläubige zu verurteilen, liefern etliche muslimische Staaten Waffen in mein verwundetes Land, sitzen auf den Tribünen rund um das Kampffeld und schauen zu wie bei einem Fußballspiel. Das ist beschämend. Mehr noch: Gelingt den westlichen Truppen ein Schlag gegen den IS, höre ich aus dieser Ecke bedauerlich viele Stimmen, die nun deren Imperialismus beklagen.

Recep Tayyip Erdoğan sagte 1999: »Die Demokratie ist nur der Zug, auf den wir aufsteigen, bis wir am Ziel sind. Die Moscheen sind unsere Kasernen, die Minarette unsere Bajonette, die Kuppeln unsere Helme und die Gläubigen unsere Soldaten.« Dafür musste er damals in Haft, kam aber schnell wieder frei und durfte sich bald erneut einmischen. Als Ministerpräsident scheint er inzwischen die Zeit für gekommen zu halten, vom Zug abzuspringen.

Hat Erdoğan die Deutschtürken jemals gewarnt, nach Syrien zu gehen und sich dem IS anzuschließen? Meines Wissens nicht. Kaum zu dementieren ist, dass er den IS (nicht zuletzt wegen dessen Krieg gegen die Kurden) unterstützt hat. Bezeichnend ist ein Video, das zeigt, wie freundschaftlich sich während der Belagerung von Kobane türkische Grenzsoldaten mit IS-Kämpfern unterhalten. Während die Koalition den eingeschlossenen Kurden dort hilft und den IS mit Bomben bewirft, versichern sich Türken und IS-Kämpfer ihrer Freundschaft.[103]

Mittlerweile trägt der IS den Terror auch in die Städte des Westens. Hat die Türkei das bewusst zugelassen? Jedenfalls hat Erdoğan die Grenzen nicht geöffnet, weil er die Flüchtlinge liebt oder ihnen helfen wollte; er hat sie geöffnet, um Europa die Probleme zu bereiten, die Europa nun hat. Ich bedaure sehr, dass Erdoğan indirekt auch mich benutzt hat, um Europa unter Druck zu setzen. Mit mir, mit uns kamen »Kämpfer« des »Islamischen Staats«. Und aus Deutschland fuhren junge Männer mit türkischen Pässen oder türkischer Herkunft nach Syrien.

Inzwischen bedrohen IS-Führer die Türkei in Reden und Videobotschaften. Warum taten sie das nicht, solange sie eine lange, gemeinsame Grenze hatten? 2014, 2015 und in den ersten Monaten des Jahres 2016? Heute wollen sie uns glauben machen, dass sie Feinde seien. Ich glaube ihnen kein Wort. Dieser Trick befreit die Türkei nicht von Schuld.

Nun will ich Erdoğan nicht dafür verantwortlich machen, dass jeder dritte der selbst ernannten Gotteskrieger aus Deutschland, die in Syrien und im Irak kämpfen, türkischstämmig ist. Aber ich frage: Weshalb schließen sich türkischstämmige (wie auch arabischstämmige) Muslime, die in europäischen Staaten aufgewachsen sind, den Terroristen an? Woher kommt diese Gewaltneigung gegenüber einem Land, das auch ihnen so viele Möglichkeiten bietet? Wie erklärt sich die Rückständigkeit der islamischen Welt? Und wie verträgt sich das mit der Großmäuligkeit muslimischer Jugendlicher, die den Islam gegenüber anderen Religionen überlegen wähnen und die Muslime für bessere Menschen halten?

Das ist eine etwas längere Geschichte. Ich glaube, Ursache für all das ist ein Minderwertigkeitskomplex gegenüber Europa, aber auch dem Iran mit seiner jahrtausendealten Kulturgeschichte.

Im 13. Jahrhundert verlor der Islam Cordoba (1236) an die Spanier, Bagdad (1258) an die Mongolen; das waren zwei wichtige Standorte für eine fortschrittliche Kultur und eine moderne Wissenschaft. Die Gelehrten wandten sich nach diesen Niederlagen von den Wissenschaften ab und den »frommen Altvorderen« (al-salaf al-salih) zu. Sie beendeten alle menschlichen Interpretationen des Korans und wandten sich der reinen Lehre der vier »Rechtgeleiteten Kalifen« zu, deren Herrschaft mit dem Schisma, der Spaltung von Sunniten und Schiiten, geendet hatte.

Nach der Kolonialisierung des 19. und 20. Jahrhunderts schottete sich die islamische Welt vollends gegenüber der westlich-europäischen ab, die technisch und wissenschaftlich große Fortschritte feiern konnte. Die islamischen Gesellschaften dagegen stagnierten, es entstand ein Gefühl der Unterlegenheit, das aber nicht zur Adaption der erfolgreichen westlichen Kultur führte, sondern zur völligen Ablehnung. Die Radikalen wiederum begründeten den Rückstand der arabischen Welt damit, dass die Muslime vom ursprünglichen Glauben abgefallen seien, von den Prinzipien des »goldenen Zeitalters«. Der Koran, so sagten sie, sei nicht von Menschen zu interpretieren, das sei anmaßend; der Koran sei stattdessen wörtlich zu nehmen. Indem sie sich wieder an den Urtexten orientierten, hofften religiöse Fundamentalisten, zum »goldenen Zeitalter« zurückzufinden. So wandte sich die ganze islamische Welt von der Moderne ab, von der Zukunft. Und der unislamische Westen wurde vollends zum Feind, den sie aber nicht mehr zu besiegen vermochten.

Wo doch die Vernunft einen souveränen Nationalstaat gebar, die Wirtschaft sich modernisierte und die Gleichstellung der Frauen sich durchsetzte, entstand eine Gegenbewegung. In Ägypten waren das 1928 die Muslimbrüder unter Hassan al-Banna. Diese Gegenbewegungen breiteten sich über die ganze arabische Welt aus. Ihr Prinzip, ihr Ziel war und ist die Alleinherrschaft Allahs. Ein souveränes Volk? Politische Organisationsformen? Nationen? Alles von Menschen gemachte, imperialistische Erfindungen.

Auch die Fundamentalisten unserer Zeit – Salafisten und Wahhabiten, Islamisten und Muslimbrüder – lassen nur die Gesetze des Islam gelten, nach denen Mohammed und seine Anhänger lebten. Entscheidend sind für sie nicht jene Suren, die in Mekka entstanden sind, wo der Prophet nur einen losen Verbund von Gläubigen leitete, denen er Toleranz gegenüber anderen, älteren und größeren Religionen predigte und Gewaltanwendung verbot. Maßgebend ist die Zeit in Medina, wo die Gemeinde schnell wuchs und Ungläubige bekämpft und unterdrückt wurden. Juden und Christen mussten sich bekehren lassen, die Oase Medina verlassen oder mit dem Tod rechnen.

Der Islam war also zunächst friedlich und wurde dann gewalttätig. »Rückt aus, leicht und schwer, und kämpft mit eurem Gut und mit eurem Blut für Allahs Sache«, heißt es in der medinensischen Sure 8:60. »Und haltet für sie bereit, was ihr an Kraft und kampfbereiten Pferden (haben) könnt, um damit den Feinden Allahs und euren Feinden Angst zu machen, sowie anderen außer ihnen, die ihr nicht kennt; Allah aber kennt sie! Und was immer ihr auf Allahs Weg ausgebt, wird euch in vollem Maß zukommen, und es wird euch kein Unrecht zugefügt.«

Wer nicht bereit ist, hat die Folgen zu spüren: »Wenn ihr nicht ausrückt, wird Er euch mit schmerzhafter Strafe strafen und euch durch ein anderes Volk ersetzen, und ihr (könnt) Ihm keinerlei Schaden zufügen. Allah hat zu allem die Macht.« (Sure 9:39)

Eine wachsende Zahl von Muslimen, die militanten Salafisten, orientieren sich heute an der Lebensweise der »Altvorderen«, an den Gelehrten der ersten drei Generationen nach dem Propheten Mohammed (gestorben am 8. Juni 632). Grundlage für jede Lebens- und Staatsordnung sollen der Koran sowie die von den Gelehrten festgelegten Bräuche und Normen sein. Ein demokratischer Verfassungsstaat wie Deutschland ist das genaue Gegenteil dessen, weshalb ein Teil der Salafisten (»Salaf« bedeutet auf Arabisch Vorfahre oder Vorgänger) ihn und seine Bürger bekämpfen, auch mit Gewalt. In ihrer Vorstellung ist das Individuum nichts, das islami(sti)sche (Gottes-)Volk alles. Und wenn sie Menschen töten, nehmen sie Suren wie diese wörtlich: »Wenn nun die Schutzmonate abgelaufen sind, dann tötet die Götzendiener, wo immer ihr sie findet, ergreift sie, belagert sie und lauert ihnen aus jedem Hinterhalt auf! Wenn sie aber bereuen, das Gebet verrichten und die Abgabe entrichten, dann lasst sie ihres Weges ziehen! Gewiss, Allah ist allvergebend und barmherzig!«[104]

»Barmherzig«, sagt Jürgen Todenhöfer, sei das am häufigsten benutzte Wort im Koran. Er habe das Buch, so schrieb er an den »Kalifen«, mehrfach gelesen. »Den Geist der Brutalität, den Sie und Ihre Kämpfer bewusst verbreiten, habe ich darin nicht gefunden.«[105]

Barmherzig sind diejenigen, die im Namen Gottes töten, überhaupt nicht. Als Feinde des Islam sehen sie sich auch nicht. Und es gibt eine Menge Muslime, die das auch bestreiten würden. Sie, die Islamisten von Daesh, tragen ihren Krieg nicht ohne Unterstützung oder zumindest Duldung einer bemerkenswerten Zahl von Muslimen auch in unsere Städte und träumen von der Eroberung der Welt. Und das ist erst der Anfang, wie Michel Houellebecq prophezeit, »denn die Demografie ist auf seiner Seite, und Europa hat sich, indem es aufhört, Kinder zu bekommen, in einen Prozess des Selbstmords begeben«.[106]

4. Die dunkle Rolle einiger Moscheen

In Syrien musste ich lernen: Es gibt Imame, die nicht das Wort des Friedens und der Barmherzigkeit predigen, sondern das Wort des Krieges: »Auge um Auge, Zahn um Zahn«, versprach der Großmufti Ahmad Badr ad-Din Massoun »dem Westen«. In Deutschland musste ich lernen: Es gibt auch hier Imame, die einen Steinzeitislam predigen und ihre Moscheen zu Orten der Radikalisierung machen. Es gibt auch hier Verantwortungsvergessene, die, statt die friedfertigen Texte des Korans zu loben, zu Krieg und Dschihad auffordern. Solche Imame, die ihre Hörer agitieren und Gewalt befürworten, sind die »schnellen Brüter« des militanten Islamismus.

Natürlich gilt das nicht für alle Moscheen, bei Weitem nicht. Aber es gibt radikale Imame, die ihr Amt missbrauchen – und die Freiheit und Toleranz dieser Gesellschaft. Die deutschen Behörden scheinen inzwischen konsequenter gegen Moscheen vorzugehen, in denen der Dschihad gepredigt wird. Nach dem Terroranschlag von Berlin durch Anis Amri wurden die Fussilet-Moschee, deren Trägerverein und mehrere Wohnungen durchsucht; der Verein löste sich auf, die Moschee ist geschlossen. Amri hatte sich dort häufig aufgehalten.

Auch der in Kassel beheimatete Islamische Kulturverein Almadinah wurde im März 2017 verboten. Der Imam der Moschee hatte dort fortgesetzt salafistische Predigten gehalten, mehrere Besucher waren nach Syrien gereist. Ebenfalls im März wurde der Hildesheimer »Deutschsprachige Islamkreis« (DIK) verboten, »Abu Walaa«, der »Prediger ohne Gesicht«, im November 2016 verhaftet. Aus dem DIK heraus soll der IS unterstützt und Geld gesammelt worden sein, auch Terroranschläge sollen dort vorbereitet und von Beteiligten ausgeführt worden sein.

Zu achten ist auch auf muslimische Seelsorger in Gefängnissen. Es gibt (siehe Teil III) im Westen eine Menge Muslime, die sich in der Haft radikalisiert und bereit erklärt haben, ihre Fähigkeiten in den Dienst des Dschihadismus zu stellen. Vermutlich registriert das Personal in den Gefängnissen nicht, wenn dort islamistisch agitiert wird. Es müsste dafür sensibilisiert werden und darauf achten, dass die Prediger in Gefängnissen keine salafistischen Neigungen zeigen.

Aber es genügt nicht, dass Moscheen und Imame von der Polizei und den Geheimdiensten observiert werden. (Ich bin sicher, das geschieht.) Die friedfertigen unter den Muslimen in den Bethäusern und Verbänden müssen sich unzweideutig distanzieren. Sie sollten sich ein Beispiel nehmen am ehemaligen Vizepräsidenten der Imame in Frankreich, Hocine Drouiche, der das Offensichtliche nach dem Attentat von Nizza unmissverständlich aussprach: »Inzwischen ist es schwer, den Islam vom Islamismus zu unterscheiden.« Er trat außerdem von allen einflussreichen Ämtern innerhalb der muslimischen Gemeinde zurück, auch aus der Conférence des imams de France und dem Conseil français du culte musulman. Diese »inkompetenten Institutionen«, ließ er nun offenbar tief verärgert wissen, unternähmen nichts für den sozialen Frieden und wiederholten ständig, »dass es keinen Extremismus gibt«. Sie müssten, so hatte er bereits nach den Attentaten von Paris im November 2015 die europäische islamische Gemeinschaft aufgefordert, endlich eingestehen, dass der islamische Extremismus in ihre Reihen eingedrungen sei. Der Hass sei »zum Wesensmerkmal des innerislamischen Diskurses geworden, insbesondere in Europa, um auf diese Weise die jungen Muslime gegen den Westen mobilisieren zu können«. Leider sei von den Muslimen »kein wirklicher Einsatz gekommen, eine Lösung für das große Problem der Radikalisierung und des Hasses zu finden«.[107]

Um keine Missverständnisse aufkommen zu lassen: Jede Moschee ist anders, und alle Imame verfügen über große Macht. Sie können die kriegerischen Suren des Korans predigen oder die friedlichen. Imame können entscheiden, womit sie die Köpfe und Herzen der Gläubigen füllen. Wenn die friedlichen Hirten des Islam sich mit denen der christlichen Kirchen verständigten, wenn die Gläubigen mehr darüber sprächen, was sie verbindet statt was sie trennt, dann wäre ein Zusammenleben möglich. So wie es einst in Damaskus war, wo Kirchen, Moscheen und Synagogen in friedlicher Koexistenz lebten. Wofür soll Religion heute noch gut sein, wenn nicht dafür, das friedliche Miteinander zu fördern?

Deshalb müssen wir von den muslimischen Gemeinschaften in Deutschland verlangen, sich eindeutig von Gewalt durch Muslime zu distanzieren. Leider verstecken sich viele – aus Scham oder sich klammheimlich freuend? – hinter der Aussage, die Terroristen seien keine richtigen Muslime und ihre Attacken hätten nichts mit dem Islam zu tun. Derartige die Realität negierende Aussagen tragen nur dazu bei, dass den Muslimen als Gruppe misstraut wird.

Vielleicht würde Vertrauen wachsen, benützten die Prediger in den Moscheen die landesübliche Sprache. In Italien vereinbarte die Regierung mit den Islamverbänden einen »nationalen Pakt für einen italienischen Islam«. Das Freitagsgebet soll demnach künftig in der Landessprache gehalten und gemeinsam über den Kampf gegen den Terror beraten werden; die Verbände müssen eine Liste ihrer Imame erstellen und ausländische Finanzzuweisungen offenlegen. Und den Türken wäre zu raten, sich klar von Recep Tayyip Erdoğans Aussage zu distanzieren, wonach Moscheen die Kasernen der Muslime seien, Minarette ihre Bajonette und die Gläubigen ihre Soldaten. Solange jedoch die »türkischen« Moscheegemeinden Geld und Imame aus der Türkei erhalten, ist davon auszugehen, dass der dort gelehrte Islam ein politischer bleiben wird.

5. Flüchtlinge und Einheimische: Wir müssen uns gegenseitig helfen

Im Sozialamt höre ich zwei arabische Flüchtlinge über Deutschland reden. Der Dialog mündet in den Satz: »Das ist ein gutes Land, aber das Problem ist, dass die Menschen Ungläubige sind. Es wäre gut, wenn sie Gläubige wären.«

Ich unterbreche sie: »Ihr seid vor den Gläubigen weggelaufen und nun hasst ihr die Deutschen, die euch Obdach geben? Ihr seid Idioten. Ihr seid vor den Gläubigen weggelaufen und nun sehnt ihr sie herbei.«

Muslim bleibt Muslim. Die Araber, kaum sind sie hier, laufen scharenweise zur Moschee, und wenn sie eine der zweifelhaften betreten, hören sie vielleicht: Das ist das Land des Kreuzes, das Land der Ungläubigen. Und bald beten sie ihren radikalen Predigern nach: Wir wollen in einem Land des Islam leben. Manche indoktrinierte Moscheegänger würden dafür alles geben, selbst ihr Leben.

Die Deutschen sind viel zu nachsichtig mit den radikalen Gläubigen. Es leben mehr islamistische Terroristen in Deutschland, als sie ahnen – in arabischen Staaten wie in Europa geborene. Die Behörden bemühen sich, die schwarzen unter den vielen weißen Schafen zu suchen und zu finden. Aber die tragen Camouflage. Ich helfe, wo ich kann, denn einsperren können die Staatsschützer diese Leute nur mittels gerichtsfester Beweise. Unentdeckte Islamisten, die hier auf Abruf Terrorakte begehen, sogenannte Schläfer, können zu einer ernsten Gefahr werden. Dass sie sich in Deutschland, in Europa frei bewegen können, lässt mich nachts nicht schlafen.

Die Dschihadisten verschweigen ihre Herkunft. Potenzielle Attentäter wissen, wie sie den westlichen Sicherheitsbehörden gegenüber auftreten müssen, damit sie nicht verhaftet und verurteilt werden können. Sie nutzen die liberale Gesellschaft und deren Gesetze, die Toleranz und die Gastfreundschaft. Um erst gar nicht aufzufallen, rät der IS zu Camouflage: Bart ab, keine traditionelle Kleidung, keine typisch muslimischen Parfüms (sogar solche mit Alkohol, also westliche, sind in diesem Fall erlaubt), selbst ein Kreuz darf um den Hals gelegt werden. (Nicht alle sind dazu schlau genug, wie manche Facebook-Konten belegen.)

Auf diese Weise gewinnen sie Bewegungsfreiheit. Und eines Tages werfen sie Bomben oder rasen mit einem Lastwagen in eine Menschenmenge wie Anis Amri. Die deutschen Behörden wussten, dass er Kontakt zu IS-Mitgliedern hielt und mit ihnen über ein Treffen im Paradies sprach. Das Raunen in den sozialen Medien über ein Wiedersehen im Paradies ist ein unübersehbarer Hinweis auf geplante Anschläge. All diejenigen, mit denen er in Kontakt war, sind gefährlich. Sie halten den Mord an Ungläubigen und den Angriff auf deren Staat und Gesellschaft für eine gute Tat, für die sie ins Paradies kommen.

Statt jedoch tickende Zeitbomben wie Amri einzusperren und schnell auszuweisen, reden die Deutschen dauernd über Integration. Eine naive Hoffnung, solange Flüchtlinge in abgeschotteten Camps leben müssen und nicht mit der einheimischen Bevölkerung in Kontakt kommen. Wie sollen sie lernen, wie diese Gesellschaft funktioniert, wie die Menschen miteinander leben, welche Regeln sie sich gegeben haben und wie die Menschen denken, arbeiten, leben? Wie sollen sie diese fremde Kultur kennenlernen? Wie die Traditionen?

Das Wichtigste dabei ist: Arbeit, um den Lebensunterhalt selbst zu verdienen, und zwar nicht nur als Hilfsarbeiter. Von der eigenen Hände Arbeit leben zu können macht stolz und zufrieden. Gerade Syrer sind meist gut ausgebildet; deren Qualifikationen, etwa handwerkliche, müssten schneller anerkannt werden. Für Zuwanderer, die Arbeit finden, wäre es hilfreich, könnten sie schneller aus dem Flüchtlingsbiotop weg- und in die Umgebung der Einheimischen hinziehen. Wenn wir von Integration reden, dann sollten Behörden und die Regierung alles daransetzen, dass anpassungswillige Flüchtlinge schnell eine solide Mietwohnung in einem »deutschen« Umfeld finden. Und es würde zur Glaubwürdigkeit eines demokratischen Staats beitragen, wenn die Wohnungen von Beamten verteilt würden.

Es ist eine meiner verstörendsten Entdeckungen in Deutschland, dass ich in einem Rechtsstaat auf der Suche nach einer Bleibe Schmiergeld an irgendwelche Araber bezahlen sollte, die offenbar über gute Verbindungen zu den (staatlichen) Vermietern verfügen.

Diejenigen, die sich nicht anpassen wollen, erreichen Aufforderungen der Regierung, das zu tun und jenes zu unterlassen, nicht im Geringsten. Und es ist leider so: Menschen neigen dazu, in der Fremde unter ihresgleichen zu bleiben. Das gilt besonders für Muslime, schon allein weil sie es nicht akzeptieren, wenn ihre Frauen so leben möchten wie deutsche, die sich frei und ungezwungen bewegen.

Natürlich darf Integration nicht bedeuten, Migranten und Flüchtlinge dazu nötigen zu wollen, die deutsche Lebensart anzunehmen. Aber sie verstehen und akzeptieren, das müssen sie. Nur so ist es möglich, trotz unterschiedlicher Mentalität friedlich miteinander zu leben. Jeder sollte lernen, die Andersartigen, Andersdenkenden und Andersglaubenden zu tolerieren. Weil das in meiner Heimat nicht gelingt, ist dort Krieg.

Eine Medizin gegen die Radikalisierung von Muslimen ist auch nicht, sie zu verspotten und Witze über sie zu machen. Karikaturen bringen keinen Frieden. Ich liebe Klamauk, und einige meiner Freunde demaskieren den »Islamischen Staat« mit Karikaturen. Der Versuch, den IS lächerlich machen zu wollen, wird immer scheitern. Der Propaganda Gegenpropaganda entgegensetzen zu wollen, ist auch keine erfolgversprechende Strategie, man macht sich unglaubwürdig. Wir sollten die Wahrheit berichten, das wahre, hässliche Gesicht des IS zeigen, ihre Morde verurteilen. Fake news beantworten sie mit Gegenpropaganda, mit der Behauptung, es gebe ein Komplott sowohl gegen den IS als auch gegen den Islam insgesamt. Einen Krieg gegen den Islam. Und damit waschen sie die Gehirne der Menschen, die sie kontrollieren.

Auch mich hatten sie in ihrer Hand. Seit dem 15. Dezember 2014 ist mein Leben ein anderes. Und es ist nicht immer einfach. Wie viele andere Flüchtlinge würde ich gern in der Nähe meiner Angehörigen leben. Ich würde gern zu meinen Brüdern ziehen. Mir fehlen Freunde, mit denen ich mich treffen könnte, weil sie auch nach Deutschland geflüchtet sind, aber wir müssen weit voneinander getrennt leben, jeder in einer anderen Stadt. Ich brauche Freunde in meiner Nähe, um mich wohlzufühlen, und ich hätte sie nie so dringend gebraucht wie während der ersten Wochen in der Sammelunterkunft. Aber ich muss drei Jahre bleiben, wohin die Behörden mich und meine Mutter geschickt haben. Würde ich berufsbedingt wegziehen, dürfte sie mich nicht begleiten. Das ist schwer.

Kein Deutscher ist für mein Leid verantwortlich. Mein Land zu verlassen war meine eigene Entscheidung. Bevor die Terroristen mich entführten und inhaftierten, hatte ich viele Freunde zum Bleiben aufgefordert. Sie sollten nicht weglaufen, sondern so lange wie möglich gegen die Umstände ankämpfen. Viele taten das auch: Sie flüchteten nicht in die Türkei, nicht nach Kurdistan, nicht in den Libanon, nach Jordanien oder Europa. Anfang 2014 hatte mich ein Cousin, der seit ein paar Monaten in Europa lebte, gefragt: »Warum kommst du nicht nach Europa, um dir einen sicheren Platz zum Leben zu suchen?«

Ich antwortete: »Ich werde noch hier gebraucht.«

In Syrien hatte ich starke Freunde, die blieben, obwohl jeder weiß, wie hart es ist, im Krieg zu leben. Wie sie konnte auch ich den Gedanken nicht akzeptieren, mein Land zu verlassen, es im Stich zu lassen. Gleichwohl erkenne ich an, dass jedes menschliche Wesen ein Recht darauf hat, in Sicherheit und Frieden zu leben. Aber es ist keine Lösung, wenn alle weglaufen und die Städte und Dörfer aufgeben. Es ist auch keine Lösung für Europa, wenn all die Millionen dort Sicherheit suchen, denn dann können Staatsschützer und Politiker nicht mehr für Sicherheit und ein schönes Leben sorgen – weder für die eigene Bevölkerung noch für die Geflüchteten. Aber es schmerzt zu erkennen, dass ein Mensch, der hartnäckig und voller Stolz den Umständen getrotzt und den Preis für seine (vielleicht unvernünftige?) Entscheidung bezahlt hat, nun so trostlos leben muss wie ich – ohne ein bequemes Sofa, ohne gemütlichen Stuhl, ohne vernünftigen Tisch, auf dem ich »die Leiden des jungen M.« niederschreiben könnte.

Glücklicherweise bin ich mit einer großen Portion Optimismus ausgestattet, und wenn ich mich wieder einmal in einer Sackgasse befinde und alles grau wirkt und leer, dann sage ich mir: Die Sonne wird eines Tages wieder scheinen. Dann bemühe ich mich zu verstehen, warum es nicht möglich ist, die ganze Familie am Ort meiner Brüder zu versammeln. Die Politiker fürchten, dass sich große, abgeschottete Communitys bilden, Syrer zu Syrern ziehen und Afghanen zu Afghanen, Iraker zu Irakern, Eriträer zu Eriträern und Iraner zu Iranern. Solche Cluster könnten Probleme schaffen, fürchten sie, auch mit einheimischen Nachbarn, und sie würden das erschweren, was sie Integration nennen.

Ich habe immer aufmerksam beobachtet, was in meiner Umgebung geschah. Ich habe alles wichtig genommen. So auch diesen Albtraum, den ich durchleben musste. Er wird sich fortsetzen, solange wir nicht verstehen, was da geschieht. Nur wenn wir die Dschihadisten durchschauen, können wir sie überwinden. Ich habe den IS so nah erlebt, wie ich es keinem Menschen wünsche. Indem ich berichte, was geschah, hoffe ich, zum Verstehen beizutragen. Diese selbst gewählte Aufgabe bereichert mein Leben und gibt mir Hoffnung. Hoffnung, dass auch in der Levante irgendwann Frieden einkehren möge. Das wird nicht sofort gelingen, aber vielleicht schafft es eine der nächsten Generationen, etwas Neues aufzubauen und zu überwinden, was ihre Vorfahren ruiniert haben.

Mahatma Gandhi sagte einst: »In vollständiger Gewaltlosigkeit liegt auch der absolute Verzicht auf Hass.« Ob die Menschen jemals gewaltlos miteinander auskommen können? Wer weiß. Sicher aber ist: Auge um Auge, Zahn um Zahn führt nicht zum Frieden. Und Hass als Mittel gegen Hass ebenfalls nicht. Sicher ist auch, dass wir mit Waffen allein den Terrorismus nicht beseitigen werden. Wir brauchen auch das Wort. Wir müssen über den Terrorismus reden, statt betroffen zu schweigen; wir müssen, statt sie bloß zu hassen, mit den Terroristen reden. Denn wenn niemand mit niemandem spricht, wenn niemand niemandem zuhört, dann wird gefoltert, geschossen, gemordet.

Die Unverbesserlichen müssen wir bekämpfen, auch jene, die Europas Städte mit feigen Anschlägen treffen wollen. Dazu trage ich aus Überzeugung bei. Ich habe mein Wissen und meine Recherchen den deutschen Staatsschützern anvertraut. Eine wichtige Quelle ist das Internet, vor allem Facebook. Unfassbar, wie offen sich Menschen, die sich inzwischen in Deutschland, in Europa befinden, zu den terroristischen Organisationen bekennen, denen sie in Syrien (und im Irak) gedient haben.

Und obwohl mich Freunde und Familie gewarnt hatten, mein Gesicht zu zeigen, habe ich mich gegen Anonymität und für das offene Visier entschieden. Denn sich zu verstecken ist keine erfolgversprechende Strategie gegen den IS. Ich wünschte, alle syrischen Flüchtlinge würden so handeln wie ich. Denn ich weiß: Sie alle kennen Menschen, die sich Daesh angeschlossen hatten oder noch dabei sind. Ich wünschte, jeder Syrer in Deutschland würde sich an dem »Aufstand der anständigen Flüchtlinge« beteiligen, den die Zeitung *Bild* auf ihrer Webseite nach dem Attentat in Berlin und dem Brandanschlag auf einen Obdachlosen durch Syrer in einer Berliner U-Bahn Ende 2016 forderte. Ich zählte mich zu diesem Zeitpunkt schon monatelang zu den »anständigen Flüchtlingen«.

Ich will nicht, dass der IS und alle anderen dschihadistischen Organisationen mein Lebensthema werden. Ich will nicht, dass der IS mein Leben bestimmt. Niemand will das. Aber noch sind sie da – mitten unter uns. Wenn wir alle uns von Gewalttätern distanzieren und unser Wissen zusammentragen und gemeinsam handeln, dann kann es gelingen, die Terroristen zu bezwingen – zunächst in Europa und dann vielleicht bald auch in meiner Heimat, in Syrien, im Irak und in allen Staaten zwischen Pakistan und Nordafrika, in denen sich dieses Krebsgeschwür breitgemacht hat.

Danksagung

Ich danke den Streitkräften der autonomen Region Kurdistan (Peschmerga) sowie den syrischen kurdischen Volksverteidigungseinheiten YPG, die meine Spur in den Gefängnissen des IS verfolgt und mir unter großen Anstrengungen zur Freiheit verholfen haben.

Außerdem danke ich dem Management und allen meinen Kollegen beim kurdischen Mediennetzwerk Rûdaw sowie allen Freunden und Verwandten, die meine Familie in dieser schweren Zeit gestützt haben.

Quellen und Anmerkungen

1 http://www.yasa-online.org/reports/Die_situation_staatenloser%20_Kurden_in_ syrien.pdf

2 Human Rights Watch:»A wasted decade. Human Rights in Syria during Bashar al-Asad's first ten years in power«, 16.7.2010; https://www.hrw.org/report/2010/07/16/ wasted-decade/human-rights-syria-during-bashar-al-asads-first-ten-years-power

3 Schaukat starb 2012 nach einem Anschlag.

4 Dschabhat al-Nusra wurde 2016 nach der Trennung von Al-Qaida umbenannt in »Dschabhat Fatah asch-Scham«.

5 Alle Koranverse in deutscher Übersetzung sind folgender Quelle entnommen: http://islamische-datenbank.de/quran-koran

6 Graham E. Fuller:»Embracing Assad Is a Better Strategy for the U.S. Than Supporting the Least Bad Jihadis«, Huffington Post, 29.9.2014; http://www.huffingtonpost.com/graham-e-fuller/us-assad-isis-strategy_b_5898142.html

7 Mehdi Daham al-Hadi ist der Führer des al-Shammar-Stammes, der mit mehr als 20 Millionen Mitgliedern in Libyen, Syrien, Saudi-Arabien, dem Irak und dem Jemen einer der wichtigsten ist in der arabischen Welt. Der Scheich fungiert als eine Art Vizegouverneur der kurdischen autonomen Verwaltung im Bezirk Hasaka. Er lebt in einem großen, ummauerten Anwesen in Tal Alo, einem kleinen Dorf.

8 Er nannte sich Abu Zar.

9 Zur besseren Lesbarkeit nenne ich Namen von Protagonisten, die für den Fortgang der Geschichte nicht wichtig sind, in den Fußnoten. Nicht nennen werde ich die Namen von Menschen, deren Identität ich schützen muss. Der Libyer nannte sich Abu Fares, die Syrer Abu Hafs, Abu Al-Gahgah und Abu Al-Alaa. Bei Abu Bilal al-Tunisi gibt es eine Namensgleichheit: Er ist nicht identisch mit jenem Tunesier, der federführend bei der Idee für eine besonders grausame Hinrichtung gewesen sein soll: Der im Dezember 2014 nahe Al-Raqqa abgestürzte jordanische Pilot Muas al-Kasasba wurde wenige Wochen später in einem Eisenkäfig bei lebendigem Leib verbrannt. Abu Bilal al-Tunisi hatte ihn nach dem Absturz aus einem See gefischt.

10 Sie nannten sich Abu Musa'ab und Abu Faysal.

11 Sein Name war Ibrahim Al-Khaled.

12 Sie hießen Abu Yazan und Abu Soulayman.

13 Er nannte sich Hasnawi.

14 https://www.un.org/sc/suborg/en/sanctions/1267/aq_sanctions_list/summaries/individual/ali-musa-al-shawakh

15 Er nannte nur seinen Vornamen: Khalil.

16 Er nannte sich Abu Ahmad Oudayb.

17 Er nannte sich Abu Hourayra.

18 Er nannte sich Abu Al-Abbas Al-Fadly.

19 Er nannte sich Abu Yazid Al-Masry.

20 Er nannte sich Abu Yossef.

21 Quellen wie Al Jazeera, die von zwanzig Toten und siebzig Verletzten sprachen, sind nicht glaubwürdig. http://www.aljazeera.com/news/2015/03/twin-bombings-kill-northeastern-syria-150320223947935.html

22 William Booth:»Islamic State video seems to show child shooting Arab Israeli ›spy‹«, The Washington Post, 11.3.2015; https://www.washingtonpost.com/world/middle_east/islamic-state-claims-slaying-of-arab-israeli-spy-in-latest-video/2015/03/11/a02a96bc-c7ed-11e4-aa1a-86135599fb0f_story.html?utm_term=.da43f12a905b

23 »Interview with a spy working for the Israeli mossad«, Dabiq, Ausgabe 7; https://azelin.files.wordpress.com/2015/02/the-islamic-state-e2809cdc481biq-magazine-722.pdf

24 Er nannte sich Abu Omar al-Anbari.

25 Die beiden IS-Mitglieder stammten aus Al-Tabqa, ein 25-Jähriger, der versucht hatte, seinen Kommandeur zu schlagen, ein 17-Jähriger, der nicht rechtzeitig ins Trainingscamp zurückgekehrt war.

26 Er nannte sich Abu Bakr Al-Iraqi.

27 Das Kürzel steht für Yekineyen Parastina Gel, dt. Volksverteidigungseinheit. Die bewaffnete kurdische Miliz kontrolliert mehrheitlich kurdisch besiedelte Regionen im Norden Syriens und gilt als wichtigster Verbündeter des Westens im Kampf gegen den IS sowie als Rückgrat des Militärbündnisses »Demokratische Kräfte Syriens«.

28 Er hieß Kaniwar.

29 Alle Koranverse in deutscher Übersetzung sind folgender Quelle entnommen: http://islamische-datenbank.de/quran-koran
Die dortige Übersetzung für Sure 9:5 lautet:»Wenn nun die Schutzmonate abgelaufen sind, dann tötet die Götzendiener, wo immer ihr sie findet, ergreift sie, belagert sie und lauert ihnen aus jedem Hinterhalt auf! Wenn sie aber bereuen, das Gebet verrichten und die Abgabe entrichten, dann lasst sie ihres Weges ziehen! Gewiss, Allah ist Allvergebend und Barmherzig.«

30 Im Original: De Islam zal zegevieren door het bloed van de martelaren. Het zal haar licht verspreiden in elk donkere hoek van deze aarde en het zal het kwaad desnoods met het zwaard terugdrijven naar zijn duistere hol.
Deze losgebarsten strijd is anders dan alle voorgaande strijden. De ongelovige fundamentalisten zijn ermee begonnen en Insha Allah zullen de ware gelovigen deze eindigen.
Er zal geen genade voor de onrechtplegers zijn, slechts het zwaard wordt tegen hen opgeheven. Geen discussie, geen demonstraties, geen optochten, geen petities: slechts de DOOD zal de Waarheid van de Leugen doen scheiden.

31 Im Original:»Until we feel security, you will be our targets. … Until you stop the bombing, gassing, imprisonment and torture of my people we will not stop this fight. … We are at war and I am a soldier.« http://news.bbc.co.uk/2/hi/uk/4206708.stm

32 http://markhumphrys.com/islamist.terror.uk.html#london.21.july

33 Im Original:»This British soldier is one – he is an eye for an eye and a tooth for a

tooth. I apologise that women had to witness this today but in our lands our women have to see the same.« http://www.telegraph.co.uk/news/uknews/crime/10492778/Lee-Rigby-trial-jury-shown-eye-for-an-eye-video.html

34 2016 in deutscher Übersetzung erschienen unter dem Titel:»2084. Das Ende der Welt«.

35 Martina Meister:»Der Islam wird unsere Gesellschaft aufsprengen«, Die Welt, 13.7.2016

36 https://www.verfassungsschutz.de/de/arbeitsfelder/af-islamismus-und-islamistischer-terrorismus/zahlen-und-fakten-islamismus/zuf-is-uebersicht-ausgewaehlter-islamistisch-terroristischer-anschlaege

37 Florian Flade:»Islamist droht in Terrorvideo Angela Merkel«, Die Welt, 15.10. 2014; https://www.welt.de/politik/deutschland/article133325416/Islamist-droht-in-Terrorvideo-Angela-Merkel.html

38 Darunter der Frankfurter Student Rachid Benamar (Abu Ayyub al-Maghribi), Attentat per Lkw auf irakische Armeebasis in Ramadi, August 2014; Ahmet Cetinkaya aus Ennepetal, Attentat in Bagdad, Juni 2014, mindestens 54 Tote; Sofian Khebbache aus Wolfsburg, Sprengung seines Bombengürtels an einem Checkpoint an einer Brücke in Ramadi, Anfang August 2014; Asif N. (Abu Umar al-Almani) aus Hamburg, Attentat gegen YPG bei Al-Shaddadi, März 2016. Alle Informationen von http://erasmus-monitor.blogspot.de sowie Dorle Hellmuth:»Of alienation, association, and adventure. Why German fighters join ISIL«, Spring 2016

39 »The capture of the 4th regiment base«, Dabiq, Ausgabe 9, S. 29ff.; https://azelin.files.wordpress.com/2015/05/the-islamic-state-e2809cdc481biq-magazine-9e280b3.pdf

40 Jörg Diehl, Roman Lehberger:»IS wirbt mit deutschen Terrorzwillingen«, Spiegel online, 27.5.2015; http://www.spiegel.de/politik/ausland/islamischer-staat-is-wirbt-mit- terror-zwillingen-aus-deutschland-a-1035688.html

41 Christa Chorherr:»Die Angstspirale. Wie Fundamentalismus und Überwachungsstaat unsere Demokratie bedrohen«, Wien 2015

42 Ruckmini Callimachi:»How a secretive branch of ISIS built a global network of killers«, New York Times, 3.8.2016; https://www.nytimes.com/2016/08/04/world/middleeast/isis-german-recruit-interview.html?_r=0
Rajan Basra, Peter R. Neumann, Claudia Brunner (ICSR Insight):»Criminal Pasts, Terrorist Futures: European Jihadists and the New Crime-Terror Nexus«, 11.10.2016, S. 31; http://icsr.info/wp-content/uploads/2016/10/ICSR-Report-Criminal-Pasts-Terrorist-Futures-European-Jihadists-and-the-New-Crime-Terror-Nexus.pdf (im Folgenden: ICSR Insight).
»Interview mit Harry S. im Gefängnis«: http://www.radiobremen.de/gesellschaft/themen/harry-s100.html

43 Bibi van Ginkel und Eva Entenmann (Eds.):»The Foreign Fighters Phenomenon in the European Union. Profiles, Threats & Policies«, The International Centre for Counter-Terrorism – The Hague 7, no. 2 (2016), 1.4.2016; https://icct.nl/topic/foreign-fighters/

44 Bundeskriminalamt, Bundesamt für Verfassungsschutz und Hessisches Informations- und Kompetenzzentrum gegen Extremismus:»Analyse der Radikalisierungshintergründe und -verläufe der Personen, die aus islamistischer Motivation aus Deutschland in Richtung Syrien oder Irak ausgereist sind«, Oktober 2016, S. 18ff.; https://www.bka.de/SharedDocs/Downloads/DE/Publikationen/Publikationsreihen/Forschungsergebnisse/2016AnalyseRadikalisierungsgruendeSyrien IrakAusreisende.html

45 ICSR Insight, Seite 7f.

46 Luke Harding.»From Acton to Aleppo: how one British Muslim's quest to Syria ended in death«, The Guardian, 31.5.2013; https://www.theguardian.com/world/2013/may/31/acton-aleppo-briton-syria-death

47 ICSR Insight, S. 24

48 Ebd.

49 Markus Wehner:»Sarah zieht in den Krieg«, FAZ, 9.3.2014; http://www.faz.net/aktuell/politik/deutsche-dschihadisten-in-syrien-sarah-zieht-in-den-krieg-12837840.html?printPagedArticle=true#pageIndex_2

50 Justin Huggler:»Teenage Austrian ›poster girl for the Islamic State‹ killed by group for trying to escape«, The Telegraph, 24.11.2015; http://www.telegraph.co.uk/news/worldnews/europe/austria/12014951/Teenage-Austrian-poster-girl-for-the-Islamic-State-killed-by-group-for-trying-to-escape.html sowie http://www.independent.co.uk/news/world/europe/isis-teenage-poster-girl-samra-kesinovic-beaten-to-death-by-group-as-she-tried-to-flee-killings-a6747801.html Sowie: http://www.spiegel.de/politik/ausland/oesterreicher-salafisten-koedern-maedchen-fuer-dschihad-a-965741.html

51 Kimiko de Freytas-Tamura:»Teenage girl leaves for ISIS, and others follow«, New York Times, 24.2.2015; https://www.nytimes.com/2015/02/25/world/from-studious-teenager-to-isis-recruiter.html?_r=0

52 Rose Troup Buchanan:»Missing schoolgirls: First teenager who fled from east London named as Sharmeena Begum as father says he told police to warn trio's families«, The Independent, 14.3.2015; http://www.independent.co.uk/news/uk/crime/sharmeena-begum-fourth-isis-schoolgirl-named-as-father-claims-he-told-police-to-warn-families-10108507.html

53 »Slave-girls or prostitutes?«, Daqib, Ausgabe 9, S. 44ff.; https://azelin.files.wordpress.com/2015/05/the-islamic-state-e2809cdc481biq-magazine-9e280b3.pdf

54 Dieser und viele weitere Berichte über Frauen, die sich dem IS zuwandten, unter: http://www.spiegel.de/spiegel/print/d-131696270.html
Hannelore Crolly:»Schieße Ungläubigen mit Kalaschnikow den Kopf ab««, Die Welt, 27.10.2015; https://www.welt.de/politik/deutschland/article148079037/Schiesse-Unglaeubigen-mit-Kalaschnikow-den-Kopf-ab.html

55 Kathrin Cain:»Horrific ISIS video shows British child – dubbed Abu Abdullah al-Britani – ›shooting prisoner in the head‹ in Syria«, The Sun, 26.8.2016; https://www.thesun.co.uk/news/1680684/horrific-isis-video-shows-british-child-executing-prisoners-in-syria/

Chris Summers: »The white British ISIS child executioner: Horrific propaganda video appears to show blue-eyed boy with jihadi fighter name ›Abu Abdullah al-Britani‹ shooting a prisoner in the head in Syria«, Daily Mail online, 27.8.2016; http://www.dailymail.co.uk/news/article-3760598/Terrifying-new-ISIS-video-shows-British-boy-executing-prisoners-Syria.html

56 Lizzie Dearden: »»My son collects grenades now‹: Person claiming to be Sally Jones claims British boy in Isis execution video ›not her son‹«, The Independent, 3.9.2016; http://www.independent.co.uk/news/uk/home-news/british-boy-isis-execution-video-not-sally-jones-son-jihadi-bride-uk-joe-dixon-a7223921.html

57 Bernd Dörries u. A.: »Kratzen am Lack der Salafisten-Propaganda«, Süddeutsche Zeitung, 6.9.2016; http://www.sueddeutsche.de/politik/salafistenprozesse-unterbaertigen-1.3150323 Dorle Hellmuth, a.a.O., S. 33f.

58 Susanne Höll: »Uneinsichtiger Kreshnik B.«, Süddeutsche Zeitung, 28.11.2014; http://www.sueddeutsche.de/politik/prozess-gegen-is-kaempfer-uneinsichtiger-kreshnik-b-1.2243289

59 Andres Wetz, Manfred Seeh: »Österreich-Connection eines Attentäters«, Die Presse, 18.11.2015; http://diepresse.com/home/ausland/aussenpolitik/4868597/OesterreichConnection-eines-Attentaeters

60 »In Syrien bemerkt die IS-Braut den Fehler ihres Lebens«, Welt online, 11.10.2016; https://www.welt.de/politik/ausland/article158665207/In-Syrien-bemerkt-die-IS-Braut-den-Fehler-ihres-Lebens.html?wtrid=socialmedia.socialflow....socialflow_facebook

61 Reinhard Bingener: »Die jungen Pioniere des IS«, FAZ, 27.1.2017; http://www.faz.net/aktuell/politik/inland/urteil-gegen-safia-s-die-jungen-pioniere-des-is-14760962.html Elf Monate später verurteilte das Oberlandesgericht Celle die Täterin zu sechs Jahren Jugendarrest.

62 Bundeskriminalamt, Bundesamt für Verfassungsschutz und Hessisches Informations- und Kompetenzzentrum gegen Extremismus: »Analyse der Radikalisierungshintergründe und -verläufe der Personen, die aus islamistischer Motivation aus Deutschland in Richtung Syrien oder Irak ausgereist sind«, Oktober 2016; https://www.bka.de/SharedDocs/Downloads/DE/Publikationen/Publikationsreihen/Forschungsergebnisse/2016AnalyseRadikalisierungsgruendeSyrienIrakAusreisende.html

63 David Thomson: »Les Revenants. Ils étaient partis faire le jihad, ils sont de retour en France«, Paris 2016

64 »Zwei Brüder unter IS-Verdacht«, Süddeutsche Zeitung, 25.1.2017

65 Susanne Höll: »Polizei zerschlägt IS-Netz in Hessen«, Süddeutsche Zeitung, 2.2.2017; Timo Frasch: »Mit viel List und Schläue«, Frankfurter Allgemeine Sonntagszeitung, 5.2.2017

66 Mögliches IS-Mitglied angeklagt«, FAZ, 11.2.2017

67 »Gruppe wollte ‚Kalifat‘«, FAZ, 28.1.2017

68 Jörg Bremer u.a.: »Geheimnisse eines Toten«, FAZ, 24.12.2016

69 Florian Flade: »Behörden identifizieren deutschen IS-Mörder«, Die Welt online,

13.8.2015; https://www.welt.de/politik/deutschland/article145186293/Behoerden-identifizieren-deutschen-IS-Moerder.html sowie http://erasmus-monitor.blogspot.de/2015/10/der-irrweg-des-harry-s-woher-ich-komme.html

70 ICSR Insight, S. 32

71 Lilia Blaise und Aurelien Breeden:»Najim Laachraoui, 24, Bomb Maker for Paris and Brussels Attacks«, New York Times, 25.3.2016; https://www.nytimes.com/2016/03/26/world/europe/najim-laachraoui-24-bomb-maker-for-paris-and-brussels-attacks.html?_r=0.
Sowie Larry Buchanan und Haeyoun Park:»Uncovering the links between the Brussels and Paris attackers«, New York Times, 9.4.2016; https://www.nytimes.com/interactive/2016/03/23/world/europe/how-the-brussels-and-paris-attackers-could-be-connected.html

72 ICSR, S. 35

73 Rajan Basra, Peter R. Neumann, Claudia Brunner (ICSR Insight):»Criminal Pasts, Terrorist Futures: European Jihadists and the New Crime-Terror Nexus«, 11.10.2016, S. 30; http://icsr.info/wp-content/uploads/2016/10/ICSR-Report-Criminal-Pasts-Terrorist-Futures-European-Jihadists-and-the-New-Crime-Terror-Nexus.pdf

74 »Hat sich al-Bakr in Deutschland radikalisiert?«, FAZ, 17.10.2016

75 »Terrorist suspect who revealed Dusseldorf plot extradited to Germany«, EBL news, 2.6.2016; https://eblnews.com/news/europe/germany-arrests-3-syrians-suspected- planning-attack-dusseldorf-23590

76 Lena Kampf u.a.:»Bin jetzt in der Fahrerkabine‹«, Süddeutsche Zeitung, 2.2.2017

77 Dorle Hellmuth, a.a.O., S. 35ff. Die beiden Mitreisenden hießen Ebrahim B. und Ayoub B.

78 Kerstin Gehrke:»Berliner Imam zu Haftstrafe verurteilt«, Der Tagesspiegel, 14.6. 2016; http://www.tagesspiegel.de/berlin/werbung-fuer-is-terror-berliner-imam-zu-haftstrafe-verurteilt/13732454.html
Der Name des Imams: Gadzhimurad K.

79 Florian Flade et al.:»Amri betete, wo der ›Emir von Wedding‹ regiert«, Die Welt, 14.1.2017; https://www.welt.de/politik/deutschland/article160881946/Amri-bete-te-wo-der-Emir-von-Wedding-regiert.html (Der Name des »Emirs vom Wedding«: Ismet D.)

80 Shiv Mailk und Sandra Laville:»Isis recruitment moves from online networks to British mosques«, The Guardian, 5.9.2014; https://www.theguardian.com/world/2014/sep/05/isis-recruitment-moves-to-radical-network-and-mosques

81 Alexandra Sims:»Watch the moment ordinary Muslims shut down ›jihadis‹ trying to spread radical message outside mosques«, The Independent, 20.1.2016; http://www.independent.co.uk/news/uk/home-news/watch-the-moment-ordinary-muslims-shut-down-jihadis-trying-to-spread-radical-message-outside-mosques-a6823141.html

82 Judith Bergman:»Switzerland: Chocolate, watches and Jihad«, https://www.gatestoneinstitute.org/9827/switzerland-jihad

83 Jay Akbar: »Preacher of terror: Revealed, the hate filled Belgian muslim cleric who ›radicalised‹ Bataclan suicide bomber Omar Mostefai«, Daily Mail online, 17.11. 2015; http://www.dailymail.co.uk/news/article-3320770/Preacher-terror-Revealed-hate-filled-Belgian-Muslim-cleric-radicalised-Bataclan-suicide-bomber-Omar-Mostefai.html#ixzz4bDTC3HOA

84 Jonas Breng: »Wie ein ehemaliger IS-Gefangener seine Peiniger in Deutschland jagt«, Spiegel Online, 4.10.2016; http://www.spiegel.de/spiegel/jagd-auf-is-kaempfer-in-deutschland-masouds-rache-a-1114975.html

85 Jürgen Todenhöfer: Ten Days in the Islamic State. My Journey into the Heart of Terror, Vancouver 2017. Deutscher Originaltitel: »Inside IS. 10 Tage im ›Islamischen Staat‹«, München 2015 (Die genannten Seitenzahlen beziehen sich auf die deutsche Ausgabe.) Todenhöfer veröffentlicht im Buch ein langes Interview mit Emde. Er nennt sich nun Abu Qatada. In Deutschland war Emde Mitglied von »Millatu Ibrahim« und verteilte in Fußgängerzonen den Koran. Im Juli 2011 wurde er in Großbritannien bei der Einreise per Fähre verhaftet, die Polizei fand bei ihm Bombenbaupläne und verschiedene Schriften, darunter auch eine Anleitung, wie man mit einem Allradfahrzeug durch eine Fußgängerzone rasen und die Feinde Allahs niedermähen kann. Er wurde zu einer Gefängnisstrafe von 16 Monaten verurteilt und bald nach Deutschland abgeschoben. Der Blick der Öffentlichkeit fiel wieder auf ihn, als er in Syrien auftaucht. Siehe: Paul Cheston: »Muslim converts ›came to UK with articles on how to mow down the enemies of Allah‹, London Evening Standard, 6.2.2012; http://www.webcitation.org/query?url=http://www.thisislondon.co.uk/standard/article-24033517-muslim-converts-came-to-uk-with-articles-on-how-to-mow-down-the-enemies-of-allah.do&date=2012-02-11

86 Jürgen Todenhöfer, a.a.O., S. 18

87 Ebd., S. 20

88 Ebd., S. 23

89 Ihre Namen: Milad Makeen Zaky, Abanoub Ayad Attiya, Maged Soliman Shehata, Youssef Shukry Younan, Kyrillos Shukry Fawzy, Bishoy Estefanous Kamel, Samuel Estefanous Kamel, Malak Ibrahim Sinout, Tawadros Youssef Tawadros, Girgis Milad Sinout, Mina Fayez Aziz, Hany Abdel-Messih Saleeb, Bishoy Adel Khalaf, Samuel Alham Wilson, Ezzat Bishri Naseef, Lucas Nagati, Gaber Munir Adly, Essam Baddar Samir, Malak Farag Abram, Sameh Salah Farouq sowie ein noch namenloser Christ aus al-Our. Auch in Al-Hasaka (Syrien) kam es im Februar 2015 zur Hinrichtung von 15 assyrischen Christen.

90 Jürgen Todenhöfer, a.a.O., S. 25

91 Ebd., S. 28

92 Ebd., S. 26

93 Klaus Rimpel: »Jürgen Todenhöfer: ›Islamischer Staat will uns in die Falle locken‹«, Merkur online, 10.5.2016; https://www.merkur.de/politik/juergen-todenhoefer-interview-isis-islamischer-staat-is-will-uns-in-die-falle-locken-5874145.html

94 Zeitungsmeldungen sprachen mit Abschluss des Manuskripts im Mai 2017 bereits von 657 Gefährdern und 388 »relevanten Personen«, also potenziellen Unterstüt-

zern. Der Anstieg sei einem neuen Bewertungssystem nach dem Anschlag in Berlin vom Dezember 2016 geschuldet, außerdem reisten weniger Islamisten mit deutschem Pass ins IS-Gebiet aus. Zeit online: »Zahl der Gefährder deutlich gestiegen«, 4.5.2017; http://www.zeit.de/gesellschaft/zeitgeschehen/2017-05/bundes kriminalamt-islamistische-gefaehrder-anzahl-gestiegen

95 Alle Fakten entnommen aus: Hanna Stuart: »Islamist terrorism: Analysis of offenses and attacks in the UK (1998 – 2015)«, 2017

96 Peter Cluskey: »Dutch await what they feel will be inevitable terrorist attack«, The Irish Times, 22.8.2016; http://www.irishtimes.com/news/world/europe/dutch-a-wait-what-they-feel-will-be-inevitable-terrorist-attack-1.2763519

97 Alastair Reed und Johanna Pohl: »Disentangling the EU Foreign Fighter Threat: the Case for a Comprehensive Approach«, Rusi Newsbrief (Royal United Services Institute for Defence and Security Studies), Februar 2017; https://icct.nl/wp-content/uploads/2017/02/nb_vol.37_no1_pohl_and_reed.pdf

98 Staatsschützer hatten auf seinem Smartphone das Video einer gestellten Hinrichtungsszene gefunden, in dem ein Zwei- und ein Fünfjähriger einen 15-Jährigen mit Plastikschwertern »köpfen«. Bilel A. rief dazu »Allahu Akbar«.

99 Mehra, T.: »Foreign Terrorist Fighters: Trends, Dynamics and Policy Responses«, The International Centre for Counter-Terrorism (2016)

100 »Extremismus-Verdacht bei Ditib ist Thema der Bürgerschaft«, Zeit online, 1.3.2017; http://www.zeit.de/hamburg/politik-wirtschaft/2017-03/ditib-hamburg-moschee- extremismus-islam-vertrag. Ishak Kocaman, der der Vorsitzende eines Moscheevereins in Hamburg-Wilhelmsburg, welcher der Türkisch-Islamischen Union der Anstalt für Religion e. V. (türkisch: Diyanet İşleri Türk İslam Birliği, Ditib) angehört, ist inzwischen zurückgetreten.

101 Mouhanad Khorchide: »Der islamische Religionsunterricht zwischen Integration und Parallelgesellschaft: Einstellungen der islamischen Religionslehrer/-innen an öffentlichen Schulen, Wiesbaden, 2009; Mouhanad Khorchide: »Der islamische Religionsunterricht in Österreich«, ÖIF-Dossier 2009

102 Detlef Pollack et al.: »Integration und Religion aus der Sicht von Türkeistämmigen in Deutschland«, Münster 2016; https://www.uni-muenster.de/imperia/md/content/religion_und_politik/aktuelles/2016/06_2016/studie_integration_und_religion_aus_sicht_t__rkeist__mmiger.pdf

103 https://youtu.be/G0TaGsy8oQE

104 Sure 9:5. Alle Übersetzungen aus dem Koran sind der folgenden Islamischen Datenbank entnommen: http://islamische-datenbank.de/Quran-al-Kareem/

105 Jürgen Todenhöfer, a.a.O., S. 270

106 Anlässlich der Verleihung des Frank-Schirrmacher-Preises 2016 in Berlin

107 »Frankreichs Vizepräsident der Imame tritt zurück: ›Wir müssen die Wahrheit sagen: Islam und Islamismus nicht mehr zu unterscheiden‹«, Katholisches Magazin für Kirche und Kultur, 15.7.2016; http://www.katholisches.info/2016/07/15/frank-reichs-vizepraesident-der-imame-tritt-zurueck-wir-muessen-die-wahrheit-sagen-islam-und-islamismus-nicht-mehr-zu-unterscheiden/